KB197431

수업에 바로 쓸 수 있는

학습과학 6단계
학습 모형

수업에 바로 쓸 수 있는

학습과학 6단계
학습 모형

Learning
That
Sticks

학습과학 이론과 실천을
연결하다!

브라이언 굿윈 · 토니아 깁슨 · 크리스틴 룰로 지음 | 이찬승 옮김

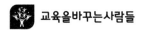
교육을바꾸는사람들

목차

서문 # 왜 학습 모형인가?

01 학습과학에 대한 이해

02 관심 갖기

03 학습에 전념하기

04 새로운 학습에 집중하기

05 학습 이해하기

06 연습 및 성찰하기

07 확장 및 적용하기

08 앞으로 나아갈 방향

Learning That Sticks

왜
학습
모형인가?

만약 누군가 당신에게 인체 순환계의 비교적 정확한 모형을 그리면 천 달러를 주겠다고 제안한다면, 아마도 몇 분 후에 천 달러를 벌 수 있을 것이다. 비록 의사가 아닐지라도 말이다. 왜냐하면 심장이 있고, 이산화탄소가 많은 혈액을 심장으로 돌려보내는 정맥과, 산소가 풍부한 혈액을 근육과 장기로 운반하는 동맥이 있다는 것쯤은 누구나 알기 때문이다. 산소가 관련된 일이니, 폐도 여기에 어느 정도는 관련이 있다는 것도 쉽게 알 수 있다. 몇 분만 생각하면 순환계의 모형은 물론 주요 구성 요소의 이름을 줄줄 델 수 있을 것이다. 사실, 우리는 모두 학교에서 인간의 신체에 대해 배웠고, 기본적인 개념을 알고 있다.

하지만 이 책을 읽고 있는 당신은 아마도 심장 전문의가 아니라 교사일 것이다. 그렇다면 이런 시도를 해보자. 인간의 학습 시스템, 즉 정보가 어떻게 뇌에 들어와 나중에 인출할 수 있도록 장기기억으로 변환되는지 모형을 그려보는 것이다. 다시 말해, 뇌는 어떻게 정보를 받아들이고 나중에 사용할 수 있도록 저장하고 인출할 수 있을까? 그 과정은 무엇일까? 이와 관련된 주요 어휘나 용어는 무엇일까?

잠시 생각해 보라.

조금 어렵게 느껴지는가? 이를 마음속으로 상상해 보는 것이 어렵게 느껴지더라도 걱정할 필요가 없다. 지난 몇 년 동안 미국 전역과 전 세계 수백 명의 교사, 교장, 관리자와 함께 시도해 본 결과, 거의 모든 사람이 이 과정을 마음속에 그려보는 것을 어려워한다는 사실을 알게 되었다.

그럼에도 불구하고 인간의 학습 시스템은 분명 존재한다. 혈관에 비해 뇌의 구성 요소와 학습 과정이 더 오랫동안 제대로 밝혀지지 않았지만, 인지과학자들은 몇몇 측면에 있어서 이미 수십 년, 때로는 한 세기 이상 동안 뇌가 정보를 장기기억으로 전환하는 방법에 대해 많은 것을 알아냈다. 특히 교육자라면 이 지식을 반드시 알아야 한다.

이렇게 생각해 보라. 뇌의 해부학적 구조나 다양한 수술 기법이 뇌에 어떤 영향을 미치는지 모르는 의사에게 뇌 수술을 받겠는가? 교육은 비록 수술용 칼을 들이대지는 않지만 어떤 면에서는 1년 내내 교실의 학생들을 대상으로 뇌 수술을 하는 것과 같다. 이를 잘 수행하려면 뇌의 작동 원리에 대해 어느 정도는 알고 있어야 하며, 이러한 이해를 학생들의 학습 경험을 설계하는 데 활용할 수 있어야 한다.

기억에 남는 교수·학습법 배우기

교사의 잘못이라고 할 수는 없지만, 학습이 실제 어떻게 이루어지는지에 대해 제대로 알지 못하는 교사들이 많다. 어찌 된 일인지 학습과학(science of learning)의 대표 분야인 인지과학(cognitive science)은 오랜 역사와 중요성에도 불구하고 대부분의 교사양성 프로그램에서 충분히 다루어지지 않고 있다. 실제로 교사양성 프로그램에서 인기 있는 수십 권의 교과서를 연구한 결과, 학습과학에 기반한 6가지 주요 교수 전략(분산연습, 교차연습, 인출연습, 피드백을 통한 개선, 이중부호화, 정교화-옮긴이)을 정확하게 설명하는 교과서는 없는 것으로 드러났다(Greenberg, Pomerance & Walsh, 2016). 신임 교사들이 교사로서의 역할을 효과적으로 수행하기 위해 필요한 가장 기본적인 정보와 기술조차 충분히 배우지 못하고 있는 것이다. 이로 인해 교사들은 준비가 덜 된 상태로 학생들을 가르치게 되고, 이는 성취감 저하와 좌절감으로 이어지며 결과적으로 학생들은 양질의 교육을 충분히 받지 못하게 된다. 즉, 교사 교육의 미비는 교사와 학생 모두에게 부정적인 영향을 미친다.

이 책의 목표는 학습과학 기반의 교수 전략을 제공하여 학생들에게 더 나은 학습을 제공하는 것이다. 이 책은 이러한 전략을 단순히 나열하거나 전달하는 데 그치지 않고, 그 근간이 되는 인지과학의 원리를 설명하여 교사들이 이를 바탕으로 학생들에게 도전과 영감을 주고 참여를 유도하는 학습 경험으로 연결할 수 있도록 도와준다. 그 결과, 교사는 무엇을 해야 하는지뿐만 아니라 언제, 왜 그렇게 해야 하는지까지 이해하게 되어 좀 더 계획적으로 교육 활동을 설계하고 가르칠 수 있다. 또한 문제가 발생하거나 학생이 새로운 학습을 습득하는 데 어려움을 겪을 때 어떻게 대처해야 하는지도 알 수 있게 된다.

학생들의 머릿속 '블랙박스' 들여다보기

이제 진솔하게 고백할 시간이다. 내가 처음 교직에 입문했을 때는 위와 같은 내용을 거의 알지 못했다. 물론 고차원적인 질문, 시범 보이기, 피드백 제공 등 최고의 교수 방법 몇 가지는 알고 있었다. 하지만 나는 그런 것들이 왜 가장 좋은 방법인지, 다시 말해 그것들이 학생들의 학습을 어떻게 돕는지에 대해 거의 알지 못했다. 가르치는 동안 학생들의 머릿속에서 어떤 일이 일어나는지 그 당시에는 거의 알지 못했던 것이다. 그저 무언가를 가르치고, 연습하고, 시험 보고, 그 후 학생들이 그 내용을 잘 이해하고 기억하기를 바랄 뿐이었다. 그 시절에 여러분이 내 수업을 참관했다면 내가 '올바른 방식'으로 수업을 하고 있다고 생각했을 것이다.

• 생각을 자극하는 질문을 하고 있는가? (물론!)

- 협동학습을 위한 모둠을 구성하고 있는가? (당연하지!)

- 피드백을 제공하고 있는가? (그럼!)

- 피드백을 줄 때 친절하게 녹색 펜(녹색 펜은 실수나 오류를 지적하는 빨간 펜과 대비되는 격려와 긍정의 의미-옮긴이)을 사용했는가? (물론!)

하지만 위 각각의 항목을 왜 하는지, 예컨대 아이들을 협동 모둠에 넣고 피드백을 주는 이유에 대해 질문을 받았다면 아마 멍한 표정을 지을 뿐 답변을 못했을 것이다. 어쩌면 "이번 주에 아이들에게 말을 너무 많이 해서 아이들도 좀 쉬어야 할 것 같아서요."라고 대답했을지도 모른다.

물론 이것은 좋은 답변이 아니다. 그러나 교실에서 특정 수업 방식을 사용하는 이유를 물었을 때 다른 교사들에게서 들었던 말과 크게 다르지 않다. 내가 이 책을 쓴 이유는 이런 이야기를 다방면에서 너무나 자주 들었기 때문이다.

학생들의 머릿속 '블랙박스'를 들여다본다는 것은 그들의 학습 과정과 인지 과정을 깊이 이해하는 것을 말한다. 우리가 사용하는 교육 전략이 왜 효과적인지, 학생들이 학습을 어떻게 받아들이고 처리하는지 이해하는 것은 매우 중요하다.

이 책이 필요한 이유

나와 동료들의 집필 여정은 오래전으로 거슬러 간다. 좀 더 구체적으로 말하면, 전 세계 교사들의 교과서로 자리매김한 베스트셀러 교육서 『Classroom Instruction That Works(효과적인 교실 수업)』(Dean, Hubbell, Pitler, & Stone, 2012; Marzano, Pickering, & Pollock, 2001)의 초판과 개정판을 출간하면서 시작되었다. 이 책에서 우리는 '활용도가 높은' 몇몇 수업 전략을 확인했고, 수많은 학교와 교실을 방문해 교사들이 이 전략들을 활용할 수 있도록 했다. 그런데 교사들이 실제로 수업하는 모습을 지켜보던 중 문제가 드러나기 시작했다.

처음에는 모범 사례를 적용하려는, 진지하지만 초보적인 몇몇 시도일 뿐이라고 생각했다. 예를 들면, 어떤 교사들은 협동학습 (cooperative learning)이 어느 정도 효과가 있다면, 많이 할수록 더 좋다고 생각하는 것 같았다. 그 결과, 우리는 교실에서 학생들이 소모둠으로 교과서를 함께 읽는 모습을 자주 목격했다. 모둠별로 책을 읽다가 막히면 서로에게 질문할 수 있도록 한 것인데 사실 이 방법은 효과적인 협동학습과는 거리가 멀었다. 그런데도 교사들은 자신이 잘하고 있다고 생각하는 것 같았다. 어쨌든, 연구에 따르면 협동학습은 효과적이라고 하니까!(실제로 그 방식이 기대한 만큼의 효과를 내고 있는지는 명확하지 않음을 암시하고 있음-옮긴이)

한편, 우리는 효과적인 수업 전략을 사용하도록 끊임없이 요구하는 여러 명의 교장도 만났다. 예컨대, 그들은 교사들에게 유사점과 차이점을 비교·대조하는 수업 활동을 하도록 집요하게 요구했는데, 정작 교사들은 언제, 왜 이런 활동을 해야 하는지 명확히 알지 못하는 경우가 많았다. 어떤 면에서는 이런 교장들이 추구하는 것이 옳은 방향일 수는 있지만, 그 이유는 종종 피상적이거나 잘못된 이해에 근거한 것이었다.

그러나 모든 것이 나쁘지만은 않았다. 긍정적인 변화도 많이 목격했다. 특히 교사들과 학교 전체가 점점 더 의도적으로 증거 기반 (evidence-based) 교수 전략을 사용하게 되면서, 다시 말해 검증된 수업 전략을 사용할 때 왜 그 전략이 효과적인지를 심도 있게 이해하고 고민하게 되면서 학생들의 참여와 학습이 크게 증가했다.

이후 출간된 교육서 『The 12 Touchstones of Good Teaching(좋은 수업의 12가지 핵심 원칙)』(Goodwin & Hubbell, 2013)에서는 도전적이고 매력적이며 의도가 명확하고 계획적인 수업을 제공해야 할 필요성을 강조하고, 전작 『Classroom Instruction That Works(효과적인 교실 수업)』에서 소개한 수업 전략이 어떻게 학생들의 학습에 기여하는지 보여줬다. 다시 말해서, 교사가 학생들에게 '무엇'을 가르칠 것인지와 그것이 '왜' 중요한지를 함께 제공했다. '무엇' 이면의 '왜'를 밝혀내면 교사들이 여러 정보와 개념을 종합적으로 이해할 수 있을 것이고, 이를 바탕으로 당면한 학습 과제에 적합한 교수 전략을 선택할 수 있으리라 기대한 것이다.

하지만 여전히 교사들은 학생들이 무엇을 하길 바라는지, 무엇을 생각하길 바라는지가 아니라 자신의 강의 계획을 중심으로만 수업을 설계하는 경우가 많았다. 수업 계획 템플릿을 따르기는 하지만 각 단계에서 학생들의 머릿속에 어떤 일이 일어나야 하는지는 좀처럼 고려하지 않는 것이다. 그 결과, 수업은 학생들의 참여나 도전을 이끌어내지 못하는 활동의 연속에 그치곤 했다. 요컨대, 수업의 초점이 학생의 학습에 있지 않고 교사의 가르침에 있는 경우가 많았다.

학습을 염두에 둔 수업

대부분의 교사가 무언가 놓치고 있는 것이 있다는 것을 알게 된 것은 바로 그때였다. 그것은 학생들이 학습 활동에 참여할 때 머릿속에서 어떤 일이 일어나고 있는지에 대한 깊은 이해이다. 결국, 어떤 교실에서든 실제로 중요한 활동이 일어나는 곳은 학생들의 머릿속이다. 하지만 학습과학을 더 깊이 파고들기 전에는 (나를 포함한) 많은 교사들에게 학생들의 머릿속은 대부분 블랙박스와 같은 것이었다. 그 결과, 학습이 제대로 이루어지지 않으면 무엇이 잘못되었는지, 학생들의 학습을 돕기 위해 무엇을 다르게 해야 하는지 몰라 당황하곤 했다.

이제는 그럴 필요가 없다.

이 책은 그 블랙박스 안을 들여다볼 수 있도록 도와줄 것이다. 이 책은 뇌가 새로운 정보에 어떻게 반응하고, 나중에 사용할 수 있도록 기억을 어떻게 저장하며, 기억을 어떻게 인출해서 이전 학습을 새로운 상황에 적용하는지에 대한 기본적인 내용을 다룬다. 그 과정에서 기존에 학습에 대해 알고 있다고 생각했던 것을 잊고 다시 배워야 할 수도 있다. 앞으로 살펴보겠지만, 과학자들이 수년에 걸쳐 학습에 대해 발견한 사실은 많은 사람들이 효과적이라고 생각하여 오랫동안 사용해 온 학습 전략과 종종 상반된다. 실제로는 효과가 있는 것처럼 보일 뿐인 경우가 많다.

교육 연구와 학습과학 사이의 간극 메우기

이 책은 당신의 서가나 전자책 리더기에 있는 책들과는 중요한 면에서 다르다.

그렇다. 수업에서 어떤 지도 전략을 써야 하는지 알려주는 책은 많지만, 그 전략이 학습과학에 근거한 경우는 거의 없다. 이러한 책들은 실제 교실에서 직면하는 특정 문제를 해결하는 데는 도움이 될 수 있지만, 깊이 있는 학습에 학생들을 참여시키려면 그들의 머릿속에서 무엇이 일어나야 하는지 생각하는 데는 별 도움이 되지 않는다. 특정 전략이 왜 효과가 있는지, 언제 사용해야 하는지, 언제 더 이상 효과가 없을지에 대한 통찰력을 얻기는 어렵다.

다른 한편에서는 학습과학과 신경과학에 대한 통찰(예: 인지부하(cognitive load), 간격을 둔 학습(spaced learning), 신경가소성(neuroplasticity) 등—옮긴이)을 제공하는 책들이 급증하고 있다. 이런 책들도 나름의 가치를 지니고 있으며, 특히 신경과학이라는 매혹적인 분야를 깊이 탐구할 준비가 된 숙련된 교사나 교육 전문가들에게 적합하다. 그러나 과학적 연구나 이론에서 얻은 지식이나 이해가 교실에서 실제로 학생들을 가르치는 상황에 적용되기까지는 많은 노력과 시간이 필요하다. 준비해야 할 수업 계획, 채점해야 할 시험지, 오후 3시 30분이면 열리는 교직원 회의 등 이런 상황에 놓여있는 교사들에게 신경과학은 다소 부담스러울 수 있다.

이 책은 위와 같은 교사들의 상황을 고려했다, 즉 내일까지 준비해야 할 수업(lesson)이나 단원 지도 계획(unit plan)이 있다는 현실을 염두에 두고 설계되었다. 이 책에서는 뇌의 전기·화학적 과정, 즉 뉴런(neuron, 신경세포) 간의 신호 전달이나 신경 활동과 관련된 전기·화학적 변화, 시냅스(synapse), 수상돌기(dendrite) 등 박사후 과정 수준의 심층적인 내용은 다루지 않는다. 대신, 지난 수십 년 동안 인지심리학(학습에 대한 연구)에서 나온 중요한 개념(big idea)과 교실에서의 교수·학습에 대한 시사점을 요약할 것이다.

어느 한 측면에서는, 이 책은 처음부터 끝까지 학습 과정을 더 잘 파악하기 위해 전체적인 그림을 보는 데(zoom out) 도움이 될 것이다. 더 깊은 수준에서는, 학생들이 학습에 참여할 때 맞닥뜨릴 수 있는 '막힘'

또는 '이해 부족'을 포함하여 프로세스의 각 단계에서 학생들의 머릿속에서 무슨 일이 일어나고 있는지 세부적인 부분을 자세히 들여다보는 데(zoom in)도 도움이 될 것이다. 이에 따라 교수 전략을 적절히 조정할 수 있게 된다. 이 책을 통해 학습의 과정을 쉽게 이해하고 그 과정에서 학생들의 학습에 대한 수많은 깨달음의 순간을 경험하길 바란다. 또한 학습에 방해가 되는 비생산적인 관행을 버리고 궁극적으로는 교실에서 더 생산적이고 즐거운 학습을 할 수 있게 되길 바란다.

학습 모형 제공

이 책의 가장 독특한 점은 교실에서 적용할 수 있는 학습과학의 핵심 아이디어를 토대로 학습 모형을 제공한다는 점이다. 이러한 모형을 제공하는 것은 학습과학 자체의 핵심 통찰, 즉 "새로운 자료에서 핵심 아이디어를 추출하여 인지 모형(mental model, 주어진 문제를 해결하거나 상황을 이해하기 위해 사용하는 인지적 구조나 프레임으로, 이전의 경험과 학습을 바탕으로 형성된 내적 표현이나 구조를 일컬음. 심성 모형, 정신 모형과 혼용됨-옮긴이)으로 조직화할 때 가장 잘 배운다."는 사실을 반영한 것이다 (Brown, Roediger, & McDaniel, 2014, p. 6). 이 책의 뒷부분에서 살펴보겠지만, 정보를 기억하려면 점과 점을 연결하고 아이디어를 묶어 정보를 이해해야 한다. 이를 위한 가장 좋은 방법 중 하나는 주변 세계에 대한 정신적 표상(mental representation, 개인이 머릿속에서 형성하는 개념, 이미지, 생각, 또는 기억의 형태-옮긴이)을 개발하는 것이다. 즉, 주변의 세계를 축소하여 각 부분이 어떻게 결합되어 있는지 확인할 수 있을 만큼 단순하면서도, 주요 세부 사항을 확대할 수 있을 만큼 정확하고 정교한 정신적 표상이어야 한다.

연구자들은 정신이 정확히 어떻게 작동하는지 그 세부적인 사항과는 여전히 씨름하고 있지만, 이 책에서 설명하는 과정은 오감의 정보를 장기기억으로 변환하는 데 관여하는 기본 과정이며, 인지과학자들은 이에 대해 일반적으로 동의한다. 이 책에서 소개하는 효과적인 교수법, 즉 심층학습(deep learning)을 지원하는 교수법은 이러한 학습 단계를 통해 지식이 효과적으로 습득되도록 돕는다는 점에서 중요한 역할을 한다.

요약하면, 이 책은 인지심리학에서 우리가 알고 있는 것, 특히 정보처리 모형(information processing model, 인지주의 학습이론의 대표적인 모형으로서, 컴퓨터의 정보처리 과정에 기반하여 인간에게 정보가 입력, 저장, 인출되는 과정을 체계적·단계적으로 설명한 모형-옮긴이)을 교실 수업 및 단원 설계를 위한 모형으로 변환한 것이다. 의사가 심혈관계 질환을 진단하고 해결하기 위해 검증된 순환계 모형을 사용하는 것처럼, 탄탄하고 실행 가능한 학습 모형을 갖추면 학생을 위해 더 나은 학습 기회를 계획하고, 학습 어려움을 진단하고 해결하며, 그에 따라 수업을 조정하는 데 도움이 될 것이다.

또 다른 프레임워크가 아닌 학습 모형

이쯤에서 이런 질문이 나올 법하다. "잠깐만요, 우리 학교나 학구에는 이미 학구 차원의 수업 지도 모형(instructional model)이 있는 것 같은데요. 이것과 같은 건가요?"

그렇지 않을 가능성이 높다.

사람들이 흔히 수업 지도 모형이라고 부르는 것은 사실은 모형이 아니며, 기껏해야 프레임워크, 즉 교사들이 수업할 때 따라야 할 지침이나 기준에 불과하기 때문이다. 비슷한 듯하지만 전혀 다른 의미를 가진 모형과 프레임워크, 이 두 용어의 차이점에 대해 잠시 알아보자.

모형(model)은 추상적인 현상을 설명하고, 그 현상이 어떻게 작동하는지에 대한 인지적 표상을 제공한다. 프로세스, 순환 또는 순서를 설명하여 사물이 작동하는 방식을 이해하도록 돕는다. 예를 들어, 물의 순환은 기상학자들이 물이 바다에서 증발하여 구름으로 응결되었다가 강수 형태로 지구로 되돌아오는 과정에 대한 공통된 이해를 제공한다. 영화와 연극에서 극작가와 시나리오 작가는 종종 3막 모형을 따라 장면을 발단, 갈등, 결말로 이어지는 서사로 구성한다. 기본적으로 모형은 사물이 순차적으로 어떻게 작동하고 서로 맞물리는지 보여줌으로써 절차적(방법) 지식을 이해하는 데 도움이 된다. 즉, 어떤 일을 하는 방법을 보여주며 모방할 수 있는 기본 템플릿을 제공하는 경우가 많다.

이와 대조적으로 프레임워크(framework)는 서술적(사실) 지식을 범주, 분류 또는 정신적 구조로 체계화한다. 예를 들어 문학에서는 다양한 장르의 소설(예: 미스터리, 액션, 로맨스)을 구분하기 위해 프레임워크를 사용한다. 생물학에서는 아리스토텔레스가 처음 제안한 분류 체계를 사용하여 다양한 유형의 생물(예: 식물, 포유류, 파충류, 어류)을 분류한다. 이렇게 볼 때, 대부분의 교사평가 시스템과 소위 수업 지도 모형이라는 것들은 실제로 프레임워크에 해당된다. 이러한 것들은 교사가 직무를 수행할 때 주의해야 할 수많은 요소(예: 수업 계획, 긍정적인 교실 분위기 조성, 지시 전달, 교사공동학습 참여)를 범주화하여 정리한다. 요컨대, '무엇을' 해야 하는지는 명확하지만, '어떻게' 해야 하는지는 명확하지 않다.

여기서 모형이 중요한 역할을 한다. '어떻게'를 명확하게 알려주는 것이다.

이 책에서 설명하는 학습 모형을 자세히 들여다보면 매들린 헌터(Madeline Hunter)의 명시적 직접 교수법(explicit direct instruction), 로버트 가네(Robert Gagné)의 9가지 교수법(nine events of instruction) 등 유명한 교수법을 반영하고 있다는 것을 발견할 수 있을 것이다. 이는 사실이다. 이 모형은 이들 기존 모형과 많은 유사점을 가지고 있다(또한 이 모형들끼리도 비슷한 부분이 많다). 그 이유는 대부분의 모형이 벤자민 블룸(Benjamin Bloom)이 1960~1970년대에 인지과학을 토대로 개발한 숙달학습 모형(model of mastery learning)에 그 뿌리를 두고 있기 때문이다.

그러나 이와 같은 기존의 모형들과는 달리 이 책에서 소개하는 '학습과학 기반의 6단계 학습' 모형은 교사가 수업을 진행하기 위해 취하는 단계(예: 수업 시작, 이해도 확인, 연습 기회 제공)를 중심으로 구성되어 있지 않다. 그보다는 학생들이 심층학습에 참여하기 위해 취해야 할 단계를 중심으로 구성되어 있고, 바로 이 점이 이 모형의 특징이다. 이 책은 사고를 확장시키고, 수업 중에 학생들의 머릿속에서 일어나는 일을 고려하도록 사고를 '전환(flipping)'시키는 것을 목표로 한다. 이를 통해 학습을 안내하고 지원하는 교수적 접근 방식을 구상할 수 있도록 한다. 요컨대, 가장 중요한 것은 교수자가 가르치는 것이 아니라 학생이 배우는 것이다.

이 책의 구성

이 책은 '학습은 복잡할 수 있지만 학습 방법을 배우는 것(learning about learning)은 복잡할 필요가 없다.'는 단순한 전제를 바탕으로 한다. 학습과학에서 얻은 중요한 개념(big idea)을 6단계 학습 모형(six-phase model of learning)으로 구성하여 독자들이 쉽게 이해하고 따라할 수 있도록 했다. 2장부터 7장까지는 위 6단계 학습 모형의 각 단계를 제목으로 하고 있으며, 이 진행 단계는 논리적이고 이해하기 쉬우며 과목이나 학년에 관계없이 수업에 바로 적용할 수 있다.

각 장에서는 학습 과정의 전체적인 흐름을 조망할 수 있도록 처음부터 끝까지 폭넓게 다루면서도, 세부 사항과 실제적인 적용 방법을 심도 있게 분석한다. 특히 각 학습 단계에 적합한 교수 전략들을 상세하게 설명하여, 단순히 '무엇'을 해야 하는지뿐만 아니라 '언제', '왜' 특정 전략을 사용해야 하는지도 이해할 수 있게 해준다.

이 책을 다 읽고 나면, 뇌의 인지 시스템이 어떻게 작동하는지, 그리고 기억이 형성되는 여러 단계를 설명하거나 도식화할 수 있을 것이다. 이론적으로 다소 복잡하게 느껴질 수 있겠지만 걱정하지 말라. 이 책은 이러한 인지과학적 통찰을 수업 및 단원 설계에 적용하는 방법을 명확하게 제시하며, 당장 사용할 수 있는 실용적인 팁도 다수 제공한다. 또한 각 학습 단계에서 제공되는 연구 기반의 교수 전략 도구는 학습 과정을 효과적으로 지원할 수 있도록 돕는다. 그 과정에서 인지과학을 통해 특정 학습 단계에서 특정 전략이 효과적인 이유도 이해할 수 있을 것이다.

목적지가 아니라 출발점이다

마지막으로, 이 책은 교사를 위한 단계별 체크리스트가 아니라는 점을 명심해야 한다. 이 책은 교사들이 단계에 따라 순서대로 반드시 따라야 하는 지침이 아니다. 실제 학습 과정은 종종 복잡하고 반복적이므로, 이러한 학습 단계가 항상 선형적으로 진행되는 건 아니라는 것을 깨닫게 될 것이다. 요컨대, 이 학습 모형은 교사들이 엄격히 준수해야 할 고정된 지침이 아니라, 창의적이고 효과적인 교수법을 개발하고 적용할 수 있도록 돕는 도구로 사용되는 것이 바람직하다. 학습 과학을 이해하고 적용하는 것은 단순한 교수법에 그치지 않는다. 교사들이 자신의 교육 방식과 학생들의 학습 과정을 더 깊이 이해하고, 이를 바탕으로 교육 실천을 성찰하고 개선할 수 있도록 돕는 것이 그 핵심이다.

이 책의 요점은, 학생들의 뇌가 작동하는 방식을 기반으로 학습을 설계하여, 도전적이면서도 흥미롭고 즐거운 학습 경험을 제공하는 데 있다. 이러한 학습을 이끄는 중요한 원동력이 바로 호기심(curiosity)이다. 호기심이 있으면 학습은 활발하게 이루어지지만, 그것이 없으면 학습은 쉽게 시들어버린다. 이제 학생들의 학습에 대한 호기심이 조금이라도 생겼기를 바라며, 그동안 교사들에게는 '블랙박스'와도 같았던 학생들의 머릿속을 들여다보기로 하자.

01

학습과학에 대한
이해

이 책에서 다루는 내용은 새로운 것이나 일시적인 유행이 아니다. 그것은 수십 년 동안 학계에서 심사를 거쳐 발표된 학습 관련 연구에 기초한 것이다. 그중 일부는 1870년대까지 거슬러 올라가는데, 당시 독일의 아마추어 과학자 헤르만 에빙하우스(Hermann Ebbinghaus)가 자신을 대상으로 독창적인 연속적 실험을 시작했을 때부터이다.

매일 저녁 같은 시간, 에빙하우스는 조용한 방에 홀로 앉아 상자에서 종잇조각을 꺼냈다. 각 종이에는 무의미한 음절(예: mox, fim, tib)이 하나씩 적혀 있었는데 그가 만든 2,300개의 무의미한 음절 목록에서 뽑은 것이었다. 그는 각 음절을 노트에 적고, 메트로놈 리듬에 맞춰 단조로운 목소리로 일정한 간격을 두고 암송했다. 그런 다음 노트를 덮고 모든 음절을 기억해 낼 때까지 반복해서 암기했다.

이 외롭고 지루한 실험 연구를 통해 에빙하우스는 '망각 곡선(forgetting curve, 독일의 심리학자 헤르만 에빙하우스가 제안한 개념으로, 시간이 지남에 따라 사람들이 학습한 정보를 얼마나 빠르게 잊어버리는지를 나타낸 그래프-옮긴이)'과 기억을 강화하는 방법 등 우리의 정신에 대한 중요한 통찰을 얻었다(Boring, 1957). 가장 중요한 점은, 그의 체계적인 실험이 이전까지는 철학적 사색에 머물렀던 정신의 작용을 과학적 탐구로 전환하여 학습의 원리에 대한 연구와 탐구의 길을 열었다는 것이다.

정보처리 모형

1950년대에 인지과학자들은 새로운 정보가 뇌에 입력되었을 때 일어나는 일을 컴퓨터 기능에 비유하여 설명하는 정보처리 모형(information processing model)을 개발했다. 이 모형은 새로운 정보가 우리의 장기기억(long-term memory)에 자리 잡기까지 거치는 복잡하고 긴 여정을 설명하려는 시도이다.

인간의 뇌는 놀라울 정도로 강력하지만 동시에 일관되지 않은 면도 있다. 간절히 기억하려고 애쓰는 것(예: 상사의 이름이 뭐지? 차를 어디에 주차했더라?)을 금세 잊어버리는가 하면, 가급적 빨리 잊고 싶은 것(예: 불친절한 말, 짜증 나게 하는 광고 음악)은 오랫동안 기억하기도 한다.

이와 같은 뇌의 불안정한 측면은 학습의 어려움을 이해하는 데 중요한 단서가 된다. 우리는 엄청난 양의 정보를 학습하고 기억할 수 있지만, 동시에 의도적으로 정보를 무시하거나(주의를 기울이지 않고) 잊어버리는 데도 매우 능숙하다. 이는 때때로 다행스러운 일이다. 만약 우리가 주변의 모든 자극에 신경을 쓴다면, 끊임없이 긴장 상태에 빠져 극도로 예민해지고 스트레스에 시달리게 될 것이다. 또한 아무것도 잊지 못한다면, 우리의 뇌는 쓸모없는 정보로 가득 차 적절하게 대응하는 능력을 잃게 될 것이다.

과도한 기억력은 오히려 불편하거나 치명적일 수도 있다. 예를 들어, 절대 잊지 않는 능력을 가진 질 프라이스(Jill Price)라는 사람의 흥미로운 사례가 있다. 50대 초반인 그녀는 10대 시절의 일을 마치 어제 있었던 일처럼 기억할 수 있다. 1980년 8월 29일에 무엇을 했는지 묻는다면, "금요일이었어요. 노동절 주말을 맞아 친구들, 쌍둥이 니나와 미셸, 그리고 가족들과 함께 팜스프링스에 갔었죠."라고 정확히 대답할 것이다. 릭 스프링필드(Rick Springfield)의 노래 〈Jessie's Girl(제시의 여자친구)〉를 처음 들었던 때가 언제냐고 물으면? "1981년 3월 7일. 그날 음악을 들으며 운전 중이었는데 어머니가 저에게 소리치셨죠." 세 번째로 운전한 날은? "1981년 1월 10일 토요일. 틴 오토(Teen Auto)에서 운전 강습을 받던 중이었어요."(McRobbie, 2017)

프라이스는 임상 검사 결과, 과잉기억증(hyperthymesia) 또는 매우 우수한 자서전적 기억력(highly superior autobiographical memory, HSAM)을 가진 소수의 사람 중 하나로 밝혀졌다. 그녀는 자신이 몇 년

전 먹었던 음식, 적어둔 전화번호, 라디오에서 들었던 노래와 같은 모든 사소한 세부 사항까지 기억할 수 있다. 언뜻 보기에는 멋져 보일 수 있지만, 실제로는 그렇지 않다. 프라이스는 '완벽한 기억력(total recall)'이 오히려 머릿속을 혼란스럽게 하고 정신적 불안정을 초래한다고 말한다.

> 나의 기억은 내 삶을 지배해 왔다. TV에서든 어디에서든 날짜가 깜박이는 것을 볼 때마다 자동적으로 그날로 돌아가서 내가 어디에 있었는지, 무엇을 하고 있었는지, 어떤 날이었는지…… 그날의 기억이 끝도 없이 떠오른다. 멈추지도 않고, 통제할 수도 없으며, 결국 나는 완전히 지쳐버린다. 대부분의 사람은 그것을 축복이라고 말하지만 나에게는 고통스런 짐일 뿐이다. 삶의 모든 기억이 매일 머릿속을 맴돌아 미칠 지경이다!
>
> (Parker, Cahill, & McGaugh, 2006, p. 35)

기억의 단계

신경과학의 최근 연구에 따르면 우리의 뇌는 더 중요한 정보에 집중할 수 있도록 불필요한 기억을 지속적으로 정리하고 삭제하는 과정을 거친다. 이 과정은 우리가 학습한 내용의 대부분을 의도적으로 잊게 만드는데 종종 잠자는 동안 이루어진다. 망각은 기억만큼이나 기억 체계에 중요한 역할을 한다(Richards & Frankland, 2017). 불필요한 정보를 잊어버림으로써 기억은 단순해지고, 정보 과부하로 인한 혼란이 줄어 중요한 세부 사항에 더 집중할 수 있게 된다. 이는 더 나은 결정을 내리는 데 도움이 된다.

정신 건강과 웰빙을 위해서는 우리가 겪는 대부분의 일을 잊어버리는 것이 이롭다. 그러나 학습에서도 그럴까? 그렇지 않다. 교육자로서 우리는 학생들의 뇌와 끊임없이 싸우고 있다. 그들의 뇌는 주변에서 일어나는 일을 대부분 무시하거나 잊어버리도록 설계되어 있으며, 여기에는 우리가 교실에서 전달하려는 중요한 정보도 포함된다. 따라서 기억의 단계를 살펴보고, 이 단계들이 학습의 여러 과정과 어떻게 상호작용 하는지를 이해한다면 효과적인 학습 체계를 구축할 수 있을 것이다.

감각등록기: 소음 속에서 신호 찾기

기억이 형성되기 위해서는 먼저 시각, 청각, 촉각, 미각, 후각 등 오감 중 하나 이상의 감각이나 이와 관련된 운동 및 균형 감각을 통해 초기 정보를 인지해야 한다. 우리의 신경은 이러한 자극을 전기 신호로 변환하여 밀리초(millisecond, ms, 시간의 단위로 1밀리초는 1000분의 1초-옮긴이) 단위로 우리 몸의 신경섬유(nerve fibers, 신경세포 간에 신호를 전달하는 역할을 하는 신경세포의 긴 돌기-옮긴이)를 따라 이동하며 놀랍도록 긴급

하게 뇌에 도달하는데 대부분의 자극은 1초 이내에 버려진다.

왜 이런 일이 일어나는가? 우리 주변에는 매일 매 순간 너무 많은 일이 일어나기 때문에 모든 것을 세세하게 기억할 수 없다. 우리의 몸은 적대적인 환경에서 생존하도록 설계되었으며, 생존을 위해 초기 인류는 정말로 중요한 것들, 예컨대 포식자로부터 안전하게 지켜주고(예: 피신처, 경계 능력, 무기), 영양을 공급해 주며(예: 식량 자원), 위험으로부터 보호해 주는 것(예: 주거지, 거주 공간, 보호막)에 집중하고 그것을 기억해야 했다. 예를 들어, 사냥 동료가 소화 불량에 대해 계속 떠드는 것을 무시하고, 사바나 풀 속에서 다가오는 사자의 모습과 같이 중요한 신호에 집중하는 것이 중요했다. 방해 요소를 차단하고 중요한 것에만 집중하는 능력은 생사를 가를 만큼 생존에 결정적인 영향을 미쳤으며, 이는 생존하여 수다를 떨 수 있느냐 사자의 먹잇감이 되느냐를 좌우했다.

수십만 년이 지난 지금도 우리는 일상에서 하루 종일 감지되는 대부분의 감각을 간단히 무시할 수 있다. 방해 요소를 걸러내는 뇌의 능력은 우리가 현재 가장 중요한 자극에 집중하는 데 필수적인 역할을 한다. 나 역시 지금 노트북으로 이 글을 쓰고 있지만, 주변에는 소리 지르는 아이들, 큰 음악 소리, 바람에 펄럭이는 수건, 지나가는 사람들 등 여러 자극이 있다. 이러한 자극에도 불구하고 나는 중요한 것에 집중하고 있다. 이는 교사로서 우리가 가르치려는 내용에 학생들이 집중할 수 있도록 도와야 함을 의미한다.

다음에 학교나 사무실에 들어설 때, 주차장에 있는 모든 차의 색깔과 모양, 지나가는 사람들의 대화, 가벼운 바람이나 햇살이 얼굴에 닿는 느낌, 만나는 모든 사람이 입고 있는 옷과 표정 등 당신이 보고 듣고 느끼는 모든 것을 가능한 한 오랫동안 관찰하고 기억해 보라. 이것이 바로 감각등록기(sensory register)이다. 모든 입력을 한꺼번에 오랫동안 기억하는 것은 불가능하며, 극히 일부만 기억할 수 있다. 그리고 우리의 뇌는 어떤 정보에 주의를 기울이고 어떤 정보를 무시할지에 대해 우선순위를 부여하는 규칙을 가지고 있다.

감각등록기의 필터를 통과하여 충분히 중요하다고 판단된 자극은 순간기억(immediate memory), 작업기억(working memory), 장기기억(long-term memory)의 세 단계 여정을 거친다. 이 과정은 선언적 기억(declarative memory, 사실, 사건, 개념 등 우리가 의식적으로 기억하고 말할 수 있는 정보를 저장하는 기억 유형. 서술적 기억이라고도 함-옮긴이)이든 절차적 기억(procedural memory, 자전거 타기나 악기 연주 등 반복적인 훈련을 통해 몸으로 익힌 기술처럼 의식적으로 떠올리지 않고도 수행할 수 있는 기억 유형-옮긴이)이든 동일하게 적용되며, 다만 그 활동이 일어나는 뇌의 영역은 기억의 유형에 따라 다르다. 선언적 기억은 신피질(neocortex), 해마(hippocampus), 그리고 뇌의 중심부에 있는 편도체(amygdala)에 저장되며, 사건기억(episodic memory, 일화기억, 개인적으로 경험한 사건에 대한 회상)과 의미기억(semantic memory, 학습한 사실과 정보)으로 나뉜다.

절차적 기억은 자전거를 타거나 초상화를 그리는 방법과 같이 신체적 행동과 기술을 반복할 수 있게 해주는 기억을 말한다. 이러한 수행 기반 기억은 신체 동작, 균형 및 평형을 조정하는 기저핵(basal ganglia)과 소뇌(cerebellum)에 저장된다(Queensland Brain Institute, n.d.). 신경과학자들의 연구에 따르면, 한 번 형성된 절차적 기억은 선언적 기억보다 훨씬 강력하며, 시간이 지나도 쉽게 사라지지 않는다. 수년이 지나도 자전거를 타는 방법을 기억할 수 있는 것은 이 때문이다(Suchan, 2018).

순간기억: 처음 30초

운 좋게도 초기 필터를 통과한 소수의 감각 입력은 전기 신호를 통해 뉴런(neuron, 신경세포)으로 전달되고, 뉴런은 그 자극의 인상을 기록하거나 부호화하는 화학적 신호(신경전달물질을 일컬음-옮긴이)를 생성한다. 그런 다음 이 신호는 연결된 수천 개의 다른 뉴런으로 전달되며, 각 뉴런은 여러 기억을 저장하고 회상하는 데 도움을 준다(Reber, 2010). 나중에 특정 기억을 떠올리려고 할 때 해당 뉴런 그룹은 그와 관련된 동일한 화학적 신호를 발동하여 머릿속에 기억을 재현한다(Mastin, n.d.).

우리의 초기 순간기억(immediate memory, 즉시기억)은 30초 정도만 지속되는 단기기억이다. 또한 1950년대에 하버드대학교의 심리학자이자 연구자인 조지 밀러(George Miller)가 발견한 것처럼 그 용량도 제한적이다. 그는 일련의 실험을 통해 우리의 뇌가 한 번에 약 7개의 단위 정보(혹은 청크, 의미 있는 덩어리-옮긴이)에 집중하고 작업할 수 있다는 사실을 발견했다(Miller, 1956). 밀러가 마법의 숫자 7(the Magic Number 7)이라고 부르는 정보의 단위는 알파벳 문자나 숫자 하나처럼 작은 단일 항목부터, 단어나 수학적 함수처럼 뇌가 어떤 연관성으로 함께 묶을 수 있는 정보 덩어리에 이르기까지 다양하다.

한 번에 7개 이상의 정보를 처리하려고 하면 대부분의 사람은 정신이 헷갈려서 정보의 일부를 잊어버리거나 놓치게 된다(Harvard University Department of Psychology, n.d.). 지역 전화번호를 7자리로 제한하도록 전 세계 전화회사를 설득한 근거가 바로 밀러의 연구였으니 우리는 비교적 짧은 전화번호를 갖게 된 것에 대해 밀러에게 감사해야 한다. 그러나 밀러의 연구를 재검토한 결과(University of South Wales, 2012), 마법의 숫자는 4에 더 가까울 수 있는 것으로 드러났다. 왜냐 하면 6458937과 같은 7자리 숫자를 부호화할 때 실제로는 64, 58, 93, 7 등 4개의 짧은 덩어리로 나누기 때문이다.

한 번에 4~7개의 항목을 즉시 기억하고 즉시 회상하는 것이 별것 아니라고 생각하는가? 하지만 매일 교실에서 일어나는 학생 활동을 생각해 보면, 학생들은 다음과 같은 상황에서 순간기억을 지속적으로 사용해야 한다는 것을 알 수 있다.

- 책이나 웹사이트, 스마트보드의 글을 읽을 때, 눈은 줄을 따라 단어를 읽어 나간다. 문장의 의미를 파악하려면 방금 읽은 단어들을 머릿속에 즉시 떠올려야 한다.
- 교사나 친구들의 말을 들을 때, 방금 한 말을 기억하면서 어떻게 대답할지 머릿속으로 생각한다.
- 덧셈이나 뺄셈 문제를 풀 때, 자릿값과 받아올림을 잠시 동안 기억하며 계산해야 한다.

이 초기 기억들은 오래 지속되지 않는다. 이 단계는 약 30초 정도만 지속되는데, 뇌가 모든 정보를 저장할 수 없어 일부 정보를 걸러내야 하기 때문이다. 하지만 정보가 충분히 중요하다고 판단되면, 이는 유지되고 다음 단계인 작업기억으로 넘어가게 된다.

단기 작업기억: 최대 20분

여기에서 '의식적 노력'이 중요한 역할을 한다. 예컨대, 다른 사람의 말을 듣거나 책에 메모를 하는 등 순간기억에 있는 내용에 의식적으로 집중하면 뉴런이 화학적·전기적 신호를 반복적으로 주고받아 의사소통의 효율과 강도가 높아진다(Queensland Brain Institute, n.d.). 이는 마치 숲에 새로운 길을 내는 것과 비슷하다. 흙과 풀을 발로 밟을 때마다 길이 더 뚜렷해지고 걷기도 쉬워지는 것과 같은 원리이다.

단기기억 vs. 작업기억

좀 더 간단한 설명을 위해 이 책에서는 단기기억(short-term memory)과 작업기억(working memory)이라는 두 개념을 통합하여 설명한다. 이 둘은 서로 겹치지만 뚜렷이 구분된다. 그 정확한 관계에 대해 인지과학자들(Aben, Stapert, & Bickland, 2012)은 여전히 논쟁 중이지만, 우리는 그 차이를 다음과 같이 생각한다.

단기기억은 의식의 흐름(stream of consciousness)이다. 말하자면, 특정 순간에 우리가 주목하고 있는 감각적 사건(예: 강의 듣기, 책 읽기)과 정보(예: 이름, 단어, 숫자)이다. 한편, 단기기억에 있는 내용을 조작하거나, 묶어서 그룹화하거나, 저장된 기억과 연결하는 등 정신적 노력을 가할 때 우리는 작업기억을 사용한다.

과학자들은 뇌 영상을 통해 우리가 단기기억에 있는 내용을 단순히 반복하는 것(예: 일련의 글자를 그대로 반복하는 것)에서 단기기억에 있는 내용을 조작하는 것(예: 일련의 문자열을 알파벳순으로 배열하는 것)으로 전환할 때 뇌의 활성화되는 부분이 다르다는 것을 밝혀냈다. 따라서 작업기억은 단기기억에 정신적 노력을 더한 것으로 볼 수 있다. 앞으로 살펴보겠지만, 학습의 핵심은 단기기억에 정신적 에너지를 집중하는 것, 즉 작업기억을 활용하는 것이다. 우리는 이 책에서 이 두 가지 비슷한 개념을 오가는 대신 간단하게 단기 작업기억(short-term working memory)이라는 단일 용어를 혼합하여 사용할 것이다.

하지만 숲에서 같은 길을 한두 번 걷는 것만으로는 눈에 잘 띄고 따라가기 쉬운 길을 만들 수 없다. 이와 유사하게, 작업기억의 경로도 오래 유지되지 않는다. 즉 작업기억의 길은 5-20분 정도만 지속되다가 곧

사라지거나 반복이나 시연을 통해 장기기억으로 이어진다.

이 책은 뇌가 '새로운' 정보를 처리하는 과정에 주로 초점을 맞추어 설명한다. 하지만 장기기억 속의 기억을 회상할 때도 작업기억이 사용된다. 눈에 잘 띄고 걷기 쉬운 길을 만들기 위한 비결은 잦은 회상과 새로운 정보와의 연결이다. 이를 통해 신경 경로의 정보 전달 효율성이 높아지고 기억도 강화되며 더 잘 유지된다.

장기기억: 평생 남을 수 있는 기억

반복, 시연, 특정 상황이나 경험과 연결, 적용을 통해 정보를 빈번하게 거듭 접하면 정보의 최종 목적지인 장기기억에 도달할 수 있다. 뇌는 기억을 저장하기 위해 더 많고, 더 큰 수상돌기(dendrite, 신경세포 (뉴런)에서 나뭇가지처럼 뻗어 나온 구조로, 다른 뉴런으로부터 신호를 받아들이는 역할을 함. 가지돌기라고도 함-옮긴이)를 생성한다(Young, 2015).

그뿐만 아니라 동일한 개념과 관련된 다양한 감각 입력을 활용해 뉴런을 활성화하면 기억이 강화되고, 관련 기억들 간에 더 많은 연결이 생겨 이해도가 높아진다. 예를 들어, 시민권에 대한 책을 읽고 나서 그 시기를 설명하는 활동가나 역사가의 인터뷰를 듣거나 보고, 시민권 운동 관련 박물관이나 장소를 방문하면 시민권에 대한 기억과 지식이 강화될 수 있다.

이 단계에서는 어느 정도의 노력이 투입되는가가 가장 중요하며,

한 주제에 대해 더 많이 생각하고 경험할수록 더 오래 지속되는 강한 기억을 만들 수 있다. 앞서 언급했듯이 우리의 뇌는 대부분의 기억을 적극적으로 솎아내고 중요한 것만 남긴다. 이 과정에서 수면이 매우 중요하다. 잠을 자는 동안 우리의 잠재의식은 그날의 사건을 분류하고 조직화하여 중요한 것은 최대한 남기고, 다른 관련 부분과 연결 고리를 구축한다. 또한 쓸모없다고 생각되는 기억, 특히 확실하게 저장되지 않았거나 다른 학습과 연결되지 않은 기억은 제거한다. 그 덕분에 우리는 아침에 일어났을 때 상쾌한 기분으로 새로운 감각 입력으로 가득 채울 준비가 되어 있는 것이다.

서문에서 내가 제기했던 첫 질문을 떠올려 보라. 이제 기억이 어떻게 작동하는지, 즉 지식이 어떻게 뇌에 들어와 나중에 사용할 수 있도록 저장되는지 그 기본적인 윤곽을 잡을 수 있는가?

- **감각 입력**(sensory input) 우리가 새로운 자극을 감지하면, 뉴런은 내부에서 전기 신호를 통해 정보를 전달한다. 이 신호가 뉴런의 끝에 도달하면, 뉴런 간의 연결부인 시냅스(synapse)에서 화학적 신호(신경전달물질)로 변환되어 다음 뉴런으로 전달된다.
- **감각등록기**(sensory register) 뇌는 감각 정보를 거의 즉각적으로 처리하여 중요한지 아닌지를 판단한다. 이 과정에서 뇌는 감각 정보를 일시적으로 저장하고, 이를 바탕으로 주의를 집중해야 할 자극과 그렇지 않은 자극을 구분한다. 감각등록기는 우리가 외부 자극을 인식

하고 적절히 반응할 수 있도록 도와주며, 자극의 중요성을 판단해 중요한 정보는 순간기억으로 전환하고 그렇지 않은 정보는 빠르게 무시한다.

- **순간기억**(immediate memory) 중요한 데이터는 뉴런에 의해 처리되며, 이 뉴런은 나중에 그 경험을 재현할 수 있는 신경전달물질이라는 화학물질을 만든다. 이러한 신경전달물질은 저장되는 기억의 유형에 따라 뇌의 여러 부분에 있는 뉴런 사이에서 전달된다.

- **단기 작업기억**(short-term working memory) 순간기억에 집중하거나 이전 기억을 떠올리면, 뉴런 사이에 더 강력한 경로를 형성하게 된다. 이를 통해 정보의 저장과 회상이 용이해지며, 이 과정에서 뇌의 작업기억 시스템이 활성화되어 단기적인 정보처리와 문제 해결이 가능해진다.

- **장기기억**(long-term memory) 기억을 되새기고 다른 감각 입력 및 관련 기억과 연결하여 경로를 활성화하면, 이전의 학습을 새로운 상황에 적용하는 능력을 강화할 수 있다(그 반대의 경우도 마찬가지이다).

이는 기억 형성에 대한 개요이며, 우리가 더 깊이 탐구할 수 있는 내용을 요약해 보여준 것에 불과하다.

기억의 과학을 학습 모형에 적용하기

앞서 언급했듯이 뇌과학은 때로는 너무 세분화되고 비실용적이어서 교사에게 그다지 도움이 되지 않을 수 있다. 좋은 교사가 되기 위해 신경펩티드(neuropeptide)와 같은 세부적인 뇌과학 지식을 알 필요는 없지만, 학습이 어떻게 이루어지는지에 대한 명확한 인지 모형(mental model)은 갖추고 있어야 한다. 그래야 학생들이 적절한 시기에 적절한 방식으로 정보를 효과적으로 다루도록 도와줄 수 있으며, 이를 통해 새로운 지식이 기억의 여러 단계를 거쳐 장기기억에 도달할 수 있는 최적의 기회를 마련해줄 수 있다.

그렇다면 교사로서 이러한 정보처리 단계에 대한 지식을 어떻게 수업 계획과 지도 방식에 적용하여 학생들의 학습이 오랫동안 기억에 남게 할 수 있을까? 학습 모형을 따라가면 된다. 이 모형은 교수·학습 전략을 더 큰 과정으로 체계화하여 새로운 지식이 세 가지 유형의 기억(순간기억, 작업기억, 장기기억)을 거쳐 저장될 수 있게 해준다.

감각등록기와 순간기억

새로운 정보가 감각등록기의 필터를 통과하여 순간기억으로 들어가기 위해서는 학생들의 머릿속에 다음 두 가지 핵심 학습 단계를 촉발해야 한다.

- **관심 갖기** 뇌의 정신적 필터를 통과하는 외부 자극은 감정을 자극하는 것과 호기심을 불러일으키는 것 두 가지 종류가 있으며 대개 이 순서를 따른다. 기본적으로 뇌는 중요한 정보만 선택적으로 처리하고 나머지 대부분의 정보를 걸러낸다. 그러므로 학습을 시작하려면, 즉 학생들의 주의를 끌어 정보를 전달하려면 편안한 학습 환경에서 학습할 수 있도록 해야 한다. 또한, 학습 내용에 감정적 자극(예: 흥분, 분노, 열정) 또는 지적 자극을 추가해 학생들의 호기심을 자극하는 것이 중요하다. 수수께끼도 효과적이다. 가령 "수천 년 전에는 털북숭이 매머드가 북아메리카에서 가장 흔히 발견되는 거대 동물이었어요. 그런데 어떻게 된 걸까요? 어떻게 그런 거대한 동물이 갑자기 사라질 수 있었을까요?"와 같은 질문을 던질 수 있다.

- **학습에 전념하기** 관심을 갖는 것은 매우 중요하지만 이것만으로는 충분치 않다. 단편적 정보나 기술을 넘어서 더 깊이 배우기 위해서는 다음 단계로 나아가야 한다. 교사로서 우리는 학습이 삶에 미치는 영향을 큰 그림으로 제시하고, 명확하고 도전적이면서도 달성 가능한 학습 목표를 설정하도록 학생들을 지원할 수 있다. 요컨대, 학습의 의미와 목적을 이해하도록 도와 학생들이 "이 학습이 나에게 어떤 이득이 있을까?"라는 질문에 긍정적인 답을 할 수 있도록 해야 한다. 예를 들어, 매머드가 멸종한 이유를 배우는 것이 현대의 위기(예: 전 세계 생물 종의 대량 멸종)와 어떻게 연결되는지를 학생들이 이해하도록 이끌어줄 수 있다.

작업기억

정보가 학생들의 작업기억 시스템에 올라오면 학생들은 다음 두 단계의 학습에 참여하여 정보를 부호화(encoding, 청각, 시각 등 감각을 통해 들어오는 정보를 처리하고 저장하기 위해 그 정보를 유의미한 형태로 재구성하고, 장기기억에 저장되어 있는 기존의 정보와 연결하고 결합하는 과정-옮긴이)하기 시작하고 장기기억 저장을 준비해야 한다.

- **새로운 학습에 집중하기** 새로운 지식을 효과적으로 습득하려면 학습할 내용에 적극 관심을 가지고 깊이 생각하는 과정이 필요하다. 깊이 생각한 내용만 기억에 오래 남기 때문이다. 예컨대, 질의 및 응답에 참여하거나, 텍스트를 꼼꼼히 읽거나, 시범 과정을 따라하거나, 개념을 비언어적으로 표현하여 학습 내용을 시각화하거나, 강의를 들으며 필기하는 방법이 있다. 이 모든 능동적인 학습 방법을 함께 활용하면 지식이 뇌에 더 깊이 자리 잡게 된다.
- **학습 이해하기** 작업기억 용량의 한계 때문에 우리는 학습을 작은 단위로 나누고, 새로운 정보를 사전 지식과 연결하며, 관련 개념들을 함께 묶어 진행하는 것이 효과적이다. 이는 뇌가 지식을 저장하는 방식—개념과 기억이 그물망처럼 서로 연결된 형태—과 유사하다. 지식이 작업기억에 남아 있는 동안, 즉 세부 사항이 사라지기 전에 이를 명확히 '이해'해야 한다. 예를 들어, 학생들에게 매머드의 멸종 원

인을 '과도한 사냥', '과도한 질병', '과도한 추위'라는 세 가지 주요 이론으로 나누어 설명하면 더 쉽게 이해할 수 있다.

장기기억

이제 새로운 학습은 결정적인 시점에 있다. 학생들의 뇌는 정보를 정리하고, 중요하지 않은 부분을 제거할 준비가 되어 있기 때문에 이 과정에서 중요한 정보를 유지하려면 다음의 마지막 두 가지 학습 단계를 반드시 거쳐야 한다.

- **연습하고 성찰하기** 학습한 내용을 장기기억에 저장하려면 반복해서 연습하는 것이 필요하다. 벼락치기는 효과적이지 않으며, 분산연습(며칠 간격으로 연습하는 방법)과 인출연습(퀴즈를 내거나 스스로에게 질문을 던지는 방법)이 훨씬 효과적이다. 학습과학 연구에 따르면, 기억이 희미해지기 시작할 때 장기기억에서 인출하면 약해진 신경망이 다시 활성화되고 기억력이 강화된다. 따라서 학생들에게 반복적인 연습과 인출 기회를 여러 번 제공하면 새로 학습한 내용을 더 잘 기억할 수 있다.
- **확장, 적용, 의미 찾기** 중요한 정보를 떠올리려 애쓰지만 결국 기억해 내지 못하는 경우가 있다. 이는 저장한 정보에 접근할 수 있는 신경 경로가 부족하기 때문이다. "사용하지 않으면 잊어버린다(use it

or lose it)."라는 학습 원리는 지식을 다른 정보와 연결하거나, 더 깊이 탐구하거나, 실제 문제를 해결하는 데 사용함으로써 다양한 연결 고리를 만들어야 한다는 것을 시사한다. 예를 들어, 학생들에게 매머드를 되살리기 위해 DNA를 이용하는 과학 및 윤리 문제를 탐구하게 하거나, 매머드의 멸종 원인이 현재 전 세계 꿀벌 개체수 감소에도 영향을 미치는지 조사하게 할 수 있다.

전체 과정 통합하기

요약하자면, 이 전체 학습 과정을 도표 1.1과 같이 시각화할 수 있다. 이 단계들을 종합하면 학습을 위한 간단한 6단계 모형이 완성된다. 도표 1.2는 이러한 6단계에 대한 자세한 내용과 함께 교실 수업에 적용할 수 있는 실용적인 도구를 제공하며 두 책 〈Classroom Instruction That Works(효과적인 교실 수업)〉(Dean et al., 2011), 〈The 12 Touchstones of Good Teaching(좋은 수업의 12가지 핵심 원칙)〉(Goodwin & Hubbell, 2013)의 많은 증거 기반 교수법이 포함되어 있다. 중요한 점은 모든 도구를 모든 수업에 사용해야 하는 것은 아니며, 전문가로서의 판단을 통해 적절한 도구를 선택하여 학생들에게 효과적인 학습 기회를 제공해야 한다는 것이다.

앞서 언급했듯이, 학습 모형의 각 단계에 붙여진 이름은 교사가 무엇을 하는가가 아니라 학생들이 학습하는 동안 그들의 머릿속에서 무슨 일이 일어나는가를 나타낸다. 비록 이것이 약간의 인식 전환과 용어 변화처럼 보일 수 있지만, 이는 수업 설계와 학생들의 성공 및 어려움에 대한 분석과 평가는 물론 대응 방식에 깊은 영향을 미친다. 이것이 바로 전문성의 핵심, 즉 교사로서 전문 지식을 적용하여 문제를 진단하고 해결하는 능력이다.

도표 1.1 전체 학습 과정

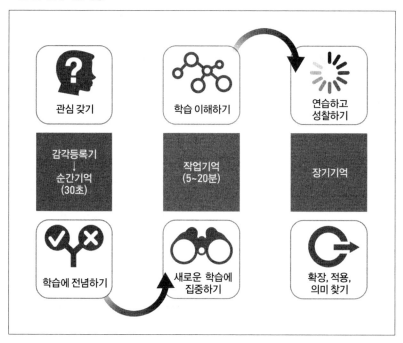

도표 1.2 학습 단계 및 교실에서 활용할 수 있는 수업 도구

정보 처리	학습 단계	안내 질문	설계 원칙(학습과학)
감각등록기의 자극이 학습자의 주의를 끈다.	관심 갖기	학생들이 관심을 가져야 하는 이유는 무엇인가?	**감정가** 뇌는 자극(정보) 처리에 대한 우선순위를 가지고 있으며, 감정가(emotional valence, 감정이 얼마나 긍정적인지 혹은 부정적인지를 평가하는 척도-옮긴이)가 높은 자극에 먼저 주의를 기울인다.
		학생들의 흥미를 유발하는 것은 무엇인가?	**호기심** 감정적 자극 다음으로, 우리의 뇌는 새로운 자극—예상치 못한 것, 불완전한 것, 논쟁적인 것, 신비로운 것, 또는 지식의 공백(알려지지 않았거나 완전히 이해되지 않은 부분-옮긴이)에 주의를 기울인다.
자극이 더 주목할 가치가 있는지 판단한다.	학습에 전념하기	학생들이 어떤 의미를 찾을 수 있을까?	**의미와 목적** 변연계(limbic system, 감정 처리 담당)는 전전두피질(prefrontal cortex, 논리 담당)보다 더 강력하다. 따라서 '배우고 싶다'는 감정이 동기를 부여하고 행동을 유도한다.
		학습 동기를 부여하는 것은 무엇인가? 무엇이 학생들을 학습에 연결시키는가?	**개인적 관심과 목표에 연결** 학습을 자신의 삶과 연결시키는 것은 학습 동기를 높이고 깊이 있는 학습으로 이끈다. 학생들은 개인적인 학습 목표를 설정할 때, 더 큰 학습 의욕을 갖게 되고, 배운 내용을 나중에 더 잘 기억할 수 있다.

교사가 학습을 안내하는 방법	교실에서 활용할 수 있는 수업 도구
감정 자극	**• 학생들에게 관심 보이기** 학생들은 정서적으로 안전하고 교사로부터 지지를 받는다고 느끼면 학습에 더 집중할 수 있다.
	• 학습을 긍정적인 감정과 연결하기 학생들이 기쁨, 자부심, 열의, 열정과 같은 긍정적인 감정을 학습과 연결할 수 있도록 돕는다.
호기심 자극	**• 호기심 자극하기** 미스터리, 서스펜스 또는 인지적 갈등을 사용하여 학생의 흥미를 유발하고 유지한다.
	• 사전 지식을 활성화하고 지식의 공백 드러내기 학생들이 자신의 사전 지식을 활성화하고 서로 간의 이해 수준 차이를 확인하도록 도와 학습을 준비하게 한다.
	• 학문적 논쟁 구조화하기 학생들이 인지적으로 약간 벅차고, 필요에 따라 감정적으로도 자극받을 수 있는 내용을 주제로 토론에 참여하도록 유도한다.
	• 수업에 변화 주기 참신함과 예상치 못한 요소로 학습에 활기를 불어넣어 학생들의 주의를 집중시킨다.
배울 이유 제시	**• 의미와 관련성 제공하기** 학생들은 무언가를 배우는 것이 왜 중요한지 알아야 한다. 배운 것을 나의 삶에서 어떻게 사용할 것인가? 사람들은 실제 삶에서 어떻게 사용하는가?
	• 학습을 핵심 개념/질문으로 구조화하기 학생들은 학습이 지향하는 큰 그림을 이해해야 하며, 학습을 이끄는 핵심 개념 및 질문을 활용한다.
학습 목표 설정	**• 학습 목표 및 성공 기준 제공하기** 학생들이 기대치, 즉 학습해야 할 내용을 작은 단위로 나누어 학습할 수 있도록 도와준다.
	• 숙달에 이르는 방법 보여주기 성공 기준을 달성하는 것이 목표 달성에 어떻게 도움이 되는지 알 수 있도록 성공에 이르는 길을 투명하고, 이용 가능하고, 이해할 수 있게 만들어 준다.
	• 개인 학습 목표 장려하기 목표가 성과 지향이 아니라 숙달 지향이 되도록 한다.
	• 노력할 수 있도록 지원하기 학생이 자신의 노력을 추적하고, 어려움을 예측하며, 이를 극복하는 법을 고려함으로써 자신의 행동, 결정 및 결과에 대해 책임감을 키울 수 있도록 도와준다.

정보 처리	학습 단계	안내 질문	설계 원칙(학습과학)
새로운 지식과 기술이 작업기억에 남아 있을 때 집중한다.	새로운 학습에 집중하기	학생들에게 무엇을 보여주고 설명해야 하는가? 학생들이 핵심 개념을 시각화하도록 어떻게 도울 수 있는가?	**시각적 학습** 뇌는 언어적·시각적으로 제공될 때 정보를 더 효과적으로 처리한다.
		학생들이 무엇에 대해 생각하기를 원하는가?	**적극적인 참여** 지식을 작업기억에 남기는 유일한 방법은 새로운 지식이나 기술을 적극적으로 활용하는 것이다.
새로운 지식이 작업기억에 머무는 동안, 관련 있는 정보끼리 묶고 이전의 학습과 연결하는 과정이 시작된다.	학습 이해하기	학습을 어떻게 의미 있는 단위로 나누고 정보처리 과정을 지원할 것인가?	**일시 멈춤 및 처리** 작업기억은 한 번에 저장할 수 있는 정보의 수(7 ± 2개 항목)와 5~20분 동안만 정보를 유지하며 처리할 수 있는 시간적 제한이 있다.
		학생들이 이 학습을 통해 어떤 주제, 범주, 순서 또는 이전 학습과의 연결을 만들어야 하는가?	**분류 및 묶기** 기억은 개념들이 서로 연결된 신경망으로 형성된다. 새로운 학습은 기존의 학습과 연결됨으로써 보다 효과적으로 습득된다.

교사가 학습을 안내하는 방법	교실에서 활용할 수 있는 수업 도구
시각적 학습 지원	**• 비언어적 표상 사용하기** 대부분의 사람들은 시각적 학습자이므로 시각적 보조 자료(사진, 다이어그램, 모형)가 학습에 도움이 된다. 특히 학생이 직접 만든 경우는 더욱 그렇다. **• 보여주고 설명하기** 구체적인 예시를 통해 추상적인 개념을 설명하고, 이러한 사례에서 추상적인 패턴을 도출하는 것이 학습에 도움이 된다. **• 직접교수법을 통해 숙달 단계 시범 보이기** 학생에게 새로운 프로세스의 각 단계를 보여주어 숙달이 어떤 모습인지 알 수 있도록 한다("나는 ~를 이해한다/해결한다"단계).
사려 깊은 학습 참여	**• 풀이 과정을 자세히 설명해 주는 예제와 학생들 스스로 풀 문제를 번갈아 제시하기** 학생 스스로 문제를 풀 때 예제 풀이 과정을 통합하기 위해 노력하면 새로운 학습을 처리하는 능력을 향상시킬 수 있다("우리가 ~하다" 단계). **• 스스로 질문하고 꼼꼼히 읽도록 가르치기** 학습하는 동안 스스로 질문하는 방법을 가르쳐주면 내용에 대한 이해와 기억이 향상된다. **• 적극적으로 노트 필기를 하도록 유도하기** 손으로 무언가를 적고 그림을 그리면 기억력이 향상된다. 부분적으로 채워진 노트(빈칸 채우기)도 효과적이다.
처리할 시간 제공	**• 학습을 의미 있는 단위로 묶어(청킹) 처리 속도 높이기** 신경 연결의 형성을 촉진하기 위해 학습 중에 주기적으로 잠깐 멈추고 복습하거나, 재정리하거나, 휴식을 취한다. **• 탐구형 질문 사용하기** 고차원적인 질문은 학습한 내용에 대해 생각하고, 이를 적용하고, 새로운 학습과 연결하도록 유도한다. **• 질문 후 생각할 시간 제공하기** 질문 후 학생이 응답하도록 잠시 기다려주면 더 많은 학생이 참여할 수 있다. **• 협동 모둠을 통해 학습 과정 돕기** 효과적인 협동학습 전략(예: 상호 교수, 교실 내 대화)은 학습을 촉진하다.
지식을 분류할 수 있도록 지원	**• 유사점과 차이점을 파악할 수 있도록 지원하기** 학습의 핵심은 새로운 개념을 기존 개념과 연결하는 것이므로 새로운 학습을 비교, 대조, 분류, 비유, 유추하는 것은 학습을 이해하는 데 필수적이다. **• 학습 내용을 요약하도록 유도하기** 학습한 내용을 중요한 주제(big ideas), 지도 원리 및 세부적 핵심 개념(key concepts)으로 정리하고 자신의 말로 표현할 때 더 잘 기억할 수 있다.

정보 처리	학습 단계	안내 질문	설계 원칙(학습과학)
반복과 인출은 새로운 학습을 장기기억에 저장하는 데 효과적이다.	연습 및 성찰하기	학생들이 기억하거나 자동화해야 하는 지식과 기술에는 어떤 것이 있는가?	**간격을 둔 교차연습** 연습에 간격을 두고, 교차연습을 통해 '바람직한 어려움'을 반영할 때 새로운 학습이 기억에 남을 가능성이 더 높다.
		심층학습으로 이끌기 위해 어떤 피드백을 제공하는가?	**학습이나 기술에서 부족한 부분 성찰** 새로운 정보를 기존 지식과 연결시키며 반복적으로 학습하고, 학습 상태와 목표 간의 차이를 줄이려는 노력을 통해 기억의 저장과 인출 능력을 향상시킨다.
새로운 학습을 새롭고 의미 있는 방식으로 적용하는 것은 기억 인출을 촉진한다.	확장 및 적용하기	학생들이 배운 지식을 어떻게 적용하게 할 것인가?	**전이와 적용** 기억 저장과 인출은 서로 다른 두 가지 기능으로, 학습한 내용을 다른 맥락이나 상황에 적용할 때 더 잘 인출할 수 있고, 생각을 시각화할 때 지식을 더 효과적으로 전달할 수 있다.
		학습을 완전히 습득했는지 학생들 자신이 또 교사가 어떻게 확인할 수 있는가?	**비판적 사고를 위한 인지 모형 구축** 선언적 지식(서술적 지식)과 절차적 지식을 통합하는 인지 모형은 심층학습과 비판적 사고 능력에 필수적이다. 평가 과정에서는 학생들이 이러한 인지 모형을 활용하고 비판적 사고를 발휘할 수 있는 기회를 제공해야 한다.

교사가 학습을 안내하는 방법	교실에서 활용할 수 있는 수업 도구
심층학습 설계 및 지도	**· 초기 연습 단계 관찰하고 지도하기** 지식이나 기술을 처음 적용하려는 과정에서 학생들이 절차를 올바르게 배우고 오개념을 피하도록 지도한다. **· 이해도 파악하기** 학습 공백(이해하지 못하거나 제대로 배우지 못한 부분–옮긴이)이 나쁜 습관이나 오개념으로 이어지지 않도록 이해도를 파악한다. **· 형성적 피드백 제공하기** 학습하는 동안, 평가하지 않는 서술적 피드백을 제공하여 자신의 학습을 성찰하고, 숙달을 향한 다음 단계를 파악할 수 있도록 돕는다.
학습 성찰 지원	**· 교차연습 및 분산연습(간격을 둔 연습)** 다양한 기술을 뒤섞어 연습하고, 연습 사이에 간격을 두면 학습 내용을 더 잘 기억할 수 있다. **· 빈번한 인출연습 지원하기** 학습한 내용을 떠올리려고 노력하면 할수록 인출 경로가 탄탄하게 구축되므로, 평가 목적이 아닌 부담없는 시험이나 퀴즈를 자주 낸다. 이렇게 하면 새로 배운 내용을 더 오래 기억할 수 있다. **· 효과적인 연습 방법 가르치기** 아직 완전히 익히지 못한 지식과 기술의 숙달을 목표로, 효과적인 연습 (교차연습과 분산연습)의 활용 방법을 알려준다.
새로운 도전 과제에 학습을 적용하도록 지원	**· 도전적인 학습 과제 제공하기** 학습에 대해 능동적으로 생각하게 하는 도전 과제에 참여함으로써 더 깊이 있는 지식을 쌓을 수 있다. **· 탐구 학습 지원하기** 학생들이 조사·분석·종합을 통해 핵심 질문을 탐색할 수 있도록 기회를 제공하라. 이러한 기회가 없으면 학습한 내용을 금방 잊는다. **· 학생의 사고 과정을 가시화하기** 학생들이 문제를 풀면서 자신의 추론 과정을 큰 소리로 말하면(think aloud), 배운 내용을 다른 상황에 적용하는 데 큰 도움이 된다.
학생의 인지 모형 개발 및 심층학습 시연 지원	**· 비판적 사고 가르치기** 배운 것에 대해 평가하는 질문을 곰곰이 생각해 보게 하면, 학습한 내용을 더 깊이 이해하고 기억할 수 있다. **· 글쓰기를 통해 사고력 향상시키기** 모든 교과 영역에서 학습에 대한 글쓰기는 심층학습, 인지 모형 생성, 깊은 이해, 새로운 상황으로의 전이를 지원한다. **· 잘 설계된 수행평가를 통해 학습 강화하기** 수업 중 평가는 흔히 사실이나 개념과 같은 지식(선언적 지식)을 측정하는 데 그친다. 반면 수행평가는 학생들이 그 지식뿐만 아니라 기술과 절차(절차적 지식)를 실제로 활용해 보도록 요구하며, 선택의 기회를 주어 학습 동기를 높인다.

6단계 모형의 학습 단계	교사 지원	CITW 전략
1단계: 관심 갖기	• 관심 끌기 • 사전 지식 활성화하기	• 단서 • 선행 조직자(사전 조직자) • 질문
2단계: 학습에 전념하기	• 학생들의 학습 목표 설정 지원하기	• 세부 목표 설정 • 노력 강화 • 노력 및 성과 인정
3단계: 새로운 학습에 집중하기	• 정보 제공하기	• 사진 및 그림 기호 • 정보의 머릿속 시각화 • 노트 필기 • 그래픽 오거나이저 • 모형 및 조작 도구 • 운동 감각적 활동
4단계: 학습 이해하기	• 깊이 있는 처리 과정 지원하기	• 비교 • 질문 • 분류 • 협동학습 • 요약
5단계: 연습 및 성찰하기	• 성찰연습 지원하기	• 숙제 할당 • 연습 제공 • 피드백 제공 • 노력 강화
6단계: 확장 및 적용하기	• 심층학습 및 적용 지원하기	• 질문 • 문제 해결 • 실험 탐구 • 시스템 분석 • 조사

독자들 중에는, 특히 『Classroom Instruction That Works(효과적인 교실 수업, CITW)』의 연구 기반 수업 전략에 익숙한 독자라면 이 전략들이 6단계 학습 모형과 어떻게 연결되는지 궁금할 것이다. 도표 1.3

은 그 연결 고리를 제공한다. 일부 전략은 학습 모형의 여러 단계에 포함되어 있는데, 이는 다양한 맥락에서 효과적으로 적용되었을 때 학습에 크게 기여할 수 있기 때문이다.

또한 6단계 학습 모형은 처벌이나 외적 보상이 아니라 내재적 동기가 심층학습의 진정한 열쇠라는 가정을 기반으로 하고 있다. 모든 학습은 학습자가 그 과정에 자발적으로 참여해야 가능하다. 우리는 누군가를 설득하거나, 뇌물을 주거나, 강요할 수는 있지만, 강제로 무언가를 배우게 할 수는 없다. 결국, 학습은 학습자 스스로 배우기로 결정하거나, 배우는 것을 받아들일 때만 일어난다.

사실, 인생에서 배우는 대부분의 의미 있는 것, 예컨대 모국어, 취미, 좋아하는 노래 가사 등은 우리 스스로 그 가치를 발견하고, 배우는 과정에서 기쁨을 경험했기 때문에 배운 것이다. 위 학습 모형의 여섯 단계를 관통하는 핵심 아이디어는 지적 호기심이다. 다시 말해서, 질문을 탐색하고 답을 찾고 새로운 경험을 하려는 지적 욕구야말로 학습의 최고 원동력이다.

다음 장은 이 주제, 즉 '호기심이 어떻게 학습을 촉발할 수 있는가'로 시작하여 이를 반복적으로 다루면서, 학생들 내면에 깊숙이 자리한 타고난 지적 욕구를 활용하는 학습 환경의 설계 방법을 보여줄 것이다.

02 관심 갖기

언론 보도에 따르면, 브루클린에서 샌프란시스코에 이르기까지 세련된 도시인들 사이에서는 아무것도 하지 않는 것이 유행하고 있다고 한다. 즉, 이들은 감각 차단실에서 한 시간 이상을 보낸다. 식당, 엘리베이터, 비행기 좌석 뒤편에서 끊임없이 울려대는 스마트폰, 쉴 새 없이 정보를 쏟아내는 미디어, 우리의 주의를 요구하는 곳곳에 있는 화면들로 인해 과도한 자극을 받는 사람들에게 최고의 휴식은 완전한 침묵과 어둠 속에서 소금물 탱크에 몸을 담그는 것이 되었다.

네이선 헬러(Nathan Heller)가 「보그(Vogue)」(2017)에서 밝힌 것처럼, 따뜻한 소금물 속을 떠다니며 아무것도 느끼지 못하고, 듣지도 보지도 못했던 그 어둠 속 경험은 처음에는 혼란스러웠고, 그는 자신의 마음이 마치 '텅 빈 극장에서 과장된 연기를 하는 배우'처럼 관찰과 불안을 오갔다고 한다. 하지만 마음이 차츰 진정되자 헬러는 조부모님이 얼음 조각으로 복숭아 젤라틴을 만들어 주시던 어린 시절의 경험을 생생하게 떠올렸다. 헬러는 상쾌한 기분으로 그 경험을 마무리했다. "내가 기대했던 대로 이 경험은 마음의 안정을 찾는 데 도움을 주었다."(이 내용은 네이선 헬러가 따뜻한 소금물 속에서의 경험을 통해 마음의 평화를 찾는 과정을 설명하고 있다. 처음에는 아무런 자극이 없는 상태에서 혼란스러움을 느끼고 불안을 겪지만, 그 후에는 어린 시절의 소중한 기억을 떠올리며 감정적으로 안정되는 과정을 그리고 있다.-옮긴이)

하지만 일부 사람들에게는 소금물 탱크에서의 감각 차단이 악몽 같은 경험이 될 수 있다. 예를 들어, 앨리슨 데이비스(Alison Davies)는 이 경험이 (문자 그대로) '상처에 소금을 문지르는듯한' 느낌을 주었다고 한다. 죽을 것 같다는 생각이 들 정도로 메스꺼움을 느꼈고, 패혈증에 걸릴지도 모른다는 두려움에 떨었다(심지어 '패혈증이 도대체 뭐지?'라는 궁금증까지 생겼다). 감각이 차단된 그녀의 뇌는 '죽음-구토-공포-패혈증'이라는 생각이 뒤섞인 채 빙글빙글 돌기 시작했다(2015). (이 내용은 소금물 탱크에서의 감각 차단 경험이 사람마다 다르게 받아들여질 수 있음을 보여준다. 앨리슨 데이비스는 소금물에 노출된 피부 상처로 인해 극심한 불안과 메스꺼움을 느끼며, 감각이 없어진 상태에서 생겨나는 두려움과 혼란을 경험한다. 이를 통해 저자는 감각 차단이 어떤 사람에게는 내면의 평화를 찾는 기회가 되는 반면, 다른 사람에게는 불안과 공포를 유발할 수 있다는 점을 강조하고 있다.-옮긴이)

감각 과부하 시대의 삶과 학습

위의 예를 통해 알 수 있는 것은 우리의 뇌가 끊임없이 쏟아져 들어오는 감각 입력(sensory input)에 얼마나 익숙해져 있는가이다. 감각은 초당 1,100만 비트(bit)의 정보를 뇌로 전달하는데, 뇌는 최대 120비트 정도만 처리할 수 있다고 한다(Levitin, 2015). 예를 들어, 다른 사람의 말을 이해하기 위해 뇌는 초당 약 60비트의 정보를 처리해야 하는데, 이런 이유로 우리는 한 번에 두 사람의 말을 듣기 어렵고 세 사람의 말을 동시에 듣는 것도 불가능하다. 사람이 한 번에 처리할 수 있는 정보의 양이 120비트이기에 180비트의 정보를 담으려면 과부하가 발생한다.

하지만 현대인의 삶은 정보의 홍수 속에서 깨어 있는 시간 내내 최대한의 정보처리 능력을 요구받는다. 서던캘리포니아대학교의 한 연구(Hilbert & Lopez, 2011)에 따르면, 당시 사람들은 날마다 85페이지짜리 신문 174개 분량의 정보를 받아들였으며, 이는 1990년대 말에 비해 5배나 증가한 수치이다. 이 모든 정보처리와 필터링에는 많은 노력이 필요하다. 뇌가 작동하려면 엄청난 양의 포도당과 산소가 필요하기 때문이다. 따라서 우리 몸의 다른 부위와 마찬가지로 뇌도 과부하 상태에 이르면 피로가 쌓이고 이로 인해 사소한 것과 중요한 것을 구분하는 능력이 저하된다(Levitin, 2015).

인지과학자이자 베스트셀러 작가인 대니얼 골먼(Daniel Goleman)

에 따르면, 이러한 어려움이 특히 신세대 학생들에게 더 크다고 한다 (2013). "오늘날의 아동은 인류 역사상 그 어느 때보다 기계에 더 많이 의존하고 사람에 덜 의존하는 새로운 현실에서 자라고 있다."(p. 6). 그는 이러한 경향이 여러 가지 이유로 문제가 된다고 주장하는데 그 중에는 대다수 학생의 주의 집중력 손상도 포함된다. 한 교사는 골먼에게 "학생들의 주의가 온통 와우(WoW, World of Warcraft)와 같은 게임에 쏠려 있어서, 전통적인 문법에 대한 관심과 집중력이 떨어져 쉼표 규칙과 같은 내용을 가르치기 어렵다."라고 말했다(p. 7).

물론 학습은 자연스럽게 '자동으로' 이루어지지 않는다. 무언가를 배우려면 먼저 주의를 기울여야 한다. 그러나 오늘날의 학생들은 과도한 정보나 자극으로 인해 정신적으로 과부하 상태에 있기 때문에 교사는 학생들의 관심을 좀 더 차분한 학습 과정으로 이끄는 데 더욱 능숙해야 한다.

정서적 혼란이 주의력에 미치는 영향

교사는 학생들의 주의를 끌고 유지하는 것 외에도 우리의 뇌가 어떻게 작동하는지를 깊이 이해한 후 학습 경험을 설계해야 한다. 특히, 감각 차단 탱크(외부 자극을 최소화하고 심리적 안정을 제공하는 환경-옮긴이)에서 드러나는 뇌의 현실을 반영해야 한다. 우리의 머릿속은 항상 아이디어, 단어, 기억, 감정으로 가득 차 있으며, 이를 '의식의 흐름'이라고 하는데 이것은 감각 차단 탱크에서 더 명확하게 나타난다. 외부 자극을 처리하는 것 외에도 뇌는 과거의 경험, 특히 강렬한 감정과 관련된 경험을 되새기는 데 많은 에너지를 소모한다. 이로 인해 그 경험들이 때로는 고통스러운 기억으로 되살아날 수 있다.

감각 차단 탱크에 들어가기 전에 느꼈던 부정적인 감정과 불안은, 외부 자극이 사라진 상태에서 더욱 심화될 수 있다. 이는 뇌가 처리할 외부 자극이 없기 때문이다. 그러나 이러한 상황은 우리가 외부 자극에만 의존하지 않고, 내부 자극인 감정, 경험, 의식의 흐름을 어떻게 다룰지 배워야 함을 깨닫게 해준다. 결국, 외부 자극뿐만 아니라 내부 자극에도 주의를 기울이며 이를 효과적으로 처리하는 능력도 갖추는 것이 중요하다.

많은 학생, 특히 아동기 부정적 경험(adverse childhood experiences, ACEs)으로 인해 만성 스트레스를 겪고 있는 학생들에게는 이러한 내적 자극이 수업에 집중하는 데 어려움을 줄 수 있다. 예를 들어, 미국 전역에서 약 10만 명의 학생을 대상으로 조사한 바에 따르면 17세 미만 학생들의 48%가 아동기 부정적 경험(폭력 노출, 정서적·신체적·성적 학대, 박탈, 방임, 사회적 차별, 가정 불화, 부모의 이혼, 부모의 약물 남용, 정신 건강 문제, 사망, 수감)을 적어도 한 가지 이상 겪었으며 22.6%는 두 가지 이상 경험한 것으로 보고되었다(Bethell, Newacheck, Hawes, & Halfon, 2014). 신경과학에 따르면 외상 후 스트레스 장애(post traumatic stress disorder, PTSD)가 있는 사람들은, 이들은 대개 아동기 부정적 경험을 한 가지 이상 겪었는데, 해마(hippocampus)가 더 작은 것으로 밝혀졌다. 해마는 단기기억을 장기기억으로 전환하는 뇌 영역이다(Bremner, 2006). 또한, 연구에 따르면 외상 후 스트레스 장애 환자는 투쟁-도피 반응(fight-or-flight responses)을 유발하는 편도체(amygdala) 활동이 증가하고, 불안을 완화하는 내측 전전두피질(medial prefrontal cortex)의 활동은 감소하는 것으로 나타났다.

다시 말해, 강한 심리적 고통에 노출되면 학생들은 지속적으로 높은 각성 상태에 놓이게 되어 학습에 집중하기가 어려워진다. 이는 대부분의 학습에서 중요한 역할을 하는 언어 서술기억(verbal declarative memory, 언어를 사용한 정보의 기억-옮긴이)의 결핍으로 이어진다. 이러한 이유로 아동기 부정적 경험을 겪은 학생은 과민반응을 보이거나, 주의가 쉽게 산만해지거나, 교실에서 새롭게 배운 지식을 기억하는 데 어려움을 겪을 수 있다(Streeck-Fischer & van der Kolk, 2000).

뇌의 자극 처리 우선순위

교사들이 이 모든 것으로부터 얻어야 할 주요 교훈은, 학생들이 교실에 들어올 때는 이미 다양한 감각 자극과 내적 감정, 생각, 아이디어로 가득 차 있으므로 이러한 상태에서 새로운 학습 내용이 효과적으로 전달되기 위해서는, 이 모든 혼란 속에서도 학생들의 주의를 끌고 학습에 집중할 수 있도록 해야 한다는 것이다. 그렇다면 어떻게 이 문제를 해결할 수 있을까? 우선, 뇌가 초당 수백만 비트의 정보를 받아들이면서도 그중에서 중요한 정보만을 골라내어, 초당 약 120비트에 해당하는 정보에만 주목하는 과정을 이해할 필요가 있다. 일반적으로 필터링 과정은 다음과 같은 우선순위를 따른다.

- **감정가**(emotional valence, 자극이나 경험이 긍정적인지 부정적인지를 나타내는 지표-옮긴이) 뇌는 강렬한 감정을 불러일으키는 자극에 먼저 주의를 기울이는 경향이 있다. 즉, 매우 기쁘거나 매우 불쾌하거나, 매력적이거나 그렇지 않은 자극에 먼저 주목한다. 개인의 건강과 안전에 대한 위협은 높은 순위를 차지한다. 이는 매우 자연스러운 일이다. 만일 우리의 조상들이 뱀이 풀 속에서 똬리를 틀고 있는 상황과 같은 위협에 재빨리 집중할 수 없었다면, 인류는 멸종했을 것이다. 또한, 매력적인 자극에 주목하는 것도 합리적이다. 음식, 안전한 피난처, 짝을 찾는 일에 집중하는 것은 생존과 진화에 명백한 이점을 가졌기 때문이다.

- **새로움**(novelty) 뇌는 주변의 새롭고 역동적인 사물, 사람, 아이디어에 주의를 기울이고, 오래되었거나 변화가 없는 정적인 것은 무시하는 경향이 있다. 또 감각은 뒤에서 바스락거리는 덤불에 주의를 기울이는 것처럼 낯선 광경, 소리, 냄새에 끌린다. 기본적으로 뇌는 새롭

고 중요한 변화(예: 전에는 없었는데 잘 익은 망고가 열린 나무)에 집중하고, 익숙한 자극(예: 이전에 여러 번 지나쳤던 나무)은 빠르게 무시한다.

- **호기심**(curiosity) 감정적이고 새로운 자극 다음으로 우리의 뇌는 신기하거나 궁금증을 유발하는 자극에 끌린다. 수수께끼, 미스터리, 퍼즐, 놀랍거나 의외의 것들이 해당된다. 인지과학자 존 메디나(John Medina)는 호기심이 모든 사람에게 깊이 자리 잡고 있으며, 주변 환경을 탐색하려는 본능은 매우 어린아이들에게서도 나타난다고 강조한다(2008). 아이들은 방에서 방으로 기어다니고 입에 물건을 넣으며 주변을 탐색한다. 이로 인해 우리는 아기가 다니기 편하고 안전하도록 집을 관리하고, 특히 개가 씹은 장난감을 아기가 다시 씹지 않도록 주의해야 한다.

관심 갖기:
교실에서 활용하는 도구 모음

학생들이 감각 정보를 어떤 순서로 처리하는지를 교사가 이해하고 이를 잘 활용하면, 학습에 어려움을 겪는 학생들도 학습에 더 잘 참여하고 흥미를 가질 수 있다. 여기에는 학생들을 학습 경험에 참여시킬 몇 가지 중요한 전략이 있다. 앞서 언급했듯이, 이러한 전략들은 도구 모음(toolkit)으로 보아야 한다. 모든 단원이나 수업에 모든 전략을 반드시 적용할 필요는 없다. 그보다는 학습 내용에 대한 학생들의 흥미를 높이기 위한 전략으로 유연하게 생각할 필요가 있다.

학생에게 관심 보이기

이 연구가 주는 가장 중요한 시사점은 학생들이 학습하기 위해서는 신체적·정서적으로 안전하다고 느껴야 한다는 것이다. 학생들의 머릿속이 건강과 안전에 대한 걱정으로 가득 차 있다면 아무리 훌륭한 수업이라도 별 소용이 없다. 예컨대, 기상학이나 화학 반응과 같은 지적인 자극을 뇌가 감각등록기에 받아들이는 것은 매우 어렵다. 가정에서의 폭력, 노숙, 빈곤 문제나 학교에서의 왕따와 같은 충격적인 상황을 겪고 있는 학생이 이러한 상황에 아랑곳하지 않고 수업에 집중하는 것은 거의 불가능하다.

『The 12 Touchstones of Good Teaching(좋은 수업의 12가지 핵심 원칙)』(Goodwin & Hubbell, 2013)에서 우리는 이러한 환경을 '안전과 존중의 오아시스'라고 불렀다. 이는 많은 학생이 자신에게 긍정적인 영향을 미치는 성인과 의미 있는 관계의 '사막'에 살고 있다는 사실을 인정하는 것이다(학생들이 중요한 인간관계나 지지 체계가 부족한 환경에서 생활하고 있음을 '사막'에 비유—옮긴이). 교사로서 우리의 역할은 학생들에게 그들의 삶에서 어떤 일이 일어나든 간에, 적어도 우리의 교실에서는 친절과 존중을 받을 것이라는 확신을 심어주는 것이다.

실제로 이러한 환경을 만드는 것이 얼마나 강력한 영향을 미치는 지를 보여주는 연구도 있다(Cornelius-White, 2007). 예를 들면, 30만 명 이상의 학생 데이터를 대상으로 한 119개 연구의 메타 분석 결과, 교사의 공감과 친절이 더 나은 행동과 학습 동기뿐만 아니라 더 높은 수준의 학업 성취도와도 관련이 깊은 것으로 나타났다. 또 다른 연구에서도, 교사와의 관계가 긍정적인 유치원생은 초등학교에 입학해서도 더 나은 행동과 높은 성취도를 보일 가능성이 높은 것으로 드러났다 (Hamre & Pianta, 2001). 특히 위험에 처한 학생(낮은 학업 성취, 행동 문제, 학교 중도 탈락 등의 위험에 직면한 학생들-옮긴이)의 경우, 교사의 수업 방식보다 교사로부터 받는 정서적 지원이 학생의 성공에 더 큰 영향을 미치는 것으로 밝혀졌다(Hamre & Pianta, 2005).

저학년뿐만 아니라 고학년 학생들도 정서적·심리적으로 안전한 교실의 혜택을 누릴 수 있다. 예를 들어, 교사가 개인적으로 관심을 보여준다고 느낀 중학생은 수업에 집중하고, 동아리 활동에 적극적으로 참여할 가능성이 3배나 더 높은 반면, 교사의 정서적 지원이 낮은 중학생은 학교를 중퇴할 가능성이 2배 이상 높았다(Klem & Connell, 2004).

뇌의 감각등록기에 대해 우리가 알고 있는 것을 생각하면 이러한 발견은 전혀 놀랍지 않다. 불쾌한 감정과 기억에 사로잡히면 학습에 집중할 수 없다. 교사로서 우리는 어떻게 하면 학생들에게 관심을 보여주고 정서적 안정을 제공할 수 있을까? 명심해야 할 몇 가지 기본 원칙은 다음과 같다.

- **긍정적 분위기 조성하기** 우리의 뇌는 긍정적인 감정이 실린 자극을 가장 잘 인식한다. 이는 교실이 기쁨, 낙관주의, 그리고 학생들에 대한 진정한 관심으로 가득 찬 긍정적인 장소일 때 학생들이 더 열린 태도로 반응한다는 것을 의미한다. 이를 뒷받침하는 작은 증거로, 104명의 대학생을 대상으로 한 연구에서 긍정적인 감정을 유발하는 영화(예: 다정함, 낙관주의)를 본 학생들이 부정적인 감정(예: 분노, 불안)을 유발하는 영화를 본 학생들보다 더 넓은 주의(attention) 범위와 새로운 지식에 대한 개방성, 더 큰 노력과 성찰을 보였다는 결과가 있다(Frederickson & Branigan, 2005).

- **따뜻한 요구자 되기** 여러 해 전 주디스 클라인펠드(Judith Kleinfeld)는 학습에 대한 높은 기대를 유지하면서도 학생들과 탄탄하고 긍정적인 관계를 맺는 데 탁월한 교사들, 즉 따뜻한 요구자들(warm demanders, 학생들에게 높은 기대치를 요구하면서도 따뜻한 지원과 신뢰, 체계적 규율을 통해 그 기대에 도달하도록 돕는 교사-옮긴이)을 발견했다. 이들은 다른 교사들보다 훨씬 높은 수준의 성공을 학생들에게 이끌어냈으며 특히 많은 알래스카 원주민 학생들에게 큰 영향을 미쳤다(1972).

- **존재감 드러내기** 교사는 교실에서 적극적이고 역동적인 존재감이 있어야 한다. 좋은 교사의 중요한 차별점 중 하나는 제이콥 카우닌

(Jacob Kounin)이 만든 용어 '위드잇니스(withitness)'에 잘 담겨 있다 (1970). 이 용어는 교사가 교실 전체를 장악하고, 마치 '뒤통수에도 눈이 달린 것처럼' 항상 교실의 모든 상황을 인지하는 능력을 의미한다. 이는 잘못된 행동을 즉각적으로 지적하는 대신, 긍정적인 행동을 보상하고 학생들 간에 잠재된 부정적 상호작용을 재조정하여 모두가 안전하다고 느끼게 함으로써 정서적 안전을 제공한다.

- **친절과 존중을 위한 공동 합의 만들기** 안전하고 다양한 지지와 배려가 이루어지는 교실 환경을 조성하기 위해서는 긍정적인 또래 압력이 가장 효과적이라고 한다(Smith & Fowler, 1984). 따라서 평화롭고 지원적인 교실 환경을 조성하는 가장 좋은 방법 중 하나는 학생들이 교실 행동 규칙을 긍정적인 표현으로 함께 개발하도록 하는 것이다 (예: "우리는 차례를 지킵니다.", "우리는 적극적으로 경청합니다.").

여기서 중요한 점은, 에이브러햄 매슬로(Abraham Maslow)의 욕구 위계론(hierarchy of needs)에서 학습에 대한 욕구는 비교적 뒤에 위치한다는 점이다(1954). 즉, 학생들이 학습하기 위해서는 먼저 자신이 속한 학교나 학급에서 안전감과 소속감을 느끼고, 존중받고, 이해받는다고 느껴야 한다. 이러한 기본적 욕구를 간과하고서 곧바로 가르치려고만 해서는 불안감을 느끼는 학생들을 학습에 참여시킬 수 없다. 이들에게서 학습이 일어날 가능성은 극히 낮다.

학습을 긍정적인 감정과 연결하기

뇌과학에 따르면 우리는 강렬한 감정을 불러일으키는 자극에 더 주의를 기울이는 경향이 있으며, 감정 및 환경에 대한 무의식적 반응을 담당하는 원시적인 변연계(limbic system)가 논리와 의식적 사고를 담당하는 좀 더 발전된 전전두피질(prefrontal cortex)보다 훨씬 더 강력하다고 한다. 사회심리학자 조너선 하이트(Jonathan Haidt)는 이러한 두 영역 간의 상호작용을 '코끼리와 기수(elephant and rider)'라는 비유를 통해 설명했다(2006). 논리적이고 의식적인 뇌는 자신이 주도권을 쥐고 있다고 생각하고 싶겠지만, 실제로는 감정과 무의식적 반응의 거대한 코끼리 위에 올라탄 기수에 불과하다. 때로는 기수가 코끼리를 통제하기도 하지만, 대부분의 경우 코끼리는 마음대로 가고 싶은 곳으로 가고, 기수는 나중에 자신의 행동과 감정을 정당화할 뿐이다.

이것이 시사하는 바는, 우리가 무언가를 하기 전에 반드시 그것을 하고 싶은 마음이 들어야 한다는 것이다. 학습도 마찬가지다. 다시 말해서, 학습을 포함한 모든 행동은 우리가 그것을 하고 싶다고 느낄 때 비로소 이루어진다.

연구에 따르면, 뇌는 긍정적인 감정과 관련된 학습을 더 잘 기억하는 경향이 있다. 이러한 감정은 나중에 학습 내용을 회상하는 데 고리역할을 하는 것으로 보인다(Isen, Daubman, & Nowicki, 1987; Isen et. al., 1978). 대학생을 대상으로 한 소규모 무작위 실험 연구(Um et al., 2012)가 그 좋은 예가 될 수 있다. 한 그룹의 학생들은 면역 작용의 원리에 대해 단조로운 흑백 버전의 수업을 듣고, 학습 구간 사이에 "한 시간은 60분이다.", "사과는 가을에 수확된다."와 같이 중립적이고 밋밋한 문장을 읽었다. 다른 그룹의 학생들은 귀여운 애니메이션 캐릭터가 등장하는 컬러 버전의 수업을 들으며 "이보다 더 좋을 수는 없다!", "살아 있다는 건 축복이다!"와 같은 긍정적인 문장을 소리 내어 읽었다. 실험 결과, 연구자들은 긍정적 문장 및 분위기를 접한 그룹의 학생들이 학습에 더 집중하고, 자료를 더 쉽게 이해했으며, 후속 시험에서도 더 높은 성적을 받았다는 결론을 내렸다.

연구(Dean et al., 2012)에 따르면 우리가 사용할 수 있는 가장 강력한 교수 전략 두 가지는 다음과 같다. 첫째, 학생들에게 단서(cue)를 제공하는 것, 즉 수업 시작 시 학습의 방향을 가리키는 힌트를 제공하여 학생들이 이미 알고 있는 것과 앞으로 새롭게 배울 내용을 연결할 수 있도록 돕는 것이다. 둘째, 선행 조직자(advance organizers)를 활용하는 것, 즉 새로운 학습에 집중할 수 있도록 이야기, 그림, 기타 도입 자료를 제공하는 것이다. 차시 수업과 학습 단원에 단서와 선행 조직자를 활용하되 긍정적인 감정(예: 기쁨, 희망, 경이로움, 영감, 열정, 연민, 만족, 애정)을 유발할 수 있는 방식으로 제공하면 이러한 요소들을 연결할 수 있다(Dean et al., 2012). 다음은 몇 가지 예이다.

- 여러분은 혹시 잠깐이라도 '대담한 용기'를 발휘한 적이 있나요? 그 후에도 계속 뿌듯함을 느꼈던 경험 말이에요. 예를 들어, 아주 높은 곳에서 다이빙을 했다거나, 유명한 사람에게 말을 걸어봤다거나, 그런 경험이요. 오늘 수업은 버스 앞좌석에 앉는 대담한 용기로 우리 사회를 변화시킨 인물에 대해 알아볼게요(당시 몽고메리 시에서는 인종차별법에 따라 흑인은 버스의 뒷좌석에 앉아야 했고, 앞좌석은 백인만 사용할 수 있었으나 이에 맞서 싸운 로자 파크스(Rosa Parks)의 용기 있는 행동을 일컬음-옮긴이).
- 지난주에 우리는 두 자릿수 곱셈을 하면서 뇌를 정말 많이 썼죠. 어려운 수학 문제를 풀 수 있다는 것을 보여줘서 여러분 모두 뿌듯함을 느꼈을 겁니다. 이제 더 큰 도전, 마치 비디오 게임의 가장 마지막 단계에 나오는 '보스'와의 정면 대결처럼 더 큰 도전을 할 차례입니다. 자, 한번 풀어 볼까요?
- 누구나 마음속에 특별한 애정이 가는 사람이 있을 것입니다. 친구일

수도 있고, 가족일 수도 있고, 함께 일하는 동료일 수도 있습니다. 그 사람에게서는 다른 사람들이 잘 보지 못하는 특별한 점을 발견할 수 있죠. 위대한 작가들도 마찬가지예요. 그들은 종종 결점이 있거나 불완전하지만 여전히 큰 애정을 가진 등장인물을 개발하고, 우리가 그들에게서 그런 선한 면을 보길 원합니다. 예를 들면, 존 스타인벡 (John Steinbeck)의 『생쥐와 인간(Of Mice and Men)』(미국 대공황을 배경으로 한 소설로 우정, 고독, 꿈과 현실의 갈등을 탐구하며, 인간 존재의 복잡성을 깊이 있게 조명함-옮긴이)에서 그런 등장인물을 발견할 수 있을 거예요.

모든 학습이 감정과 연결될 필요는 없으며, 특히 감정 연결이 학습에 방해가 될 수도 있다는 지적은 주목할 가치가 있다. 예를 들어, 흥미롭지만 본질적으로는 중요하지 않은 요소를 추가하면 학생들이 텍스트의 핵심 내용을 파악하는 데 방해가 될 수 있다(Moreno & Mayer, 2000). 결론은, 감정적인 요소를 활용할 때는 그것이 수업 내용과 자연스럽게 어울릴 때만 사용해야 한다는 것이다.

호기심 자극하기

교사는 효율성을 위해 '사실만 전달하는' 방식에 쉽게 의존할 수 있지만, 그렇게 단조롭고 무미건조하게 정보를 전달하면 학습의 본질인 발견의 기쁨을 학생들에게서 빼앗는 셈이 된다. 학생들의 관심을 끌 수 있는 가장 효과적인 방법은 타고난 호기심을 자극하는 것이다. 호기심을 유발하는 다양한 조건이 수십 년에 걸친 연구 결과(Loewenstein, 1994) 밝혀졌으며 이는 교실에서 학생들의 흥미를 끌기 위해 활용할 수 있는 요소들이다. 그중 몇 가지는 다음과 같다.

- **미스터리** 누군가가 비밀을 알고 있다는 사실은 호기심을 자극하는 강력한 요인이다. '나만의 비밀 현상'이라고 할 수도 있다. 예를 들어, 친구가 당신의 생일 선물을 샀다면서 생일날까지는 비밀이라고 한다거나, 옆에 앉은 사람이 잡지를 읽다가 웃음을 터뜨리는 모습을 보면 자연스럽게 궁금증이 생긴다. 몇 년 전, 애리조나주립대학교의 심리학자 로버트 치알디니(Robert Cialdini)는 "학생의 흥미를 끌 수 있는 비밀 장치가 무엇일까? 힌트: 답은 제목에 있다."라는 제목의 글을 발표했다(2005). 수십 편의 과학 기사를 분석하며 복잡한 주제를 학생들에게 더 매력적으로 전달할 방법을 찾아낸 그는 그 내용을 공유했다. 최고의 과학 작가들은 "이 글에서 나는 XYZ 이론을 지지하는 논거를 제시할 것이다."와 같은 지루한 서술형 도입부 대신, "토성의 고리는 무엇으로 이루어져 있을까? 암석일까 얼음일까?"와 같은 질문형 도입부를 사용한다는 것이다. 그들은 글 전체에 걸쳐 독자의 긴장을 고조시키며 주제에 대한 궁금증을 불러일으킨 후, 마지막에 그 미스터리(mystery)를 풀어준다. (참고로, 위 질문에 대한 정답은 암

석과 얼음 둘 다이다.)

- **인지적 갈등** 호기심은 예상이나 기대가 빗나간 상황에서도 발생한
다. 예를 들어, 추운 산꼭대기에서 계곡으로 불어 내려오는 바람이
차갑지 않고 따뜻하다는 사실을 알게 되었을 때, 또는 마트에서 잼을
고를 때 선택지를 대여섯 개로 줄이면 수십 가지일 때보다 더 많은
잼을 구매한다는 사실을 알게 되었을 때 "어째서 그렇지?"라는 궁금
증이 생긴다. 소규모 실험 연구(Baser, 2006)에서도 이를 입증했는데,
물리학의 열전달(heat transfer, 전도·대류·복사를 통해 열이 전달됨) 개념
을 배우는 학생들을 대상으로 한 실험이었다. 첫 번째 그룹은 '전형
적인' 수업 방식이었다. 즉, 교사가 개념에 대해 강의하고, 열전달 방
정식을 제시하고, 문제 풀이 과정을 보여주고, 몇 가지 질문에 답하
는 식이었다. 두 번째 그룹은 인지적 갈등(cognitive conflict)을 경험
하게 했다. 즉, 책상의 금속 다리와 비닐 쿠션 중 만졌을 때 어느 쪽이
더 따뜻하게 느껴지는지 질문했다. 금속이 더 차갑게 느껴졌는데도
온도계의 눈금은 둘 다 같은 온도를 가리켰다. 그전까지 학생들 대다
수는 비닐이 더 따뜻하다고 생각했다. 이후 수업은 이와 관련하여 학
생들의 질문 중심으로 진행되었는데 예를 들면 이런 식이다. "우리
의 감각이 알려주는 건 온도가 아니라는 것을 알게 되었네요. 그렇다
면 우리가 느끼는 것은 대체 무엇일까요?" 시험 결과, 두 번째 인지적
갈등 그룹의 학생들이 첫 번째 그룹보다 열전달의 개념을 훨씬 잘 이
해한 것으로 드러났다.

- **서스펜스** 우리는 불완전한 수열(예: 1, 2, 3, 5, 8, _ 다음에 올 수는?)이나 미완의 서사(예: 광고 직전에 다음 회차 이야기에 대한 궁금증을 극대화 하는 장면)에서도 흥미를 느낀다. 수수께끼와 퍼즐도 서스펜스(suspense)에 속한다. 그러나 심리학자들에 따르면 호기심은 어느 정도의 사전 지식에 의존하기 때문에 어떤 주제에 대해 호기심을 가지려면 먼저 그 주제에 대해 알아야 한다. 이를 "기준점 현상(reference-point phenomenon, 호기심이나 관심을 갖는 데 있어 자신이 이미 알고 있는 정보가 새로운 정보에 대한 기대와 비교의 기준이 된다는 개념-옮긴이)"이라고 한다(Loewenstein, 1994, p. 87). 이 개념은 아프리카 원산의 야생 고양이 서벌(serval)보다 집고양이의 야행성 습관에 대해 더 궁금해하는 이유를 설명해 준다. 우리가 알고 있는 정보와 알지 못하는 정보의 차이가 줄어들 때 주제에 더 많은 관심을 갖게 되는 이유도 이 개념으로 설명이 된다. 예를 들어, 추리 소설의 끝부분 다섯 페이지를 읽을 때가 시작 부분 다섯 페이지를 읽을 때보다 훨씬 더 흥미롭고 손에서 책을 놓기 어려운 것도 같은 이유이다. 다음은 궁금증을 극대화하는 수업 질문의 몇 가지 예다.

- 두 주인공 랄프와 잭(윌리엄 골딩(William Golding)의 소설 『파리대왕(The Lord of the Flies)』의 주요 등장인물-옮긴이)의 성격이 매우 다르다는 것을 알게 되었죠. 둘 다 리더지만 그들 사이에는 약간의 긴장감이 흐르고 있네요. 이제 이 둘이 섬에 남겨지면서 어떤 일이 일어날

것 같나요?

• 베이킹소다와 식초를 섞으면 이산화탄소가 만들어진다는 것을 알고 있죠. 이 혼합물을 촛불 근처에 두면 어떤 일이 일어날까요?

• 20세기 초 유럽 전역에서 형성된 복잡한 동맹 관계에 대해 살펴봤습니다. 한 국가의 리더가 암살되면 이들 국가가 어떻게 대응하리라고 생각하나요?(제1차 세계대전의 도화선이 된 오스트리아-헝가리 제국의 대공 프란츠 페르디난트와 그의 아내 소피의 암살을 두고 하는 질문으로 보임-옮긴이)

• **추측과 피드백** '기준점 현상'의 반대 측면은 자신의 지식 공백을 인식하는 것이다. 이는 우리가 실제로 아는 것보다 더 많이 알고 있다고 착각하는 '행복한 무지 증후군(a fat but happy syndrome)'을 극복하는 방법이다. 연구에 따르면, 이 증후군을 극복하고 자신의 정보 공백을 인식하는 한 가지 방법은 '정확성 피드백'(accuracy feedback, 특정한 추측이나 응답이 옳았는지 틀렸는지를 알려주는 피드백-옮긴이)을 받는 것이다. 즉, 어떤 것을 추측하고 나서 그 추측이 틀렸다는 것을 알게 됨으로써 배움이 촉진되는 것을 의미한다. 한 실험에서는 참가자들에게 미국의 서쪽 끝 주(州)를 추측하게 한 후 피드백을 제공했다. 이 피드백 덕분에 참가자들은 미국의 동쪽 끝 주에 대해 더 큰 관심을 가지게 되었다(Loewenstein, 1994). 이는 지식의 공백을 인식하는 것이 호기심을 자극하는 데 도움이 된다는 것을 보여준다.

사전 지식 활성화 및 지식 공백 드러내기

"모든 새로운 학습은 사전 지식의 토대 위에서 이루어진다"(Brown et al., 2014, p. 5). 이는 학습과학의 핵심 개념 중 하나이다. 기본적으로, 아무것도 모르는 것을 배우는 것은, 설령 불가능하지는 않더라도 매우 어려운 일이다. 대학교에서 학생들에게 고급 과정을 수강하기 전에 필수 과정을 이수하도록 요구하는 것은 이 때문이다. 또한 학생들이 새로운 지식을 배울 때 이전에 배운 내용을 떠올리고, 그것과 연결할 수 있도록 돕는 것이 가장 효과적인 교수 전략 중 하나인 이유이다 (Bransford & Johnson, 1972).

예를 들어, 초등학교 6학년과 중학교 1학년 학생 그룹을 대상으로 한 한 연구에서 학생들 절반에게는 과학적 사실에 대한 여러 문장을 읽는 동안 '정교화 질문(elaborative interrogation)'을 사용하도록 했다. 다시 말해서, 특정 과학적 사실이 왜 참(true)인지 설명하기 위해 사전 지식을 활성화하도록 한 것이다. 나머지 절반에게는 '문장의 의미를 생각하며 주의 깊게 읽을 것'을 요구했다. 시험 결과, 정교화 질문을 통해 사전 지식을 적극적으로 활성화한 학생들이 읽은 내용을 훨씬 잘 기억하는 것으로 나타났으며, 6개월이 지난 후에도 기억이 유지되었다(Woloshyn, Paivio, & Pressley, 1994).

앞서 언급한 학습과학의 핵심 개념은 교사가 할 수 있는 가장 중요한 일 중 하나가 학생들에게 앞으로 학습할 주제에 대해 이미 알고 있는 것을 공유하거나, 떠올리거나, 브레인스토밍을 하도록 격려하는 것임을 시사한다. 그렇게 함으로써 학생들의 뇌를 학습에 준비시킬 수 있다. 그런 다음, 학생들이 주제에 대해 모르는 부분을 파악하도록 도와주고, 이를 통해 호기심을 불러일으킬 수 있다. 호기심의 핵심은 자신의 지식에 공백이 있다는 것을 인식하고, 그것을 메우고 싶어 하는 데 있다. 기본적으로 우리의 뇌는 지식의 공백을 싫어하며 이를 메우고자 한다. 그러나 만약 그 공백이 너무 커서 메울 수 없다고 느끼면 학습에 참여할 가능성이 줄어든다. 400명의 중고등학생 및 대학생을 대상으로 한 연구 결과(Gentry et al., 2002), 학기 초에 자신이 알고 있는 것과 알고 싶어 하는 것 사이에 큰 차이가 있다고 말한 학생들은 학기 말이 되자 학습된 무기력(learned helplessness)과 낮은 학업 성취도를 보였다.

다음은 학생들의 사전 지식을 활성화하는 동시에 지식의 새로운 공백을 인식하도록 돕는 몇 가지 방법이다. "이것은 알고 있지요, 그런데 그것은 알고 있어요?"라는 문장 패턴을 활용할 수 있다.

- 여러분은 제임스타운과 플리머스에 대해 배웠지요. 그런데 이들 식민지가 세워지기 몇 년 전에 또 다른 식민지가 설립되었다가 사라졌다는 사실은 알고 있나요?
- 대부분의 시에 운율이 포함되어 있다는 것은 알고 있지요. 그런데, 운율이 전혀 없는 시도 있다는 사실은 알고 있나요? 아니면 운율이

있는 것처럼 보이지만 실제로는 그렇지 않은 시도 있다는 것은 알고 있나요?

• 우리는 지금까지 이차방정식 공식으로 문제를 푸는 방법을 배웠지요. 그런데 이차방정식 공식을 사용해 실생활의 다양한 문제도 해결할 수 있다는 사실은 알고 있나요?

학문적 논쟁 구조화하기

연구자들은 논쟁이 호기심을 불러일으킨다는 사실도 발견했다(이는 케이블 뉴스쇼에서 논쟁을 벌이는 전문가들이 많이 나오는 이유이기도 하다). 물론, 정치적으로 민감한 공립학교 환경에서는 논쟁적인 주제(예: 진화, 기후 변화, 정치적 이슈)를 기피하려는 경향이 있다. 그러나 호기심에 관한 연구는 이러한 논쟁적 주제가 다루기도 어렵고 논의하기에도 까다롭지만 이를 피하거나 덮어두기보다는 오히려 제대로 가르칠 것을 제안한다.

이제는 널리 알려진 실험 연구인데, 낸시 라우리(Nancy Lowry)와 데이비드 존슨(David Johnson)은 초등학교 5학년과 6학년 학생들을 무작위로 두 그룹에 배정하여 작업을 지시했다. 한 그룹은 특정 주제(예: 노천 채굴(strip mining, 지표 가까이에 있는 자원을 대량으로 채굴하는 데 효과적이지만 환경 파괴가 심함-옮긴이), 늑대의 멸종 위기종 지정)에 대한 협동학습에 참여했고, 나머지 그룹은 해당 주제에 대한 논쟁에 집중했다. 실험 결과, 논쟁 그룹의 학생들이 주제에 더 큰 관심을 보였고, 더 많은 정보를 찾았으며, 심지어 쉬는 시간을 포기하면서까지 그 주제와 관련된 영화를 보려고 했다(1981).

다음은 구조화된 학문적 논쟁을 활용하여 학생들의 호기심을 자극할 수 있는 몇 가지 방법이다.

- 상반된 입장이 있는 문제를 정한다. 학생들이 그 문제에 대해 깊이 생각하도록 유도하는 질문을 제시한다. 학생들이 해당 문제에 대한 다양한 관점을 조사하고, 자신의 견해와 가장 가까운 관점을 찾아내 이를 옹호하도록 한다.

- 학생들을 논쟁적인 이슈나 역사적 논쟁(예: 플라스틱 빨대를 금지해야 하는가? 미국 식민지가 독립을 선언해야 하는가?)의 서로 다른 관점 그룹에 배정한다. 각 그룹이 해당 문제를 조사하고, 각자의 관점(그리고 다른 그룹의 관점에 대한 반론)을 발전시켜 구조화된(명확한 규칙과 절차를 따르며 체계적으로 진행되는-옮긴이) 토론을 진행하도록 한다.

- 학생들에게 역사, 문학, 과학, 시사 또는 자신의 삶에서 논쟁적 이슈를 찾아 두 가지 관점에서 논증적 에세이를 작성하도록 한다. 동일한 채점기준표(rubric, 루브릭, 평가 기준)를 적용하여 '논지의 명확성, 세부적인 근거, 설득력 있는 논증'을 평가한다.

수업에 변화 주기

혹시 던킨도너츠의 오래된 TV 광고를 기억하는가? 어느 정도 나이가 있는 독자라면 제빵사 프레드가 매일 새벽 알람 소리와 함께 비틀거리며 일어나 문밖을 나서면서 "도넛 구울 시간이군."이라고 반복해서 말하는 장면을 기억할 것이다. 그 광고의 요점이 무엇인지는 잘 모르겠지만, 젊은 시절 동료 교사이자 룸메이트와 함께 매일 아침 카풀로 등교하면서 농담 삼아 그 대사를 중얼거리던 기억이 생생하다.

내 생각에 프레드는 도넛을 굽는 일에서 즐거움을 찾았던 것 같다. 그러나 매일 되풀이되는 일상에 가끔은 매너리즘에 빠지기도 했을 것이다. 교사들도 마찬가지다. 그리고 교사가 그렇게 느낀다면 학생들도 똑같이 느낄 것이다. 교실이 틀에 박힌 일상에 빠져 있다면, 학생들의 뇌는 수업에서 일어나는 일이 별로 의미가 없다고, 즉 '뻔해. 이미 알고 있고 다 해봤으니까 주목할 필요가 없잖아.'라고 생각할 가능성이 높다. 학생들의 뇌는 주의를 기울일 필요가 없다고 말할 것이다.

뇌가 새로운 자극에 민감하게 반응한다는 것을 알면, 우리도 수업 시작이나 중간에 예상치 못한 일로 변화를 줘야 한다는 것을 알 수 있다. 예를 들어, 『파리대왕(The Lord of the Flies)』 수업 중에 소라껍질을 가져와서 서로 돌려보게 하거나, 서부 개척에 대한 수업을 할 때 학생들의 책상을 서쪽으로 향하게 하거나, 수학 문제 풀이를 할 때 일부러 실수를 해서 학생들이 집중하고 있는지 확인할 수도 있다.

인간의 뇌는 놀라울 정도로 에너지를 많이 쓰기 때문에 전원이 금세 꺼진다는 사실을 기억하라. 학생들의 뇌가 학습에 계속 집중하려면 많은 노력과 에너지가 필요하다. 실제로 똑같은 자극을 10분 정도 계속 받으면 새로움이 사라지기 시작한다. 이로 인해 학생들(그리고 성인들 역시)은 10분쯤 지나면 집중력을 잃기 쉬우며, 학습 과제에 다시 집중하게 할 무언가가 필요하다. 인지과학자 존 메디나(John Medina)는 학생들이 학습에 계속 관심을 갖도록 하려면 "이야기를 들려주거나 감정을 불러일으키는 상황을 만들어 학생들의 관심을 계속 붙들어 두어야 한다."라고 말한다(2008, p. 111).

더그 레모프(Doug Lemov)가 제안한 한 가지 방법은, 학생들의 관심을 끌기 위해 수업에 약간의 '재미있는 요소'나 '생동감을 주는 변화'를 추가하는 것이다(2010). 단, 이것은 시간만 낭비하거나 학습을 방해할 뿐인 흥미 요소와 변화를 말하는 게 아니라 학생들이 배우고자 하는 내용과 밀접한 관련이 있는 것을 의미한다. 예를 들어, "30초 동안 동작 동사 따라하기"나 "오늘의 단어 몸짓으로 표현하기"(p. 141)가 있다.

학습과학에 따르면 학생들은 배운 내용을 새로운 자극과 연결할 때 더 잘 기억할 수 있다. 새로운 정보를 한 곳에서 학습할 때보다 여러 곳에서 학습할 때 더 잘 기억할 수 있다. 따라서 교실에서 새로움을 만들어내면 학생들의 관심을 끌어 뇌가 주의를 기울이게 될 뿐 아니라, 배운 내용을 나중에 다시 떠올릴 수 있는 더 많은 기억 단서를 제공할 수 있다.

빅 아이디어:
타고난 호기심을 자극하여 학습을 가속화하기

호기심에 관한 이 연구가 전하는 좋은 소식은, 우리의 뇌는 종종 외부 자극과 내부의 복잡한 생각으로 뒤섞여 있지만, 그럼에도 불구하고 탐구하고, 퍼즐을 풀고, 주위의 흥미로운 자극에 주의를 기울이기를 갈망한다는 것이다. 인간은 원래 호기심이 많다. 아이를 키우는 부모라면 누구나 알겠지만, 아이들은 끊임없이 질문을 한다. 이것은 아이들이 본질적으로 학습에 적합하다는 것을 보여준다.

하지만 취학 연령이 되면 질문은 점점 줄어든다. 어린아이는 질문을 하루에 100개까지도 하지만, 중학생이 되면 그 수가 거의 0이 된다고 밝힌 실험 연구도 있다(Bronson & Merryman, 2010). 수많은 연구에서 지적하듯 이는 아이들 자체가 호기심이 줄어서가 아니라 학교와 교실 환경이 아이들에게서 호기심을 빼앗기 때문이다(Engel, 2015).

호기심을 자극하는 조건들과 일반적인 교실 환경이 얼마나 다른지 비교해 보자.

- 세계사 수업에서 교사가 단순히 내용 설명에 머물지 않고, 이해하기 어렵지만 흥미로운 모순(예: 작은 나라가 큰 나라와 전쟁을 벌일 때 거의 3분의 1은 작은 나라가 승리한다는 사실)을 얼마나 자주 언급하는가?
- 역사, 경제, 과학 분야의 논쟁거리를 흥미로운 학습 수단으로 활용

하지 않고 대충 건너뛰는 경우가 얼마나 많은가? 예를 들어, 영화 〈페리스의 해방(Ferris Bueller's Day Off)〉에 나오는 악명 높은 벤 스타인 선생님처럼, 논쟁적 개념인 래퍼 곡선(Laffer curve, 세수와 세율 간의 관계를 나타내는 경제학 개념-옮긴이)을 학생들에게 단순히 설명만 하기보다는 그 개념을 탐구할 기회를 얼마나 제공하는가?

- 우리는 얼마나 자주 교실 앞에 학습 목표를 적고 학생들에게 그것을 성실히 배우도록 지시하는가? 이와는 대조적으로, 학습 목표를 학생들이 열심히 해결하고 싶어 하는 수수께끼로 만드는 데는 얼마나 신경을 쓰고 있는가?

위 질문들을 보면, 우리가 일반적으로 하는 많은 수업 활동이 연구에서 밝혀진 호기심을 자극하는 조건들과 거의 정반대라는 것을 쉽게 알 수 있다. 그렇다면, 아이들이 학교에 오래 다닐수록 호기심이 줄어든다는 연구 결과는 전혀 놀랍지 않다. 예를 들어, 수전 엥겔(Susan Enge)의 수업 관찰 연구에 의하면, 유치원생들은 평균적으로 2시간 동안 평균 2.36회의 호기심을 보이는 반면, 5학년 학생들은 이 횟수가 0.48회로 급감한다고 한다. 이는 많은 아이가 하루 종일 "단 한 번의 질문도 하지 않고, 새로운 것을 알아내기 위한 행동도 전혀 하지 않는다는 것"을 시사한다(2011, p. 633).

엥겔(Engel)은 다음과 같이 지적한다. 많은 교사가 진도를 나가야 한다는 압박감을 느끼기 때문에 "매시간 매우 구체적인 진도 목표"를 세우고, "아이들이 과제에 집중하고 그 목표에 도달하도록 하는 데 많은 노력을 기울인다."(2011, p. 636). 그 결과, 이들은 호기심을 학습의 중요한 동기로 간주하지 않을 뿐만 아니라, 학생의 질문과 호기심을 학습 기회가 아니라 오히려 수업의 방해 요소로 여기는 경향이 있다.

학생들의 호기심을 자극하는 데는 시간이 필요하지만, 많은 교사들은 외부의 압박으로 인해 시간이 부족하다고 느끼곤 한다. 그러나 호기심을 유발하는 환경 조성은 학습에 매우 중요하다. 학생들의 호기심을 자극할 수 있다면, 그리고 학생들이 감정적으로 안전하다고 느끼고, 학습할 준비가 확실하게 되어 있다면, 학습은 훨씬 더 쉽고 즐겁고 효과적이 된다. 결국, 학생들이 배우는 내용에 흥미를 느끼도록 도와주는 데 시간을 투자함으로써 학습 과정을 가속화할 수 있다.

다음 장에서는 새로운 학습에 대한 초기 관심을 활용하여 학습에 전념하도록 돕고, 그렇게 함으로써 새로운 학습을 순간기억과 작업기억에 더 잘 자리 잡도록 하는 방법을 살펴보겠다.

03

학습에
전념하기

대부분의 교사에게는 아마도 이런 단원이 하나쯤은 있을 것이다. 가르치는 것이 별로 즐겁지는 않지만 교육과정에 있기 때문에 반드시 가르쳐야 하는 단원 말이다. 나에게는 『주홍글씨(The Scarlet Letter)』가 그랬다. 내가 흥미를 느끼지 않으니 학생들도 흥미를 잃었다. 학생들은 왜 이렇게 지루한 책을 읽어야 하는지 끊임없이 물었다. 이 작품은 청교도들이 미국 문화에 미친 영향에 대해 깊이 알게 해주는 중요한 문학 작품이라고 애써 설득했지만 내 설명은 충분하지 않았다. 사실 내가 이 책을 가르친 유일한 이유는 교육과정 지침에 필수 과목으로 나와 있었기 때문이다.

그러고 보니, 당시 내가 가르쳤던 고등학생들은 이미 '형식적 조작기'(formal operational stage, 장 피아제(Jean Piaget)의 인지발달이론 중 마지막

4단계로 추상적·논리적·비판적 사고가 가능하고, 사회적·윤리적 문제에 깊은 관심을 갖는 시기-옮긴이)에 오래전에 도달했을 가능성이 높았다. 이 단계에서는 더 추상적으로 생각하고, 자신의 생각을 돌아보며 '왜 이걸 배워야 하지?'라는 중요한 질문을 던지기 시작한다. 교사가 이 질문에 만족스럽게 대답하지 못하면 학생들의 참여도는 떨어질 수밖에 없다.

지루함을 몰입으로 바꾸기

물론 고등학교에서의 지루함은 전혀 새로운 현상이 아니다. 데이터에 의하면 고등학생 대다수까지는 아니더라도, 많은 학생이 학교생활에 지루함을 느낀다. 중요한 것은, 이 학생들도 처음부터 그렇지는 않았다는 것이다. 예를 들어, 초등학교 5학년~고등학교 3학년 학생 50만 명을 대상으로 실시한 갤럽 조사(Gallup, 2013)에 따르면, 초등학생은 10명 중 약 8명이 학교 생활에 '몰입감(engaged)'을 느낀다고 답했으며, 이는 학습에 대한 주의력과 호기심, 긍정적인 태도를 포함한다. 그러나 고등학교 2학년에서는 그 수가 절반으로 줄어 10명 중 4명만이 몰입감을 느낀다고 답했다(Busteed, 2013). 10대 청소년을 대상으로 한 또 다른 조사에서는 14개의 형용사 목록을 주고, 평소 학교에서 느끼는 감정을 나타내는 형용사 3개를 선택하게 했는데, 학생들이 가장 많이 선택한 것은 지루함(학생들의 50%가 선택)과 피곤함(학생들의 42%가 선택)이었다. 지루하지 않다고 답한 학생은 단 2%에 그쳤다 (Lyons, 2004).

잠시 생각해 보자. 학교 생활에서 과학의 신비, 인류 역사의 드라마, 수학의 정교한 언어, 위대한 문학 작품을 접하며 배움의 기쁨을 느낄 이 시기에 아이들의 지루함은 커져만 간다. 어째서일까?

학습의 의미와 목적을 찾도록 돕기

학생들의 학습 동기와 몰입을 오랫동안 연구한 하버드대학교 잘 메타(Jal Mehta) 교수는 많은 학생이 자신이 배우는 것에서 아무런 가치를 느끼지 못한다고 지적한다. 그는 하버드대학교 교육대학원에서 발행하는 잡지 〈Harvard Ed. (하버드 에드)〉와의 인터뷰에서 "미국 교육에서는 입학이 가장 까다로운 명문 대학에 진학하려는 소수의 아이들을 제외하고는, 학습에 대한 강력한 외적 동기 부여 요소가 없다."라고 말했다(Jason, 2017, p. 20).

물론, 지루하다고 해서 모두 나쁜 것은 아니다. 깊이 있는 학습을 위해서는 반복적인 연습이나 집중적인 노력이 필요하다. 예컨대, 음악가는 화음과 음계를 배워야 하고, 테니스 선수는 반복적으로 서브 연습을 해야 하며, 작가는 문법을 숙지해야 한다. 여기서 중요한 점은 학생이 새로운 기술이나 지식에 숙달하고자 하는 의욕만 갖고 있다면, 반복과 집중적인 노력을 기꺼이 받아들인다는 것이다.

실제, 재능 있는 청소년들, 다시 말해서 끊임없는 반복과 집중적인 노력을 통해 학업, 운동, 예술 분야에서 탁월한 재능을 발휘한 학생들은 자신의 목표를 명확히 하고 이에 맞춰 헌신적으로 노력했다. 예를 들면, 최고의 음악가가 되겠다거나 뛰어난 운동 선수가 되겠다거나 최고 명문 대학의 수학자가 되겠다는 것과 같은 목표다 (Csikszentmihalyi, Rathunde, & Whalen, 1993). 이들은 자신이 배우는 것에서 그 가치를 인식했기 때문에 학습에 전념했다.

뇌를 활성화하여 새로운 것을 배우도록 설득하기

생각해 보면, 우리는 결국 학습에 전념(commitment)하지 않고서는 아무것도 배우지 못한다. 왜냐하면 모든 학습은 인지과학자 대니얼 카너먼(Daniel Kahneman)의 이른바 '노력이 많이 필요한 사고(effortful thinking)'를 필요로 하기 때문이다(2011). 카너먼의 설명에 따르면, 뇌는 기본적으로 두 가지 운영 시스템을 가지고 있다. 하나는 빠른 사고를 하는 뇌(시스템 1)로, 거의 생각 없이 즉각적이고 자동적으로 작동하며, 이미 자동화된 학습을 활용하는 경우가 많다. 다른 하나는 느린 사고를 하는 뇌(시스템 2)로, 주의를 기울여야 하며, 주의가 다른 곳으로 분산될 때 쉽게 방해를 받는다.

일반적으로 느린 사고를 하는 뇌, 즉 복잡한 문제 해결과 신중한 사고를 담당하는 시스템 2가 이러한 작업을 처리하지만, 카너먼에 따르면 "그 주요 특징 중 하나는 게으름, 즉 꼭 필요한 것 이상으로는 노력하려 하지 않는 성향"(p. 31)이라고 한다. 그러나 새로운 지식과 기술을 습득하려면 우리의 뇌는 집중력을 유지하고, 정보를 처리하고, 학습에 대해 성찰해야 하는데, 이러한 정신적 기능은 모두 강도 높은 노력과 에너지를 필요로 한다. 결과적으로 우리의 뇌는 끊임없이 낮은 수준의 노력을 필요로 하는 시스템 1 모드로 돌아가려 하고, 기본적으로 학습이나 다른 형태의 '노력이 많이 필요한 사고'를 피하려고 한다.

이것이 뜻하는 바는, 학습을 하려면 그것이 계속할 만한 가치가 있다는 확신을 뇌에 심어줘야 한다는 것이다. 우리는 무언가를 배우고 싶거나(예: 흥미로워서), 배울 필요가 있거나(예: 유용해서), 마땅히 배워야만 하는(예: 다른 사람에게 도움이 될 거라서) 명확한 이유를 뇌에 알려줘야 한다.

학습에 대한 이러한 확고한 다짐은 감각 정보를 주의 깊게 살피라는 신호를 뇌에 보내고, 이는 그 정보가 단기기억을 거쳐 작업기억으로 들어갈 수 있을 만큼 충분히 집중하게 한다. 예를 들어, 테니스에서 탑스핀을 배우기로 결심하면, 테니스 실력이 향상될 거라고 믿기 때문에 코치의 설명에 집중하고, 시범을 보이는 과정을 자세히 관찰하게 된다. 즉, 코치가 공에 회전을 거는 과정을 주의 깊게 지켜보는 것이다. 만약 우리에게 이런 의지나 다짐이 없다면(예: '테니스는 별로야'라고 생각하는 경우), 학습은 거의 일어나지 않는다. 우리의 뇌는 낮은 노력을 요구하는 모드로 돌아가서(예: 라켓을 기타처럼 휘두르며 장난치기) 학습에 집중하지 않게 된다.

동기 부여에 대한 연구를 종합한 제레 브로피(Jere Brophy)는 학생 참여를 '기대치(expectancy)×가치(value)'라는 간단한 공식으로 요약했다. 즉, 학생들이 학습에 전념하려면 성공할 수 있다는 기대(예: 탑스핀을 멋지게 해내는 모습을 상상할 수 있다)와 학습의 결과에 대한 가치(예: 공을 코트에 두고 더 힘껏 치면 경기를 이기는 데 도움이 될 것이다)를 느낄 수 있어야 한다. 만약 학생들이 배우는 것의 가치를 느끼지 못한다면 좌절과 분노로 반응하게 되고, 이는 인지적 스트레스를 유발하여 학습에 대한 반감으로 정신적 에너지가 분산된다(2004).

외적 및 내적 보상의 균형

학생들이 학습에 전념하도록 동기 부여하는 방법에는 두 가지가 있다. 즉 외적 보상(예: 금색 별모양 스티커, 피자 파티, 높은 성적)과 내적 보상(예: 타고난 호기심, 학습 욕구, 발견의 기쁨)이다. 학생들에게 주로 사용하는 동기 부여 전략은 외적 보상이다.

교사들 대부분이 알고 있듯이 '당근과 채찍 접근법(carrot-and-stick approach)'은 효과적일 수 있지만 한계가 명확하다. 알피 콘(Alfie Kohn)이 관찰한 바에 따르면, 이 접근법은 시간이 지남에 따라 학생들이 학습을 정말로 하고 싶은 것이 아니라, 사탕을 먹거나 놀이터에 가기 위해서 억지로 해야 하는 것으로 생각하게 만든다. 예를 들어, 아이들에게 그림을 그리게 하고 그 대가로 쿠키를 주었더니 이전에는 그림 그리기를 즐겨 하던 아이들이 점점 그 활동을 보상받기 위한 일로 생각하면서 그리기에 흥미를 잃게 되었다(Deci, Ryan, & Koestner, 1999).

학습은 원래 즐겁고 보람 있는 것인데 이에 대해 보상을 하면 학습이 하기 싫은 일이라는 메시지를 무의식적으로 전할 수 있다. 만약 학생들을 동기 부여하는 전체 시스템이 성적, 금색 별모양 스티커, 나쁜 행동에 대한 추가 숙제와 같은 외적 보상에만 의존한다면, 학습은 견뎌내야 할 부담스런 일이라는 인식을 줄 수 있다.

또한, '당근과 채찍 접근법'은 특정 종류의 과제에서 특정 종류의 행동에만 동기 부여하는 데 효과적이다. 이는 40년간의 연구에 대한 메타 분석 결과에서 확인되었다(Cerasoli, Nicklin, & Ford, 2014). 외적 보상과 내적 보상 모두 행동에 동기를 부여하지만, 외적 보상은 단순하고 덜 즐거운 작업에 효과적이며, 내적 보상은 복잡하고 흥미로운 작업에 더 효과적이다.

예컨대, 아이에게 잔디를 깎게 하려면 10달러 같은 외적 보상이 효과적일 것이다. 하지만 잔디를 메이저리그 야구장처럼 완벽하게 깎으려면 잔디 관리에 대한 깊은 관심과 이웃에게 자랑하고 싶은 열망을 심어줘야 할 것이다. 그렇게 하지 않으면 직접 잔디를 깎는 것이 더 쉬운 해결책일 수 있을 것이다.

결국, 학습에 전념하도록 돕는 기본 원칙은 학습에 대한 내적 동기를 키우는 것, 즉 학생들이 자신의 뇌에게 "나는 이것을 배우고 싶고/ 배울 필요가 있고/ 마땅히 배워야 해. 왜냐 하면, 흥미롭고/ 유용하고/ 도움이 되고/ 중요하기 때문이야."라고 말하게 하는 데 초점이 있다.

학습에 전념하기: 교실에서 활용하는 도구 모음

이 연구 결과는 교사들에게 조금 걱정스러울 수도 있다. 연구에 따르면, 단지 학습 목표를 게시하는 것만으로는 학생들이 자동으로 학습에 참여하지 않는다. 학생들은 그 목표를 보고 학습에 참여할지 스스로 결정해야 한다. 학생들이 학습에 더 적극적으로 참여하도록 돕기 위해 적용할 수 있는 몇 가지 뇌 기반 전략을 소개하면 다음과 같다.

이 학습이 나에게 무슨 의미가 있을까?(WIIFM) 제공하기

우선, 간단한 점을 짚어 보자. 학생들이 무엇인가를 배우기로 결정하려면 그 이유를 이해해야 한다. 당연하게 들릴 수 있지만, 많은 교실에서는 실제로 이 기본적인 원칙이 잘 지켜지지 않는 듯하다. 초등학교 5학년과 고등학교 2학년 학생들을 대상으로 한 갤럽 조사에 따르면, '학교가 중요하다고 생각한다'와 '학교에서 흥미로운 것을 배웠다'

라고 답한 학생이 초등학생은 각각 66%와 59%인 반면, 고등학생은 그 비율이 28%와 32%에 불과했다(Calderon, 2017). 요약하면, 고등학생 대부분(과 다수의 초등학생)이 학교의 중요성이나 자신과의 관련성을 알지 못하고 있다.

2006년에 실시된 고등학교 중퇴자 대상의 설문조사 결과, 학생들이 학교를 그만두는 가장 큰 이유가 자신이 배우고 있는 내용이 도전적이지 않거나 학습의 목적을 알지 못하기 때문인 것으로 밝혀졌다(Bridgeland, Dilulio, & Morison, 2006). 무엇보다 중요한 점은, 학교에 계속 다니게 했을 요소를 묻는 문항에 학생들의 81%가 실질적인 학습 기회를 제공하는 것이라고 답한 것이다. 요컨대, 많은 학생들이 광고에서 자주 언급되는 WIIFM 즉, '나에게 어떤 이득이 있는가?(What's in it for me?)'를 스스로 묻고 있다는 뜻이다.

인지과학의 연구 결과를 보면, 학생들은 교실에서 일어나는 일들이 자신의 주의와 에너지를 쏟을 가치가 없다고 생각해서 학습을 거부하는 경향이 있다. 연구에 따르면 학생들에게 학습 선택권을 주는 것은 참여도와 내적 동기를 증진시키는 데 도움이 된다(Patall, Cooper, & Robinson, 2008). 하지만 수백 명의 초등학생 및 중학생을 대상으로 한 연구에 의하면, 단순히 선택권을 주는 것보다는 학습 내용이 학생 자신에게 중요한 이유와 실제 삶과의 연관성을 보여주는 것이 훨씬 더 효과적이다(Assor, Kaplan, & Roth, 2002). 학생들이 학습에 전념하게 하려면, 그것이 자신에게 어떤 의미가 있는지를 보여줘야 한다. 즉,

그들에게 어떤 이득이 있는지를 설명해야 한다. 다음은 학생들에게 학습의 중요성을 보여주는 데 도움이 되는 질문이다.

- 이 지식이나 기술을 내 삶에 어떻게 적용할 수 있는가?
- 이 학습을 통해 나는 무엇을 얻을 수 있는가?
- 이 지식으로 다른 사람들을 어떻게 도울 수 있는가?
- 어른들은 이 지식이나 기술을 실생활에서 어떻게 활용하는가?
- 이 지식이나 기술이 내가 나중에 배울 내용에 어떻게 중요한 기초가 되는가?

학습을 중요한 질문에 대한 탐구로 구성하기

중요하고 의미 있는 질문에 답하는 것이 사소한 질문에 답하는 것보다 더 흥미롭고 학생들의 호기심을 더 자극한다. 그래서 수업을 지나치게 세분화하거나 단편적으로 접근하면 중요한 아이디어나 주요 질문과 연결되는 이야기의 흐름을 놓쳐서 학습을 덜 흥미롭게 만들수 있다. 아직 이런 접근을 시도하지 않았다면, 수업 내용에서 '빅 아이디어(big ideas, 대개념)', 즉 제이 맥타이(Jay McTighe)와 그랜트 위긴스(Grant Wiggins)의 이른바 '핵심 질문(essential questions)'을 파악해야 한다(2013). 이렇게 하면 '왜 이걸 배워야 하나요?'라는 질문에 더 명확하게 대답할 수 있다.

여기서 핵심은 쉽게 답할 수 없는, 다시 말해서 도전적인 개방형 질문을 개발하는 것이다. 이러한 질문은 학생들 간에 깊은 사고를 유도하고, 심지어 토론을 일으킬 수도 있다. 학생들은 이러한 질문을 탐구하면서 새로운 정보를 배우고 분석하며, 장단점을 평가하거나, 증거를 바탕으로 개인적인 결정을 내려야 한다. 이러한 질문은 단순히 사실을 암기하는 것을 넘어서(물론 암기가 학습 과정의 일부일 수 있다) 자신이 배우고 있는 내용을 깊이 생각하게 해야 한다. 다음은 학습을 이끄는 빅 아이디어 또는 핵심 질문의 예이다.

- 정치 생활에서 미디어의 영향력 단원- "여론은 어떻게 사회의 긍정적 변화와 부정적 변화를 모두 이끌어낼 수 있는가?"
- 곤충학 단원- "인간이 갖지 못한 가장 독특한 '초능력' 또는 특별한 능력을 가진 곤충은 무엇인가?"
- 로마 역사 단원- "모든 제국이 결국 멸망했던 것처럼 로마 제국의 멸망은 어떤 점에서 불가피했는가?"
- 세계사 단원- "기후 변화는 사회의 정치적·사회적 변화를 어떻게 드러내고 가속화했는가?"
- 논증적 글쓰기 단원- "훌륭한 작가는 어떻게 설득력을 발휘하는가? 그들은 어떻게 우리에게 영감을 주고, 마음을 사로잡고, 생각을 변화시키는 주장을 펼 수 있는가?"

학생들이 핵심 질문을 중심으로 구성된 수업 및 단원을 학습하는 데 익숙해지면, 그들 스스로 질문을 만들어 지적 탐구의 즐거움을 경험하게 할 수도 있다.

학습 목표 및 성공 기준 제공하기

학습 목표(learning objectives)와 성공 기준(success criteria)을 명확히 설정하는 것은 학생들의 학습 동기를 높이는 데 중요한 역할을 한다. 이는 브로피(Brophy)의 동기 부여 공식에서 첫 번째 요소인 '기대치×가치'와 관련이 있다. 즉, 학생들은 자신이 배우고자 하는 것을 실제로 배울 수 있다는 믿음을 가져야 하고, 목표를 달성했을 때의 모습을 명확하게 상상할 수 있어야 한다. 앞서 언급된 바와 같이, 학생들이 자신의 정보 공백(information gap)을 극복할 수 없는 것으로 인식하면 낙담하고 수업에 관심을 잃기 쉬우므로, 빅 아이디어나 핵심 질문을 감당할 수 있는 작은 단위로 나누어 학습하는 것이 중요하다.

또한 학생들이 주인의식을 갖고 학습에 참여하도록 도와야 한다. 일반적으로 어떤 계약에 서명하기 전에 사람들은 자신이 무엇을 하게 될지 정확히 알고 싶어 한다. 마찬가지로 학생들도 학습에 대한 이유와 기대치를 알면 학습에 더 적극적으로 임할 것이다. 학습 목표와 성공 기준(학생들이 개별 수업이나 활동에서 목표에 도달했을 때 어떤 행동을 하거나, 말하거나, 글을 쓰거나, 무언가를 만들어냄으로써 자신이 배운 내용을 명확하게 증명할 수 있는 기준-옮긴이)이라는 두 가지 중요한 전략은 학습의 목적을 구체적으로 정의할 뿐만 아니라 학생들이 숙달도를 보여주기 위한 방법을 정의하기 때문에 학습에 전념하도록 하는 데 필수적이다.

학습 목표는 보통 학생들이 수업이나 짧은 학습 단위(learning episode)에서 무엇을 배우기를 원하는지와 그 이유(즉, 학생들에게 어떤 이점이 있는지)를 담고 있다. 학습 목표를 설정하기 위한 두 가지 요소로 구성된 공식을 소개한다.

> 우리는 _____을 배울 것이다.
> 그래야 _____을 할 수 있기 때문이다.

이 공식을 일관되게 따르게 되면, 많은 교사들이 학습 목표를 설정할 때 빠지기 쉬운 함정, 즉 그 중요성을 고려하지 않고 성취기준(standards)을 단순히 반복하는 실수를 피할 수 있다. 예를 들어, 이야기 쓰기 단원을 가르치고 있다면 "효과적인 이야기 구성 기법을 배울 것이다. 그래야 고등학교 1학년 동급생을 대상으로 한 흥미로운 일화를 작성할 수 있기 때문이다."라는 학습 목표를 세울 수 있다.

반면에 성공 기준은 대개 학생의 관점에서 구성되며 "나는 … 을 할 수 있다."라는 문장 형태로 구성되어 학생들이 숙달의 모습과 느낌을 이해하고 시각화하는 데 도움이 된다. 이를 통해 학생들은 자신에게 기대되는 바를 이해하고 학습에 더 적극적으로 참여할 수 있다. 또 교사는 학습 내용뿐만 아니라 학생에 대한 기대, 즉 학생들이 학습에 참여하면서 보여주고 성찰하기를 바라는 내용을 명확히 함으로써 가르치는 것에서 배우는 것으로 초점을 전환할 수 있다.

다시 말해서, 학습 목표는 교사의 교수 목표의 틀(예: "우리는 …을 배울 것이다.")을 제시하는 반면, 성공 기준은 학생의 학습 목표의 틀(예: "나는 …을 보여주거나 설명할 수 있다.")을 제시한다. 앞서 언급한 이야기 쓰기 단원의 예("효과적인 이야기 구성 기법을 배울 것이다. 그래야 고등학교 1학년 동급생을 대상으로 한 흥미로운 일화를 작성할 수 있기 때문이다.")로 돌아가 보면, 학생들에게 다음과 같은 성공 기준을 제공할 수 있다.

- 나는 독자에게 감정을 불러일으키기 위해 내가 선택한 특정 단어들을 설명할 수 있다.
- 내 작업을 예로 들어 대화를 효과적으로 사용하는 방법을 보여줄 수 있다.
- 내가 쓴 글을 예로 들어 은유와 직유의 차이점을 설명할 수 있다.
- 내 이야기의 특정 아이디어나 특징을 강조하기 위해 두운을 사용할 수 있다.

다음에 나오는 도표 3.1(p. 104 참조)은 이와 관련하여 추가 설명과 예시를 제공한다.

시도해 보기: 성공 기준 문장의 틀

다음과 같은 문장 틀은 학생들이 심층학습에 참여하도록 장려하는 성공 기준을 구성하는 데 도움이 된다.

- 나는 …을 설명할 수 있다.
- 나는 …를 이해하고 논의할 수 있다.
- 나는 …을 가르칠 수 있다.
- 나는 …을 옹호할 수 있다.
- 나는 …을 검증하고 증명할 수 있다.
- 나는 …을 이해하고 보여줄 수 있다.
- 나는 …을 다른 말로 표현할 수 있다.
- 나는 …를 …에서 …까지 사용할 수 있다.
- 나는 어떻게 ..인지를 논의하고 설명할 수 있다.
- 나는 …하는 방법을 시범 보일 수 있다.
- 나는 …하는 방법을 시연할 수 있다.
- 나는 …을 설명하는 도표를 그릴 수 있다.
- 나는 …을 선택할 수 있다.
- 나는 …을 예시와 함께 구체적으로 설명할 수 있다.

도표 3.1 학습 목표와 성공 기준 비교

학습 목표	성공 기준
성취기준에 따라 학생들이 배우길 기대하는 지식, 기술, 능력이 무엇인가?	학생들이 학습 목표를 충분히 숙달했음을 어떻게 보여줄 수 있는가?
학생들이 이것을 배워야 하는 이유는 무엇인가? 그것이 왜 중요한가(WIIFM)?	학생들이 이 내용을 배우는 이유를 이해했음을 어떻게 증명할 수 있는가?
이전 학습/지식/경험이 새로운 학습과 어떻게 연결되는가?	학생들이 이 학습을 어떻게 이전 학습과 연결하고 더 큰 학습으로 발전시킬 수 있는가?
예시	
논리적 오류에 대해 안다.	주어진 텍스트에서 글쓴이의 논리적 오류에 대해 토론하고 설명할 수 있다.
감정이 의사 결정에 미치는 영향을 배운다.	작가가 감정에 호소하는 것을 식별하고 토론할 수 있다.
독자의 흥미를 불러일으키거나 마음을 끌 수 있는 논거를 만들 수 있다.	독자가 더 관심을 가질 만한 논거를 개발할 수 있다.
작가의 주요 요점을 파악한다.	또래에게 작가의 요점을 파악하는 방법을 가르쳐 줄 수 있다.

숙달에 이르는 경로 제시하기

성공 기준과 학습의 핵심 질문을 연결하는 것도 중요하다. 성공 기준은 반드시 이러한 질문에서 자연스럽게 나와야 하며, 단원의 전체적인 목표와 연결되어야 한다. 하지만 모든 학생이 이러한 연관성을 스스로 깨달을 것이라고 생각해서는 안 된다. 학생들이 각 수업, 학습 목표, 그리고 성공 기준이 어떻게 더 큰 핵심 질문으로 연결되는지 이해할 수 있도록 이끌어 주어야 한다.

TV 시리즈의 방식을 참고하면 도움이 될 수 있다. 구체적으로 말하면, 각 에피소드를 시작할 때 이전 에피소드의 중요한 내용을 간단히 보여주고, 마지막에는 다음 에피소드를 암시하거나 궁금증을 유발하는 긴장감 넘치는 장면으로 끝내는 방식이다. 교육 용어로는 이를 내러티브(narrative)라고 한다. 즉, 학습을 더 큰 학습으로 연결하고 학생들이 더 큰 학습 목표에 다가가도록 돕는 의도적 노력이다. 이렇게 하면 심리학자 다니엘 핑크(Daniel Pink)가 제시한 내적 동기의 세 가지 주요 동인(動因) 중 하나인 숙달(mastery)을 촉진할 수 있으며, 더 높은 성과 수준으로 나아가고 있다는 인식을 높일 수 있다. 체중계에 올라 살이 빠진 것을 확인하면 운동을 더 열심히 하려는 동기가 생기듯, 학생들도 자신의 진전을 확인할 때 학습에 더 전념하게 된다.

예를 들면, 호주 멜버른에 위치한 한 학교에서는 교사가 교실 벽에 성공 기준을 순서대로 게시한다. 이렇게 하면 학생들은 학습 진행 상황을 정확히 파악할 수 있다. 이를 통해 학생들은 학습을 스스로 관리하고, 성공 기준에 따라 학습 성취를 확인하며 다음 단계로 나아간다. 말하자면, 독립적이고 자기 주도적이며 동기 부여된 학습을 경험할 수 있다.

개인 학습 목표 장려하기

궁극적으로 학생들이 성공 기준을 활용해 스스로 학습 목표를 설정하고 이를 달성할 때 교실에서 진정한 변화가 일어난다. 스스로 설정한 목표를 달성하면 뇌에서는 초콜릿을 먹었을 때, 밀린 시험지를 다 채점했을 때, 박람회에서 상을 받았을 때와 같이 도파민(dopamine)이라는 화학물질이 분비된다. 즉, 목표를 달성하는 것은 기분이 좋고 긍정적인 중독을 일으킨다. 물론, 목표는 스스로 설정할 때 더 의미가 크다. 새해 결심을 다른 사람이 대신 정해주는 것을 기쁘게 받아들이지 않는 것처럼, 학생들에게 학습 목표를 강요하고 그들의 동의를 구하지 않는 것 역시 그와 유사한 문제를 일으킬 수 있다.

이와 마찬가지로 학습 목표도 도전적이어야 한다. 연구에 따르면, 단순히 '최선을 다하라'는 막연한 목표나 목표 자체가 없는 것보다, 약간은 힘에 부치는 도전적인 목표가 더 큰 노력과 끈기를 유도한다 (Locke & Latham, 2006). 도전적인 목표는 본질적으로 학생들에게 약간의 어려움을 주도록 설계되어 있다. 이 점은 문제가 되지 않지만, 중요한 것은 학생들이 실패를 긍정적인 학습 기회로 받아들일 때만 그러하다는 것이다.

연구 결과로 이미 밝혀졌듯이, 성과 목표(performance goals), 즉 똑똑해 보이고 싶고 멍청해 보이지 않으려는 욕구(예: 영어 수업에서 A를 받고 싶다)가 반영된 목표를 설정한 학생들은, 어려움이 닥쳤을 때 무력감을 느끼거나, 부적절한 행동을 하거나, 낙담하는 경향이 있다. 반면에 학습 목표(learning goals), 즉 새로운 기술을 배우거나 새로운 과제를 숙달하거나 새로운 것을 이해하려는 욕구, 다시 말해서 실제로 더 똑똑해지고자 하는 욕구(예: 더 나은 작가가 되고 싶다)가 반영된 목표를 채택한 학생들은, 대수롭지 않게 실패를 받아들이고, 목표를 달성하기 위해 계속 노력하는 경향이 있다(Dweck, 2000).

물론 일부 학생은 성적에 대한 동기가 매우 강하다. 심지어 "A를 받으려면 어떻게 해야 하나요?"라고 직접 물어보기도 한다. 하지만 단순히 좋은 성적을 목표로 삼으면, 학생들은 성적을 올리기 위해 필요한 과정보다 결과에만 집중하게 되어 학습 자체에서 오는 만족감이나 흥미를 느끼기 어렵다. 이로 인해 좌절감을 느낄 수도 있는데, 성적이 기대에 미치지 못할 경우 실망하거나 자신감이 떨어질 수 있기 때문이다. 또한, 성적을 목표로 하는 접근 방식은 학습의 의미와 가치를 충분히 탐구하지 못하게 해 학습 과정이 빈약해질 수 있다. 이상적으로는 모든 학생이 개인적인 학습 목표를 설정하도록 도와야 한다. 학생 스스로 학습 목표를 세우도록 돕는 방법은, 단원의 빅 아이디어 또는 핵심 질문에서 시작해 "나는 할 수 있다" 진술문을 직접 작성하도록 하거나, K-W-L 차트(이미 알고 있는 것(Know)-알고 싶은 것(Want to know)-알게 된 것(Learned)으로 구분한 표에 내용을 기입함-옮긴이)를 활용해 다음 내용을 작성하게 하는 것이다.

- 무엇을 알고 있는가? (예: 화성은 암석으로 된 행성이며 얼음, 대기권, 계절
  이 있다.)
- 알고 싶은 게 무엇인가? (예: 인간이 화성에서 살 수 있을까?)
- 무엇을 알게 되었나? (예: 나는 테라포밍(terraforming, 다른 행성을 지구
  와 유사한 환경으로 변형하여 인간이 살 수 있도록 하는 과정-옮긴이)과 화성
  토양 아래에 물이 존재할 수 있다는 사실을 배웠다.)

교사의 적극적인 지원이 따르면 K-W-L 차트는 학생들이 궁금해하
거나 배우고 싶은 것을 개인적인 학습 목표로 전환하는 데 도움이 될
수 있다(예: 왜 어떤 사람들은 세기말까지는 인간이 화성에서 살 수 있게 될 거라고
말하는지, 왜 다른 사람들은 불가능하다고 말하는지, 내가 생각하는 가능 또는 불가
능은 무엇인지 설명할 수 있기를 바란다.).

학생들이 노력하도록 지원하기

목표를 설정하는 것은 중요하지만, 많은 학생들이 자신의 목표를
어떻게 달성할지 모르는 경우가 많다는 사실이 밝혀졌다. 하버드대
학교 연구원 롤런드 프라이어 주니어(Roland Fryer Jr.)는 4개 도시의
학생 18,000명의 학업 성취도 향상을 위해 총 630만 달러의 보상을
제공했지만 효과를 보지 못했다고 보고했다. 그 이유는 무엇일까? 기
본적으로 학생들은 보상에 대한 약속에는 동기 부여가 됐지만 어떻게

성취도를 높여야 하는지 그 방법을 몰랐다. 프라이어에 의하면 "교과서를 더 열심히 읽거나, 숙제를 더 열심히 하거나, 어려운 주제에 대해 질문한 학생은 단 한 명도 없었다."라고 한다(2013, p. 33).

따라서 학생들에게 노력과 목표 달성 사이의 연관성을 직접적으로 가르치는 것이 중요하다. 심리학자 마틴 셀리그먼(Martin Seligman)은 어떤 사람들이 다른 사람들보다 더 성공하는 이유를 밝힌 연구에서, 성공한 사람들은 자신의 성공(또는 실패)을 운이나 우연이 아니라 자신의 노력으로 설명한다는 것을 발견했다. 이러한 설명 방식을 그는 '학습된 낙관주의(learned optimism)'와 '학습된 무기력(learned helplessness)'이라고 불렀다. 셀리그먼은 '학습된 낙관주의'는 숙달된 경험, 즉 작은 규모라도 성공을 경험할 기회를 통해 개발될 수 있다고 지적했다. 이는 작은 성공의 기회를 통해 학생들이 자신의 성공이 단순히 우연이나 선생님의 호의, 타고난 능력의 결과가 아니라 노력의 결과라는 것을 알게 된다는 것이다. 반면, 성공이나 실패를 자신의 노력과 연결 짓지 못하면 '학습된 무기력'에 빠지기 쉽다.

자신의 운명을 통제하는 능력(fate control)이라는 요인은 학교가 통제할 수 있는 다른 어떤 요인보다 학생의 성취도에 더 강한 긍정적(또는 부정적) 영향을 미치는 것으로 밝혀졌다(Coleman, 1966). 실제로, 최근 몇십 년 동안 연구자들은 학생이 자신의 인생 결과를 스스로 결정할 수 있다고 믿는 내적 통제감(internal locus of control)을 가지는지, 아니면 외부의 힘에 의해 결정된다고 생각하는 외적 통제감(external locus of control)을 가지는지에 따라 성공 여부가 결정되며 이것이 강력한 예측 변수가 된다는 것을 발견했다. 예를 들어, 고등학교 중퇴생은 외적 통제감을 가질 가능성이 더 높은 반면(Ekstrom, Goertz, Pollack, & Rock, 1986), 저소득층이나 소수민족 출신일지라도 학업 성취도가 높다면 내적 통제감을 갖고 있을 가능성이 더 높다(Finn & Rock, 1997).

사실, 소수민족 출신 학생들에게는 강한 내적 통제감이 고정관념 위협의 부정적인 영향을 상쇄할 수 있다. 고정관념 위협(stereotype threat)은 학생들이 인종, 성별 또는 다른 사회적 정체성 때문에 불리하게 평가받거나 차별받을 수 있다고 걱정할 때 성적이 저조해지는 현상이다. 예를 들어, 한 메타 분석 연구(Richardson, Abraham, & Bond, 2012)에 따르면 '자신의 삶을 통제할 수 있다는 느낌, 학업적 과제를 성공적으로 수행할 수 있다는 믿음, 목표 지향성' 이 세 가지가 대학생들의 학점 변동의 약 20%를 설명할 수 있으며, 학점을 예측하는 데 고등학교 학점 평균과 대학교 입학시험 점수만큼 중요한 요인이 된다고 한다.

그러나 가장 놀랍고 우려스러운 점은, 지난 40년 동안 대학생을 대상으로 한 수천 건의 설문조사를 분석한 결과, 학생들의 통제감이 평균적으로 더 외부적 방향으로 변했다는 것이다. 예컨대, 2002년의 대학생들은 1960년대 초의 대학생들보다 더 외적 통제감을 느끼는 것으로 나타났다(Twenge, Zhang, & Im, 2004). 연구자들은 이러한 변화의 원인이 우리 사회의 문화적 기풍 변화에 있을 수 있다고 추측한다. 다시 말해서, 과거에는 개인의 노력과 성취로 더 나은 삶을 살 수 있다는 믿음이 지배적이었으나, 오늘날에는 개인의 문제에 대한 사회 제도의 무관심, 예측할 수 없는 외부의 힘, 그리고 통제할 수 없는 정신적 요인(예: ADHD 진단)으로 인해 개인이 무력감을 느끼는 경향이 강화되었다는 것이다.

긍정적인 점은, 학생들이 목표를 세우고 달성할 수 있도록 작은 기회를 제공하면 이 상황을 역전시킬 수 있으며, 이는 학생들이 자신의 성공과 노력을 연결시켜 내적 통제감을 키우는 데 도움이 된다는 것이다. 심리학자 앨버트 반두라(Albert Bandura)와 데일 슝크(Dale Schunk)는 학생들에게 단기적으로 달성 가능한 개인 학습 목표, 즉 근접해 있는 '단기' 학습 목표(예: 각 차시 수업 동안 6페이지의 학습 항목을 완료하는 것)를 제시하면 멀리 떨어져 있는 '장기' 학습 목표(예: 앞으로 7회 수업 동안 42페이지를 모두 완료하는 것)를 설정하거나 전혀 목표를 설정하지 않은 학생보다 높은 수준의 성취도를 보인다는 사실을 발견했다(1981). 또한, 이러한 작은 목표를 달성하면 내적 통제감의 첫 번째 핵심, 즉 노력으로 어려움을 극복할 수 있다는 믿음을 키우는 데도 도움이 된다.

빅 아이디어:
학습 의욕을 고취하기 위해 '왜'와 '무엇' 연결하기

이 모든 연구와 조언의 핵심은 학생들이 학습에 전념하기 위해서는 스스로 두 가지를 확신해야 한다는 것이다. 첫째, 배울 내용이 흥미롭고 중요하다. 둘째, 나는 그것을 충분히 배울 수 있고 잘할 수 있다. 요컨대, 학생에게 가장 중요한 것은 학습 자체가 아니라 학습에 전념하겠다는 결심이다.

학생들과 함께 학습 여정을 시작하기 전에 학생들이 무엇을 배울지뿐만 아니라 왜 그것을 배워야 하는지 이해하도록 돕는 데 시간을 할애하는 것이 중요하다. 즉, '이게 나에게 왜 중요하지(WIIFM)?'를 설명해 주는 것이다. 돌이켜 보면, 『주홍글씨』를 가르칠 때 학생들에게 작품의 어려운 문장을 해석해야 하는 이유를 이해시켰다면, 그것이 정교한 독해 기술 향상은 물론이고, 사회적 규범과 개인적 자유 사이의 긴장과 같은 인간 존재의 깊은 진리를 발견할 기회가 된다는 것도 깨닫게 할 수 있었을 것이다. 이는 오늘날에도 여전히 중요한 주제다.

동시에 학생들에게 숙달에 이르는 길, 즉 작은 성공을 쌓아가며 어떻게 목표를 달성할 수 있는지를 보여주는 것도 중요하다. 이 작은 성공들이 어떻게 더 큰 목표와 가치 있는 성취로 이어지는지를 설명하면, 학생들이 '내적 통제감' 또는 '학습된 낙관주의'를 기르는 데 도움이 될 수 있다.

소설의 결말에서, 여주인공이 마침내 자신의 주홍글씨를 벗어던졌을 때, 작가는 "그녀는 자유를 느끼고 나서야 비로소 그 무게를 깨달았다."라고 썼다. 학생들도 마찬가지일 수 있다. 학생들이 학습의 목적과 의미를 찾고, 노력을 통해 목표를 달성할 수 있다는 믿음을 갖도록 우리가 도와준다면, 의미를 찾지 못해 무겁게만 느끼는 학습의 부담과 해로운 자기 의심에서 벗어날 수 있을 것이다.

04

새로운 학습에
집중하기

아마 우리 모두 한 번쯤은 사교 모임에서 처음 만난 사람과 대화를 하다가 불과 몇 분 전에 들은 그의 이름을 까맣게 잊어버린 당황스러운 경험이 있을 것이다. '샤넌이었나, 사라였나? 브래드였나, 브렛이었나?' 솔직히, 이런 일이 워낙 자주 일어나서 아내는 내가 절박한 표정을 지을 때면 단번에 알아차린다. 그러면 바로 내 옆으로 와서 자신을 소개하며 그들이 다시 이름을 말하도록 자연스럽게 유도한다. (아, 맞다, 샐리와 배리였지.)

이런 일이 발생할 때, 뇌에서 어떤 과정이 진행되는지를 이해하면 학습의 기본 원칙을 알 수 있다. 즉, 주의 깊게 생각하는 것에 대해서는 더 잘 기억하게 된다는 것이다. 처음에 누군가의 이름을 들으면—특별히 인상적이거나 눈에 띄지 않는 한—대부분의 사람은 그 이름에 대해 생각하는 것을 멈춘다. 그리고 새로운 사람과 다른 주제에 대해 대화를 나누면서 그 사람의 이름을 잊어버리게 된다. 몇몇 기억 전문가들은 이름을 기억하려면 처음 들은 직후에 몇 번 소리 내어 반복해야 한다고 말한다. ("만나서 반가워, 샐리. 어디에서 일하세요, 배리?") 그리고 즉시 그 사람에 대해 기억에 남을 만한(종종 시각적인) 무언가와 연관 지어야 한다고 한다. 미소 짓는 샐리, 머리가 벗겨진 배리(쉿! 이건 속으로만 생각하자).

요컨대, 방금 배운 내용을 집중해서 생각해야 순간기억(immediate memory, 즉시기억)에서 작업기억(working memory)으로 옮길 수 있다. 이를 위해 우리는 일반적으로 이 정보를 적극적으로 생각하고 다른 감각 입력(예: 그 사람의 이름 소리나, 이름을 소리 내어 말할 때의 시각적 단서)과 결합한다. 이렇게 하면 더 많은 신경세포(neuron, 뉴런)가 활성화되고 다른 신경세포와 연결되어 더 풍부하고 강력한 기억이 형성된다.

이 모든 것은 작업기억의 놀라운 능력과 한계를 보여준다. 이번 장에서는 이를 더 자세히 알아볼 것이다. 지금까지 우리의 학습 모형에서는 학생들이 학습에 관심을 갖고, 흥미를 느끼고, 전념하도록 도왔다. 학습 모형의 첫 두 단계(2장. 관심 갖기, 3장. 학습에 전념하기-옮긴이)는 영업사원의 오래된 판매 기법에 비유할 수 있다. 다시 말해서, 베테랑 영업사원이 신입 영업사원에게 "우리의 일은 사람들을 물가로 데려가는 것이 아니라 그들이 목마르게 만드는 것이다."라고 말하는 것과 같다. 첫 두 단계를 통해 학생들이 새로운 학습에 대해 목마름을 느끼게 되었기를 기대한다.

하지만 아직 갈 길이 멀다. 학생들이 정보를 작업기억에 유지할 수 있도록 도와야 하며, 이를 위해 여러 가지 인지적 과정을 거쳐야 한다. 그중에서도 가장 중요한 것은 학습 내용을 적극적으로 되새기는 것이다. 기본적으로 이 시점에서는 학생들이 새로운 학습에 집중하여 샐리와 배리의 이름 같은 새 정보를 작업기억에 충분히 오래 유지할 수 있도록 하는 것이 주요 과제가 된다.

이제부터 살펴보겠지만, 질문과 답변 과정에 학생을 참여시키고, 텍스트를 자세히 읽고, 시범 과정을 따르고, 새로운 개념을 비언어적으로 표현(예: 그림 그리기)하거나, 강의 중에 노트 필기를 하는 등 방법은 다양하다. 이 모든 능동적인 학습 과정은 특히 함께 사용하면 지식을 더 깊이 이해하고 기억하는 데 도움이 된다.

하지만 이 시점에서 교사들은 학생들의 머릿속에서 일어나는 일보다는 교사 자신의 수업 방식에 초점을 두는 실수를 하곤 한다. 다시 말해서, 학생들이 무엇을 생각하도록 하고 싶은지를 고민하기보다는 단순히 수업 내용을 전달하고, 연습문제 몇 개를 푸는 방식으로 돌아가는 경우가 많다.

학생들이 수업 시간에 배우는 것을 그저 한쪽 귀로 듣고 다른 쪽 귀로 흘려보내지 않도록 하려면 어떻게 해야 할까? 이에 대한 답을 찾기 위해, 먼저 정보처리 시스템에서 가장 복잡하고 변덕스러운 구성 요소 중 하나인 작업기억에 대해 더 자세히 알아보도록 하자.

주의 집중의 과학

단기 작업기억(short-term working memory)은 지금 우리가 의식적으로 생각하는 것, 예컨대 칵테일 파티에서 방금 인사를 나눈 부부의 이름처럼 일시적인 정보로 구성된다. 인지과학에 따르면 우리는 정보를 단기 작업기억에 5분에서 20분 정도 유지할 수 있으며, 그 이후에는 뇌가 쓸모없다고 판단하여 제거하거나, 장기기억으로 보내는 과정에 들어간다. 모든 학습 과정이 그렇듯이, 정보를 단기 작업기억에 유지하는 것도 노력이 필요하다. 우리의 뇌는 이러한 노력을 다른 인지 활동에 사용하는 것을 더 선호한다. 즉, 뇌는 가능한 한 효율적으로 에너지를 사용하고자 하며, 단기 작업기억에 정보를 유지하는 것보다 더 중요하거나 보람 있는 다른 작업에 에너지를 쏟고 싶어 한다.

우리의 의식적인 생각은 대체로 언어적(뇌 속의 해설, 때로는 의식의 흐름이라고 불림), 시각적, 공간적인 특징을 지닌다. 앨런 배들리(Alan Baddeley)와 그레이엄 히치(Graham Hitch)의 연구는 세 가지 주요 시스템을 제시한다(1974). 글이나 말을 처리하는 음운 고리(phonological loop), 시각적 이미지와 방향을 처리하는 시공간 잡기장(visuospatial sketchpad), 그리고 이 두 시스템을 조율하는 중앙 집행기(central executive system)이다. 이후에 네 번째 시스템인 일화 완충기(episodic buffer)가 추가되었다(Baddeley & Logie, 1999). 일화 완충기는 과거의 정보를 보관하고 있다가, 우리가 필요로 할 때 이를 꺼내어 사용할 수 있도록 하는 일종의 '정보 창고 관리자' 역할을 한다.

예를 들어 낯선 마을의 친척 집으로 운전해 가는 상황을 생각해 보자. 이 모형에 따르면 음운 고리는 도로 표지판을 읽고, 휴대폰으로 길 안내를 듣고, 시공간 잡기장은 차량을 올바른 경로로 안전하게 이동시키는 데 중요한 역할을 하고, 중앙 집행기는 다른 두 시스템에 주의를 유지하고 집중하도록 지시하며, 일화 완충기는 주요 도로를 놓치지 않기 위해 친척이 중요하다고 말한 이정표를 떠올릴 수 있게 해준다. 이 모든 일이 작업기억에서 일어나고 있기 때문에 집중을 위해 라디오를 끄고 뒷좌석에 있는 아이들 입을 다물게 하고 싶을 수도 있다.

이 모형은 여전히 이론적이지만(예: 과학자들은 아직 뇌에서 시공간 잡기장을 '발견'하지 못했다), 수많은 실험 관찰을 바탕으로 한 과학적 이론에 기반한 모형이다. 이러한 연구를 통해 연구자들은 우리가 언어 정보와 시각 정보를 동시에 처리할 수 있지만, 두 개의 언어 정보나 두 개의 시공간 정보를 동시에 처리할 수는 없다는 사실을 발견했다.

여러분도 이런 경험이 있을 것이다. 예를 들어, 이미지 위의 문자 정보를 읽거나 운전하면서 라디오를 듣는 등 시각적 정보와 언어적 정보를 동시에 처리하는 데는 문제가 없다. 그러나 같은 종류의 정보를 동시에 처리하는 데는 어려움을 겪을 가능성이 크다. 예를 들어, 옆에 누군가가 통화를 하고 있을 때 책을 읽거나, 배를 주무르면서 머리를 쓰다듬는 등 같은 종류의 정보를 두 개 이상 동시에 처리하는 것은 힘들 것이다.

물론, 우리가 정신적 기능을 자동화하게 되면, 작업기억은 많은 정신적 노력을 들이지 않고도 점점 더 복잡한 작업을 수행할 수 있게 된다. 예를 들어, 각 단어를 개별적으로 소리 내어 읽지 않고도 문장을 읽을 수 있으며, 모국어로 대화를 들을 때 모든 단어에 집중하지 않고도 이해할 수 있고, 이메일을 작성할 때 각 키의 위치를 신경 쓰지 않고도 타이핑을 할 수 있다. 그러나 이러한 자동화된 작업에도 불구하고 연구에 따르면, 우리가 글자를 읽을 때는 여전히 추가적인 정신적 처리 과정이 필요하다. 즉, 글자를 읽으면서 머릿속에서 그 글자를 소리로 변환하는 과정('사과'의 의미를 파악하기 위해 뇌는 문자 '사'를 소리 '사'와 연결하고 문자 '과'를 소리 '과'와 연결한 다음, 소리 '사'와 '과'를 합쳐서 이를 통해 '사과'라는 단어를 이해함-옮긴이)이 필요하기 때문에, 텍스트를 읽는 것이 발표를 듣는 것보다 더 힘들게 느껴질 수 있다.

만약 어떤 발표에서 발표자가 화면에 있는 내용을 읽어주고, 그 내용이 유인물에도 적혀 있다면, 우리는 같은 정보를 세 번이나 처리해야 한다. 발표자가 말로 설명하는 것을 듣고, 화면에서 읽고, 유인물에서도 같은 내용을 읽어야 하기 때문에 뇌가 과부하에 걸리게 된다 (Medina, 2008).

음운 고리와 시공간 잡기장은 뇌로 들어가는 별개의 채널처럼 작동한다. 이 둘은 동시에 작동할 수 있지만, 한 번에 너무 많은 정보를 입력하면 과부하가 걸린다. 이러한 작업기억의 핵심 원리는 학생들이 학습을 더 쉽고 효과적이며 흥미롭게 할 수 있는 몇 가지 중요한 방법을 제시한다.

이미지와 텍스트 함께 사용하기

작업기억에 위의 두 가지 채널이 있다는 점을 생각하면, 이미지와 단어를 함께 사용하는 것이 학습을 지원하는 가장 효과적인 전략 중 하나라는 것은 전혀 놀랍지 않다(Greenberg et al., 2016; Mayer, 2011). 기본적으로 우리의 시각 시스템과 언어 시스템은 함께 자극을 받을 때 가장 효과적으로 학습할 수 있다. 정보를 음성으로 받을 때는 3일 후면 10%만 기억하지만, 강력한 이미지가 함께 제공되면 65%까지 기억할 수 있다(Medina, 2008). 효과적인 교수 전략에 대한 메타 분석에서도, 그래픽 오거나이저(graphic organizer, 시각 조직자)와 같은 비언어적 표현을 사용하여 새로운 학습을 지원하는 것이 가장 효과적인 교수 전략 중 하나로 밝혀졌다(Beesley & Apthorp, 2010).

추상적 개념을 구체적인 예로 설명하기

시각 시스템과 언어 시스템을 동시에 자극하는 이 원칙은 다른 전략에서도 적용된다. 연구에 따르면, 학생들이 새로운 정보를 더 잘 받아들이는 데 도움이 되는 전략 중 하나는 추상적 개념을 구체적인 예로 설명하는 것이다(Mayer, 2011; Paivio, 1971; Weinstein, Madan, &

Sumerack, 2018). 과학자들은 오래전부터 우리가 추상적인 명사보다 구체적인 명사를 더 잘 기억한다는 것을 알고 있었다. 예를 들어, '단추'는 '속박'이라는 단어보다 더 기억에 남는다(Gorman, 1961). 마찬가지로, 우리는 추상적인 개념을 시각화할 수 있을 때 더 잘 기억할 수 있다(Paivio, 1971).

실제로, 많은 교실 실험이 학생들에게 추상적인 개념과 구체적인 사례를 동시에 제공하는 것이 효과적이라는 사실을 입증하고 있다(Pashler et. al., 2007). 이는 작업기억의 두 가지 채널을 고려할 때 이해가 된다. 추상적인 개념을 언어로 설명할 때, 이를 구체적인 사례로 시각적으로 설명하면 더 잘 이해할 수 있다. 반대로, 구체적인 예시만으로는 그 안에 있는 기본적인 패턴이나 원칙을 이해하기 어렵다. 즉, 학생들이 구체적인 사례를 보더라도, 그 사례의 의미나 중요성을 이해하려면 누군가가 이를 명확하게 언급하거나 설명해 주어야 한다.

가령, 먹이사슬이라는 추상적 개념을 이해하려면 추상적인 정의(예: 먹이의 원천으로서 각 유기체가 다음 단계의 유기체에 의존하는 연쇄적 관계)와 시각화할 수 있는 구체적인 예(예: 곤충-새-살쾡이)가 모두 필요하다. 따라서 추상적인 아이디어를 구체적인 예로 설명하는 것은 이중부호화 이론(dual coding theory, 동일한 정보를 시각적 형태와 언어적 형태로 함께 제공하면 기억과 이해가 향상된다는 이론-옮긴이)을 뒷받침하며, 학생들이 새로운 정보를 언어적으로뿐만 아니라 시각적으로도 효과적으로 이해하고 기억할 수 있도록 돕는다.

풀이된 예제를 통한 문제 해결

수많은 연구 결과에 의하면, 특히 수학과 과학 수업에서는 학생들이 문제를 스스로 풀어보는 것과 풀이된 예제(worked examples)를 보는 활동을 번갈아 가며 할 때 새로운 개념을 더 잘 이해한다고 한다 (Pashler et al., 2007). 예를 들어, 한 실험에서(Sweller & Cooper, 1985) 학생들에게 8개의 대수 문제를 주었는데, 실험 그룹에는 절반의 문제를 풀이된 상태로 제공하고, 대조 그룹에는 8개의 문제 모두 풀이되지 않은 상태로 제공했다. 이후, 풀이된 예제와 새 문제를 번갈아 풀었던 실험 그룹의 학생들이 사후 테스트에서 훨씬 더 좋은 성적을 보였다. 유사한 결과는 더 어린 학생들을 대상으로 한 연구에서도 확인되었다 (Zhu & Simon, 1987).

요컨대, 생산적인 어려움(productive struggle)과 정답 제시를 결합하면 새로운 학습을 습득하는 데 효과적인 것으로 보인다. 이는 학생들이 이중부호화를 내면화하고 문제를 풀면서 스스로 사고하게 만들기 때문일 것이다(예: '음, 먼저 최소공배수를 찾아야 할 것 같아'). 이러한 과정에서 제공된 답(예: 최소공배수를 찾는 방법의 시각적 예시)을 통해 자신의 생각을 확인하게 된다. 이와 같은 자기 대화(self-talk)는 새로운 학습을 습득하는 데 매우 중요한 것으로 밝혀졌으며, 학생들이 새로운 학습에 집중하도록 돕는 다음의 핵심 원칙과도 연결된다.

자기 질문의 힘

자기 질문(self-questioning), 즉, 학습 상황을 스스로 점검하는 내적 목소리를 키우는 것은 학습을 지원하는 효과적인 전략이라는 것이 밝혀졌다. 이러한 내적 목소리를 잘 활용하면 호기심을 유지할 수 있고 학습의 방향을 잘 잡아갈 수 있다. 예를 들어, 과학 프로그램을 보다가 밤하늘의 별빛이 이제는 존재하지 않는 별에서 나온다는 말을 들으면, '잠깐, 이게 무슨 뜻이지?'라는 생각이 들면서 리모컨을 잡고 프로그램을 되돌려 보게 된다. 이러한 질문은 우리가 배우고 있는 것을 사전 지식('아, 맞아. 별빛은 빛의 속도로 여행하지.')과 연결하는 데도 도움을 준다. 자기 질문은 구체적인 예에서 추상적인 개념을 식별하는 데도 도움이 된다. 예를 들어, '우주는 상상할 수 없을 만큼 크고 계속 팽창하고 있다.'라는 내면의 목소리는 학습을 더 잘 안내하기 위한 추가 질문('어떻게 천문학자들은 먼 별의 거리를 측정할까?')으로 이어질 수도 있다.

비교적 짧은 시간 동안이라도 학습 중에 이러한 질문을 던지도록 훈련하면, 작업기억을 향상시키는 과정에서 중앙 집행기(central executive, 작업기억의 핵심 요소로, 주의를 조절하고 정보를 선택하며 여러 과제를 동시에 관리함-옮긴이)를 강화할 수 있으며, 이 훈련이 읽기뿐만 아니라 강의 이해에도 강력한 효과를 발휘한다는 것이 밝혀졌다. 또 고등학교 1학년 학생들에게 역사 강의를 들으면서 비교·대조, 인과관계 분석, 성찰 등의 질문을 하도록 훈련시킨 결과 의미 있는 성과가 확인되었다. 이러한 기법이 학업 성과에 미친 영향은 어느 정도였을까? 관련 지식의 후속 테스트에서 학점이 한 등급 이상 향상되었다(King, 1991). 이 초기 연구의 표본은 적었지만, 이후 직업계 고등학생(Pate & Miller, 2011)과 학습장애가 있는 4~5학년 학생(Wanzek, Wexler, Vaughn, & Ciullo, 2010)을 포함한 다른 그룹에서도 같은 결과가 나왔다.

실제로, 미국국립읽기위원회(National Reading Panel, NRP)에서 수백 건의 독해 연구를 검토한 후 7가지 독해 전략을 강조했는데, 다음 두 가지는 학생들의 자기 질문과 관련이 있다. 첫째, "독해 모니터링(comprehension monitoring)"은 독자가 자료를 이해하고 있는지 스스로 점검하는 방법을 배우는 것이다. 둘째, "질문 생성(question generation)"은 독자가 내용의 여러 측면에 대해 스스로 질문하는 것이다(National Institute of Child Health and Human Development, 2000, p. 15). 이 연구에서 가장 눈에 띄는 점은, 약 90분이라는 짧은 훈련 시간만으로도 지속적이고 큰 개선 효과를 냈다는 것이다. 이는 학생들의 작업 기억 속 중앙 집행기가 시각적, 언어적 시스템을 조정하여 학습에 더 잘 집중하도록 했기 때문일 것이다.

노트 필기

효과적인 교수법에 대한 수많은 연구를 종합한 결과, 학습 도중에 하는 필기는 효과크기(effect size, 특정 교육적 개입이 학습에 미치는 영향을 나타낸 정량 지표. John Hattie는 0.4를 기준으로 삼아 그 이상이면 효과적인 것으로 간주함-옮긴이)가 0.90이나 될 만큼 효과적인 것으로 밝혀졌다(Beesley & Apthorp, 2010). 대학생을 대상으로 한 실험 연구(Beeson, 1996)에서도 필기의 학습 효과가 확인되었다. 즉, 강의 중에 필기를 한 그룹, 강의 후 배운 내용에 대해 에세이를 작성한 그룹, 강의 내용을 단순히 복습한 그룹 중 가장 큰 학습 효과를 보인 그룹은 단연 필기 그룹이었다.

이 모든 것이 보여주는 바는 학생들이 노트 필기를 할 때 더 잘 기억한다는 것이다. 그러나 노트북 컴퓨터나 태블릿에 타이핑하는 방식으로 필기를 해서는 이러한 장점이 사라진다. 학생들은 타이핑 속도가 손으로 쓰는 것보다 빠르기 때문에 많은 양의 내용을 쉽게 기록할 수 있지만, 이는 실제로 더 나은 학습 결과를 가져오지 않는다. 아마도 노트 필기는 단순히 수업 내용을 기록하는 것이 아니라, 더 깊은 학습을 요구하기 때문일 수 있다. 말하자면, 새롭게 배운 내용의 핵심 아이디어를 자신의 말로 요약해서 적어보는 것이다. 중요한 것은, 이런 식으로 학습에 적극 참여하게 된다는 것이다.

프린스턴대학교의 연구(Mueller & Oppenheimer, 2014)에 따르면, 노트북을 사용하는 학생들이 더 많은 단어를 기록하긴 하지만, 양이 많다고 해서 더 나은 학습이 이루어지는 것은 아니다. 여기서 문제는, 인지과학자 대니얼 윌링햄(Daniel Willingham)이 언급한 것처럼 "학생들은 자신이 생각하는 것을 기억한다."는 것이다(2003). 타이핑에 능숙한 학생들은 노트북을 사용하여 무의식적으로 내용을 기록할 수 있는 데, 이는 학습 내용을 깊이 생각하고 중요한 부분에 집중하기보다는 단순히 내용을 받아 적는 데 그칠 수 있다.

게다가 손 글씨를 쓰는 행위 자체가 인지적으로 중요한 이점을 제공하는 것으로 보인다. 신경과학 연구에 따르면, 타이핑에 비해 손으로 글씨를 쓸 때 뇌의 더 많은 영역이 활성화되며, 특히 글자를 인식하는 시각 처리 중추가 활성화된다(James & Engelhardt, 2012). 요약하자면, 필기는 학생들이 학습에 대해 더 깊이 생각하게 만드는 효과적인 학습 도구이며, 특히 손 글씨는 말로 된 언어적 학습을 페이지에 작성된 시각적 노트로 변환하는 이중부호화를 지원하기 때문에 학습을 더욱 촉진하는 것으로 보인다.

기본적으로, 필기는 더 많은 노력을 요구하는 정신적인 작업이어야 하며, 이는 인지과학자 부부 로버트 비요크(Robert Bjork)와 엘리자베스 비요크(Elizabeth Bjork)가 명명한 '바람직한 어려움(desirable difficulties, 학습자가 학습할 때 의도적으로 도입된 어려움이 장기적인 학습 효과를 향상시킬 수 있다는 이론-옮긴이)'이라는 개념(1992)과 일치한다. 연구에 따르면, 학습에 작은 장애물을 추가하면 학습 속도는 느려지지만, 이해력과 기억력이 향상되는 것으로 나타났다. 학습 중 생성 작업(예: 강의에서 중요한 내용을 필기하는 것)은 이런 장애물에 해당한다. 이 과정은 뇌의 여러 부분을 학습에 참여하게 만들어 우리가 필기한 내용을 더 잘 배우고 기억하게 한다. 요약하자면, 필기를 할 때 중요한 것은 필기된 내용 자체가 아니라 필기하는 과정이다.

새로운 학습에 집중하기:
교실에서 활용하는 도구 모음

이러한 작업기억의 원칙은 몇 가지 증거 기반의 교수 전략을 제시한다. 이 중 많은 전략은 이미 교사가 사용하고 있을 것이다. 그러나 학생들의 작업기억을 깊이 이해하면 이러한 전략을 더 의식적으로 활용할 수 있다. 이를 통해 언제 어디서 이 전략들을 학습 기회에 통합할지 명확히 파악할 수 있다. 이렇게 하면 교수 전략이 훨씬 더 강력해진다.

비언어적 표상 사용하기

앞에서 살펴본 바와 같이, 우리의 뇌는 말이나 글과 같은 언어적 표상(linguistic representations)이 이미지나 신체 감각과 같은 비언어적 표상(nonlinguistic representations)과 함께 제시될 때 정보를 더 효과적으로 처리한다. 이러한 비언어적 표상은 냄새, 소리, 맛, 동작, 신체 접촉, 사진, 그림, 모형과 같은 다양한 형태로 나타날 수 있다(Dean et al., 2012). 이 모든 것은 학생들이 언어적 지식과 학습 내용에 대한 마음속 이미지를 통합하는 데 도움이 된다.

다음은 학생의 시각적 학습을 지원하기 위해 교실에서 사용할 수 있는 구체적인 전략이다.

- **마인드맵 활용** 아이디어 간의 관계를 시각적으로 표현하는 마인드 맵을 그리게 한다. 예를 들어, 르네상스의 요소, 광합성, 영어 불규칙 동사 등을 시각화하여 중요한 연결 고리를 파악하거나 복잡한 과정을 더 쉽게 이해할 수 있다.

- **물리적 모형 및 조작 도구 사용** 추상적인 개념을 더 명확하게 이해할 수 있도록 물리적 모형이나 조작 도구를 사용한다. 예를 들어, 블록을 사용한 계산, 3D 지형도, 문장 다이어그램 등을 이용할 수 있다.

- **마음속 이미지 형성** 학습 내용을 마음속으로 그려보도록 격려한다. 예를 들어, "중세 항해사가 육지를 벗어나 바다 한가운데에서 별만 보고 항해하는 장면을 상상해 보세요."와 같은 활동은 길고 복잡한 내용을 더 잘 이해할 수 있게 해준다.

- **그림 및 상징 그리기** 학습 내용을 그림, 삽화, 상징으로 표현하도록 한다. 예를 들어, "노트에 독재, 과두제(oligarchy, 자산, 군사력, 정치적 영향력 등을 지닌 소수의 사회 구성원에게 권력이 집중된 정부의 형태-옮긴이), 대의 민주주의, 직접 민주주의를 나타내는 아이콘을 그려보세요."와 같은 활동은 관련 개념 간의 주요 차이점을 파악하는 데 도움이 된다.

- **신체 활동 참여** 이해하기 어려운 사실과 개념을 신체 활동을 통해 더 잘 이해하고 감상하게 한다. 예를 들어, 학생들과 함께 운동장에서 태양계를 실제 비율로 표현해 보는 활동을 할 수 있다.

보여주고 설명하기

앞서 언급했듯이, 추상적이고 복잡한 개념을 구체적인 예시로 설명하는 것과, 반대로 구체적인 예시를 통해 추상적인 원리나 중요한 개념을 명확히 설명하는 것이 중요하다. 기본적으로 학생들에게 추상적인 개념을 설명한 후, 그것이 어떻게 생겼는지 보여주거나, 그와는 반대로 먼저 구체적인 예를 보여주고 그것이 어떤 원리인지를 설명해 주는 방식이다. 도표 4.1은 교실에서 이를 어떻게 적용할 수 있는지에 대한 예시이다.

도표 4.1. 추상적인 개념을 구체적인 예시와 연결하기

추상적인 개념	구체적인 예시
공급과 수요: 단가가 상승하면 수요가 감소하고 그 반대의 경우도 마찬가지라는 개념이다.	• 피자 가게에서 피자 100판을 개당 15달러에 판매한다. 가격을 20달러로 올리면 피자를 50판밖에 판매하지 못한다. • 핫도그 판매업체가 가격을 5달러에서 4달러로 낮추자 매출이 30% 증가했다.
반영웅(antihero): 선한 의도를 가지고 있지만 결점이 많은 주인공으로, 기존 영웅의 특성이 결여된 경우가 많다.	• 조지 밀턴『생쥐와 인간』 • 데이지 뷰캐넌『위대한 개츠비』 • 레이디 맥베스『맥베스』 • 월터 리 영거『태양 속의 건포도』
이차 방정식: 적어도 하나의 항이 제곱인 방정식. 이차 방정식의 그래프는 포물선을 이룬다.	• $ax^2 + bx + c = 0$ • 공이 지상 1m 상공에서 14m/s의 속도로 공중으로 똑바로 던져졌다. 공은 얼마나 높이 올라가고 언제 다시 지면에 닿을까? 중력이 5m/s로 공을 잡아당긴다고 가정하면 다음 방정식을 사용하여 h(높이)를 구할 수 있다. $h = 1 + 14t + 5t^2$

추상적인 개념을 먼저 소개하고 나서 구체적인 예시로 설명하는 것이 자연스럽게 보일 수 있지만, 구체적인 예시를 먼저 제시하고 그로부터 추상적인 개념을 도출하는 방식이 더 효과적일 수 있다. 이는 '시도해 보기'에 설명된 '구체적 예시에서 추상적 개념으로(구체성 점진 감소)' 방법에서 볼 수 있는 접근 방식이다.

직접 지도를 통한 숙달 단계 시범 보이기

절차적(스킬 기반) 학습에서 학생이 새로운 학습에 집중하도록 돕는 가장 효과적인 전략은 과정을 한 단계씩 보여주는 것이다. 예컨대, 여러 자릿수 덧셈에서 받아올림, 글을 간결하게 수정하기, 정독하며 꼼꼼히 읽기, 화학 방정식의 균형 맞추기(화학 반응에서 반응물과 생성물의 원자 수가 같도록 화학 방정식을 조정하는 과정-옮긴이) 등 학생의 스킬(skill, 기술) 학습을 도울 때는, 먼저 숙달학습(mastery learning)이 어떤 것인지 알 수 있도록 학습 단계를 시범으로 보여주는 것이 효과적이다. 이를 '내가 하기(I do)' 단계라고도 하는데, 교사는 간단하고 직접적인 지시를 통해 학생들에게 실제로 어떤 과정이 이루어지는지 시범을 보인다. 이 방식은 새로운 학습에 대한 이중(언어 및 시각적) 처리를 지원하는 데 도움이 된다.

예를 들어, 단순히 말로 지시하는 것(예: "에세이를 수정할 때 수동태를 능동태로 바꾸세요.")보다 학생들에게 실제로 과정을 보여주고, 그 과정에서 생각한 내용을 소리 내어 설명해 준다(예: 'It is widely believed~'라는 문장을 보면, "오, 이건 수동태구나. 문장의 주어 'it'이 행동을 하는 것이 아니라, 일반적인 '사람들'이 행동을 하는 거니까 문장을 이렇게 수정해야겠네. 'People widely believe that...'. 이렇게 고치니까 이해하기가 훨씬 쉽지."). 몇 차례 설명 후에는 학생들이 함께 그 과정을 따라 하도록 유도한다(예: 다음 섹션에서 설명할 '우리가 함께 하기(we do)' 단계).

풀이된 예제와 풀어야 할 문제 번갈아 사용하기

문제 풀이와 풀이된 예제를 함께 사용하는 것이 새로운 학습을 신속하게 습득하는 데 효과적이라는 점은 이미 알려져 있다. 이를 구현하는 방법 중 하나는 학생들에게 자신이 배우고 있는 과정, 예를 들어 여러 자릿수 덧셈의 풀이 과정을 단계별로 따라 하게 하여 그들이 직접 문제를 풀 수 있도록 도와주는 것이다. 이를 '함께 하기(we do)' 단계라고 한다. 학생들은 풀이된 예제와 자신이 풀어야 할 문제를 번갈아 풀면서 독립적으로 학습할 수 있다.

연구에 따르면, 이 방식은 풀이된 예제의 제공을 점차 줄이며 학생이 점점 더 독립적으로 문제를 풀도록 할 때 가장 효과적이다(Renkl et al., 2004). 또한, 풀이된 예제는 텍스트와 시각적 안내를 통합할 때 더욱 효과적이며 예컨대, 문제 풀이 과정을 보여주는 애니메이션 비디오를 제공하는 것도 좋다.

풀이된 예제와 아직 풀지 않은 새 문제를 번갈아 나오도록 하는 방식은 수학이나 과학 과목 수업에서 가장 적합하고 효과적일 것으로 생각되겠지만, 이 전략은 다른 과목에서도 효과가 있다. 대학을 갓 졸업한 대학원생 시절, 대학 1학년 학생들에게 작문을 가르치면서 이 방법을 발견했다. 대학원 코디네이터(대학원 프로그램의 운영을 총괄하며 강사와 학생들 간의 소통을 돕고 원활한 진행을 담당하는 사람-옮긴이)는 학생들에게 과제로 주는 것과 동일한 에세이를 모든 강사에게 직접 써보라고 요구했다. 그 이유는 간단했다. 자신이 할 수 없는 일을 학생들에게 요구하지 말라는 것이었다.

에세이를 직접 쓰는 경험은 서사적, 설득적, 설명적 글쓰기 각각에 요구되는 스킬의 복습뿐만 아니라, 학생들과 공유할 수 있는 예시 글

(즉, 풀이된 예제) 작성에도 도움이 되었다. 나는 그 글의 글쓴이로서 논제 문장을 어떻게 작성했는지, 또 세부 사항으로 주장을 어떻게 뒷받침했는지, 간명한 글을 위해 어떻게 수정했는지 등 다양한 글쓰기 스킬을 보여줄 수 있었다. 학생들이 가장 보고 싶어 했던 것은 나쁜 글을 개선하는 과정이었다. 그래서 나는 '미해결' 문제들의 예시, 가령 편집되지 않은, 장황하고 수동태로 가득한 글을 만들기 시작했다.

먼저 내가 '풀이된' 예제('I do' 단계)를 만드는 방법을 시범 보였다. 그런 다음, 학생들과 함께 몇 개의 문장을 교정하는 시간('we do' 단계)을 가진 후, 학생들 스스로 몇 개의 문장을 교정해 보도록 했다('you do' 단계).

자기 질문 및 꼼꼼히 읽기 가르치기

이전 섹션에서 언급한 바와 같이, 학습하는 동안 학생들 스스로 질문을 하며 답을 찾도록 가르치면 이해력과 기억력이 향상된다. '읽기 전 생각하기, 읽는 중 생각하기, 읽기 후 생각하기' 기법도 여기에 속하는데, 학생들이 주요 아이디어를 평가하고, 요약하며, 이야기를 재구성하는 데 매우 효과적(효과크기 0.99)이라는 것이 입증되었다(Mason et.al., 2006). 다음은 학생들이 새로운 자료를 학습할 때 스스로에게 물어볼 수 있는 간단한 질문이다.

- 요점이 무엇인가?

- 이에 대한 예는 무엇인가?

- 이미 알고 있는 것과 어떻게 비슷하거나 다른가?

- 어떻게 작동하는지(혹은 왜 그런지) 다른 사람에게 설명할 수 있는가?

- 어떻게 사용하는가?

- 어떻게 생각하는가?

- 여전히 이해가 안 되는 것은 무엇인가?

사실 많은 학생이 새로운 정보를 습득하면서 이미 이런 종류의 질문을 자신에게 던진다. 스스로 이해도를 점검하는 이러한 자기 평가 능력은 성공적인 학습자와 그렇지 않은 학습자를 구분 짓는 요소이기도 하다. 그렇지만 학생들이 이 전략을 사용하는 방법을 알고 있다고 가정해서는 안 된다. 수업 중에 가끔씩 멈춰서 이러한 질문 중 하나를 스스로에게 물어보는 방법이나 적극적인 경청(및 자기 질문)에 참여하는 방법을 시범으로 보여주는 것이 필요할 수도 있다.

우리는 6장 '연습 및 성찰하기' 단계에서 이 아이디어, 즉 다시 학습하는 과정에서 자신에게 질문하는 것의 중요성에 대해 다룰 것이다. 특히 학생들이 배운 내용을 스스로 질문하는 것만으로도 더 적게 공부하면서 더 많이 배울 수 있는 방법에 대해 구체적으로 살펴볼 것이다. 그럼에도 불구하고 지금 자기 질문(self-questioning)을 다루는 것은 이 단계('새로운 학습에 집중하기')에서도 효과적인 도구이기 때문이다. 자기 질문은 학생들이 수업 중이나 텍스트를 읽는 동안 뇌를 적극적인 학습 상태로 유지하는 데 큰 도움이 된다.

적극적으로 노트 필기 하기

다음은 학생들이 적극적으로 노트 필기에 참여하도록 돕기 위해 수업에서 사용할 수 있는 전략이다.

- **노트 필기 방법 가르치기** 노트에 어떤 내용을 포함해야 하는지 시범을 보인다. 가령, 개념이나 절차를 설명할 때 잠시 멈추고 그 내용을 어떻게 필기할지 학생들에게 직접 보여주는 것이다. 또한 필기는 교사가 말하는 내용을 그대로 받아 적는 것이 아니라 핵심을 파악해서 적는 것이라는 점도 알려준다. 긴 목록의 각 항목 앞에 작은 점을 사용하여 구분하는 방법, 글머리에 작은 점을 사용해 핵심 아이디어를 포착하는 방법, 나중에 학습 내용을 시각화할 수 있도록 그림과 이미지를 만드는 방법, 선을 사용해 개념을 연결하는 방법, 나중에 기억하고 싶은 핵심 단어에 동그라미를 치거나 밑줄을 긋는 방법도 보여줄 수 있다.
- **부분적으로 채워진 노트로 필기 집중력 높이기** 학생들이 학습에 집중하고 사고력을 키우며 노트 필기 방법을 익히게 하는 가장 효과적인 방법은 강의를 듣거나, 텍스트를 읽거나, 동영상을 시청할 때 빈

칸 채우기 형식의 개요나 부분적으로 채워진 노트(guided notes)를 제공하는 것이다. 메타 분석 결과, 이 기법은 학생들에게 단순히 필기를 시키는 느슨한 구조의 방식보다 학습에 상당한 효과가 있는 것으로 나타났다(Larwin et al., 2012). 노트를 통해 학생들은 중요한 내용을 파악하고, 노트의 각 빈칸은 학생들에게 지식 공백(또는 호기심을 자극하는 요소)을 만들어내기 때문에 상당한 효과가 있다. 실제로, 장애 학생을 포함한 다양한 학생들에게도 대학생들에게도 효과적인 것으로 밝혀졌다.

- **주요 개념의 그림을 그리도록 권장하기** 연구에 따르면 단어를 그림으로 그리는 것이 노트를 다시 쓰거나, 학습 내용을 시각화하거나, 이미지를 수동적으로 보는 등 여타 기법보다 단어를 기억하는 데 더 효과적이라고 한다(Wammes, Meade, & Fernandes, 2016). 학생들에게 전자(electron), 과두제, 포물선과 같은 중요한 개념과 용어의 그림이나 아이콘을 그리도록 유도하는 식으로 수업에 적용할 수 있다.

- **손으로 필기하도록 요청하기** 앞서 언급했듯이, 연구에 따르면 노트북에 타이핑하는 것보다 손으로 직접 필기하는 것이 훨씬 더 효과적이다. 이 연구 결과를 학생들에게 설명하고, 노트북을 닫고 연필과 노트를 꺼내라고 요청할 수 있다.

시도해 보기: 부분적으로 채워진 노트 필기

다음은 학생의 노트 필기를 지도하는 데 사용할 수 있는 세 가지 형식이다 (Silver et al., 2018).

- **창 노트(window notes)** 페이지를 '사실', '느낌 및 반응', '질문', '연결'이라고 표시된 사분면으로 나눈다. 책을 읽거나, 강의를 듣거나, 학급 토론에 참여하거나, 비디오를 보면서 각 사분면을 채운다.
- **화면 분할 노트(split screen notes)** 페이지를 '그림 그리기'와 '핵심 개념 및 중요한 세부 사항'이라는 두 개의 열로 나누고, 수업에서 다루고 싶은 단락 또는 부분의 수에 따라 행을 만든다. 각 개념을 그림으로 그리고 핵심 아이디어와 세부 사항을 기록한다.
- **웨빙(webbing)** 중요한 질문이나 개념을 페이지의 중앙에 적고, 거기에서 '뻗어나가는' 방식으로 관련 개념과 세부 사항을 연결하여 학습 내용을 시각적으로 정리한 그래픽 오거나이저를 만든다.

빅 아이디어:
그림, 말, 생각으로 정리할 때 더 효과적으로 학습한다

　기본적으로 이 모든 연구와 지침은 다음과 같은 중요한 결론으로 요약할 수 있다. 학생들이 새로운 학습을 이해하고 기억하려면, 그들이 배우는 내용을 시각적으로 표현하고, 자신의 말로 설명하며, 배운 내용을 깊이 있게 고민하도록 도와주어야 한다.

　여기서 잠깐 한 가지 바로잡을 속설(myth)이 있다. 시각 학습자라는 것은 사실상 존재하지 않는다. 왜냐하면 거의 모든 사람이 시각 학습자이기 때문이다. 따라서 학생들을 위한 학습 경험을 설계할 때, 그들이 학습 내용을 시각화할 수 있도록 도와주는 것이 중요하다. 이를 위해 그래픽, 이미지, 기타 비언어적 표상을 제공하고, 과정을 단계별로 보여주며, 추상적인 개념을 구체적인 예시로 설명해 주어야 한다.

　새로운 정보를 잘 기억하려면 시각적 이미지와 언어적 설명 둘 다 필요하다. 이는 우리의 뇌가 시각적 이미지와 언어적 설명 두 가지를 통해 정보를 처리하기 때문이다. 특히 언어적 설명을 제공하는 것이 중요한데 이는 새로운 개념을 더 잘 연결하고 이해하도록 도와주기 때문이다. 따라서 배운 내용을 학생들 자신의 말로 표현할 수 있도록 학습 기회를 설계하는 것은 매우 중요하다. 좀 더 구체적으로 말하면, 배운 내용에 대해 학생들 스스로 질문하게 하거나 혹은 학습 내용을 자신의 언어로 바꿔 글로 써보게 하는 활동은 새로운 정보를 깊이 이해하고 오래 기억하도록 하는 데 큰 도움이 된다.

마지막으로, 인지과학자 대니얼 윌링햄(Daniel Willingham)의 이 말을 기억하자. "우리는 생각하는 것만을 배운다." 따라서 학생들이 새로운 정보를 습득하고 부호화할 때, 단순히 수업을 '따라가는 것'이 아니라 배우는 내용을 적극적으로 생각하고 궁금해하도록 해야 한다. 다음 장에서는 학습 내용을 이해하도록 돕는 방법에 대해 더 깊이 탐구할 것이다. 또한 새로운 학습과 이전 학습을 연결하고, 다양한 정보를 통합하여 일관된 인지 모형을 형성하는 과정을 다룰 것이다.

05

학습
이해하기

혹시 80년대 말에서 90년대 초에 방영된 TV 시리즈 〈맥가이버 (MacGyver)〉를 기억하는가? 주인공 맥가이버는 언제나 긴급 상황에서 즉흥적으로 기발한 해결책을 찾아내곤 했다. 예를 들어, 시한폭탄이 똑딱거리며 터지기 직전의 상황에서 끈, 실, 막대기, 성냥 등을 이용해 기관총을 만드는 식이었다.

놀랍겠지만, 지금 여러분의 학생들은 맥가이버와 비슷한 도전을 마주하고 있다. 맥가이버가 주변의 다양한 도구를 사용해 문제를 해결한 것처럼 학생들도 여러 가지 새로운 정보를 합리적이고 실용적인 방식으로 연결해 '이해'에 도달할 도전에 직면한 것이다. 다시 말해서, 6단계 학습 모형 중 이제 4단계(학습 이해하기)에 이른 학생들은 앞서 1단계(관심 갖기), 2단계(학습에 전념하기), 3단계(새로운 학습에 집중하기)를 거치면서 새로운 학습 내용에 관심을 갖고, 전념하고, 집중하고 있는 상태이다. 이제 학습 내용을 '이해하기'위해 여러 정보를 연결해야 한다. 이 도전을 넘지 못하면 작업기억이 피로해져 정보처리 능력에 문제가 생기고 결국 시한폭탄은 터지고 말 것이다.

이 단계에서 새로운 학습이 직면한 위기는 우리의 뇌가 라이브 코미디쇼 ⟨Saturday Night Live(SNL)⟩의 패러디 캐릭터 맥그루버(MacGruber)처럼 될 수도 있다는 것이다. 맥그루버는 산만한 성격 때문에 늘 폭탄이 터지는 결말을 맞는 우스꽝스러운 인물이다. 그는 폭탄이 터지기 직전 이를 무시한 채 무의미한 말을 늘어놓다가 폭발을 초래하곤 한다. 우리의 뇌도 주의가 산만해지거나 한 번에 너무 많은 일을 처리하려고 하면 작업기억에 인지 과부하가 일어나 정상적으로 정보를 처리할 수 없게 된다. 이 장에서는 작업기억이 새로운 정보를 어떻게 저장하는지와 이 과정에서 정보가 직면하는 위험 요소를 살펴볼 것이다. 이를 통해 학생들이 학습 내용을 이해하는 데 도움을 줄 수 있을 것이다.

이해의 과학

아마도 우리는 모두 어떤 것이 이해되지 않는 경험을 해본 적이 있을 것이다. 예를 들어, 대학교 경제학 개론 수업에서 복잡한 차트를 이해하려고 할 때, 의사가 환자에게 어려운 전문 용어를 사용하며 진단 결과를 설명할 때, 또는 새로운 카드 게임의 규칙을 이해하려고 할 때 등이다. 단어도 들리고 그림도 보이지만 그것들을 연결해서 일관된 하나의 그림으로 만들어내지 못한다. 즉, 전체적인 그림을 명확하게 이해하지 못하는 것이다.

아마 여러분의 학생 중에도 이와 비슷한 반응을 보인 경우가 있을 것이다. 여러분이 새로운 학습 내용을 가르치기 위해 최선을 다했음에도 불구하고 학생들은 이해에 어려움을 겪곤 한다. 충분히 설명하고, 문제를 풀고, 시각적 이미지를 제공하고, 구체적인 예를 보여주었지만 학생들은 여전히 "이건 이해가 안 돼."라고 말한다. 학생들은 도대체 무엇을 말하고 있는 걸까?

이 질문의 답은 뇌가 작동하는 방식과 밀접한 관련이 있다. 그 답은 인지과학자들조차 아직 완전히 이해하지 못한 부호화(encoding) 과정에서 시작된다. 부호화란 기본적으로, 우리의 뇌가 새로운 정보를 받아들이면서 그 정보를 나중에 다시 접근할 수 있는 시각적 및 언어적 형태(시각적, 언어적, 청각적 또는 의미적 형태-옮긴이)의 기억 흔적(memory traces)으로 저장하는 과정을 말한다(Brown, Roediger, & McDaniel, 2014).

부호화의 미스터리

이 모든 일이 정확히 어떻게 일어나는지는 아직 미스터리로 남아 있다. 인지과학자 존 메디나(John Medina)는 "미흡하나마 우리가 아는 바로는, 뇌가 정보를 처리하는 방식은 마치 뚜껑을 닫지 않고 작동하는 믹서기와 같다."라고 말한다. "정보가 뇌로 들어올 때 말 그대로 조각조각 나뉘어 뇌 곳곳에 흩어진다(2008, p. 104)." 예를 들어, 뇌 스캔은 뇌가 복잡한 이미지를 볼 때 대각선과 수직선을 서로 다른 영역에 저장한다는 것을 보여준다. 과학자들은 또한 뇌졸중 환자들의 뇌가 정보를 부호화하는 신비한 방식을 엿볼 수 있었다. 예컨대, 한 여성은 뇌의 일부에 뇌졸중이 왔는데 이후에도 문장 구조에 맞게 문장을 쓸 수 있었다. 그런데 모음을 모두 빠뜨렸다. 이는 뇌가 자음과 모음을 서로 다른 곳에 저장한다는 것을 시사한다.

아직 완전히 밝혀지지 않은 과정을 통해 우리의 뇌는 이와 같이 믹서기로 갈린 데이터 조각들을 조합하여 우리가 배운 것과 관찰한 것(경험을 통해 직접 눈으로 보고 인지한 것-옮긴이)을 하나의 통합된 기억으로 다시 구성한다. 기본적으로 감각 데이터가 뇌로 들어오면, 뇌는 이를 전기 신호 형태로 변환하여 저장하며, 이 신호가 다시 활성화될 때 원래의 신호, 즉 기억을 재현해 낸다. 과학자들은 감각 입력(sensory input)이라는 전기 신호를 새로운 전기 패턴(기억)으로 변환하여 나중에 재생을 용이하게 하는데 이 과정을 부호화(encoding)라고 부른다

(Medina, 2008).

새로운 정보가 강한 감정과 결합될 때 뇌는 자동으로 기억을 생성하고 저장하는 작업을 수행한다. 프러포즈나 교통사고와 같이 인생에서 특별하거나 비극적인 순간은 자연스럽게 우리의 기억에 깊이 새겨지기 때문에 인위적인 방법으로 강조하거나 외울 필요가 없다. 뇌는 그 순간을 바로 떠올리고 기억에 저장하기만 하면 된다. 하지만 어떤 때는 우리가 의도적으로 노력하여 우리의 뇌가 필요한 정보를 모아 기억할 수 있도록 도와야 한다. 대부분의 학문적 학습이 그러하다. 이를 위해서는 '의식적 노력이 요구되는 처리(effortful processing, 정보나 경험을 기억하기 위해 의도적이고 적극적인 노력을 기울이는 과정-옮긴이)'(Medina, 2008)를 통해 흩어진 학습 조각들을 뇌가 모을 수 있어야 한다.

부호화 코드 해독하기

인지과학자들은 언어학습과 관련하여 우리의 뇌가 다음의 세 가지 방식으로 새로운 학습을 부호화(즉, 기억하기 위해 의식적 노력을 기울이는 처리 과정)한다고 믿는다(Medina, 2008).

• 의미 부호화: 단어의 의미를 처리한다.
• 음소 부호화: 단어의 소리를 처리한다.

• 구조 부호화: 단어의 형태를 처리한다.

이것이 왜 중요할까? 우리가 정보를 부호화하는 방식은 나중에 그 정보를 얼마나 잘 기억할 수 있는가를 크게 좌우한다. 예를 들어, 한 연구에서 두 그룹의 참가자에게 단어 목록을 주고 한 그룹에게는 글자에 대각선이 있는 단어의 수를 파악하도록 하고 다른 그룹에게는 각 단어의 의미를 고려해 1에서 10까지의 척도로 선호도를 평가하도록 했다. 그 결과 두 번째 그룹은 첫 번째 그룹보다 2~3배 더 많은 단어를 기억해냈다(Medina, 2008). 기본적으로 첫 번째 그룹은 단어를 피상적으로 부호화한 반면, 두 번째 그룹은 각 단어의 의미를 깊이 생각하고, 개인적인 경험이나 감정을 연결하며 여러 가지 연상 작용을 통해 기억을 강화했다. 즉, 단어를 심층적으로 부호화한 것이다. 이것이 시사하는 바는 "우리가 접하는 것을 더 정교하게 부호화할수록, 특히 개인적 경험과 연결할 수 있을 때 훨씬 더 잘 기억한다."라는 것이다 (Medina, p. 111).

인지과학자 대니얼 윌링햄(Daniel Willingham)은 이를 더 간결하게 "우리는 생각하는 것을 기억한다."라고 표현했다(2003). 즉, 우리가 무언가를 배우려면 시각적, 언어적 입력이 뇌에 들어올 때 집중하고, 다른 기억, 다른 생각, 이미지, 감정과 연결하고, 이를 이해하여 의미를 만들어내야 한다. 인간이 정보를 기억하는 정확한 과정을 완벽히 알지는 못하지만, 인지과학의 연구를 통해 알게 된 몇 가지 중요한 원리

(새로운 정보와 기존 지식의 연결, 인출연습, 분산연습, 이중부호화 이론, 인지부하 이론 등-옮긴이)를 바탕으로, 학생들이 학습한 내용을 더 잘 기억하고 나중에 활용할 수 있도록 도울 방법을 찾을 수 있다. 즉, 학생들이 새로운 내용을 먼저 이해할 수 있도록 돕는 것이 학습을 효과적으로 기억하게 만드는 중요한 과정이다.

복잡한 신경망

빅 아이디어 1 우리는 기억을 서류 정리함에 서류를 정리하듯 깔끔하게 마음속 폴더에 저장하지 않는다. 오히려 기억, 아이디어, 경험을 복잡한 신경망으로 연결하여 저장한다. 그렇기 때문에 단어를 서로 연관시키는 경향이 있으며, 하나의 기억을 떠올리면 다른 기억도 함께 연상되는 경우가 많다. 이는 또한 무언가를 배우려면 반드시 사전 지식과 연결해야 한다는 것을 의미한다. 즉, 새로운 학습을 더 많은 경로로 연결할수록 그 정보를 기억할 가능성이 높아진다.

역량 기반 학습(skills-based learning)도 마찬가지이다. 새로운 기술은 머릿속에 자동화된 행동 패턴을 형성하는 다른 프로세스와 연결되기 전까지는 서툴거나 기계적으로 느껴지는 경향이 있다. 예를 들어, 자동차 운전을 배울 때 초보 운전자는 방향 지시등을 켜고, 핸들을 돌리고, 액셀에서 발을 떼고 브레이크를 밟고, 연석을 피하는 등 여러 단계에 의식적으로 집중해야 하며, 이 과정에서 동승자가 불안한 목소리로 조언을 해도 그 조언에 신경을 쓰지 않으려 한다. 반면 경험이 많은 운전자는 이러한 작업을 하나의 자동화된 행동 패턴으로 통합하여 자연스럽게 수행할 수 있다.

마법의 숫자 7(혹은 4)

빅 아이디어 2 작업기억은 정보를 임시로 저장하고 처리하는 능력이 제한되어 있다. 우리는 한정된 수의 다양한 정보 조각들을 결합할 수 있지만, 그 한계를 넘어가면 어려움을 겪는다. 1장에서 살펴본 것처럼 이 한계는 평균적으로 7개 정도이며, 적게는 4개에 그칠 수도 있다.

여러분도 이런 경험을 해보았을 것이다. 예를 들어, 아내가 전화를 걸어 퇴근길에 마트에서 커피(coffee), 우유(milk), 쓰레기봉투(bags), 베이글(bagels)을 사오라고 부탁하는 경우를 생각해 보자. 목록을 단순화하고 "알았어."라고 대답하며 머릿속으로 또는 입 밖으로 되뇔 가능성이 높다. 하지만 몇 분 후에 다시 전화가 와서 "아, 잠깐만요. 가지(eggplant), 개 사료(dog food), 닭고기(chicken), 아스파라거스(asparagus), 양상추(lettuce)도 필요해요."라고 말한다면 상황이 복잡해진다. 대개는 문자로 받거나 휴대폰에 메모를 하겠지만, 매장에서 구입할 때까지 잊지 않도록 쇼핑 목록을 약어로 바꾸는 기억술을 사용해 볼 수도 있다. 예를 들어 목록의 앞 글자를 따서 CMB-BED-CAL이라는 약어를 만들고, 이것을 CoMB, BED, CAL과 같이 세 단어로 바꾼다. 그런 다음 이 단어를 떠올리며 머리빗(CoMB)이 침대(BED) 위에 놓여 있고, 그 옆 탁자에 전화기(CAL)가 있는 모습을 상상해 본다.

이 사례는 우리의 작업기억이 어떻게 작동하는지 잘 보여준다. 작업기억은 서로 다른 정보 조각들을 더 크고 의미 있는 패턴으로 묶어 내는 방식으로 작동한다. 여기서 중요한 시사점은 학생들에게 한 번에 너무 많은 정보를 제시하면 작업기억에 과부하가 걸려 피로와 좌절을 겪거나, 정보 처리에 실패할 수 있다는 것이다.

이전 장에서 언급했듯이 신경과학 연구에 의하면 외상 후 스트레스 장애(PTSD)를 앓는 사람들, 특히 심리적 외상을 겪은 아이들은 해마(hippocampus)가 작은 경향이 있다(Bremner, 2006). 그 결과, 이들은 작업기억에 정보를 저장하는 데 어려움을 겪을 수 있다. 따라서 학생들이 정보를 효과적으로 기억하고 처리할 수 있도록 하려면, 학습 중 자주 잠시 멈추어 학생들이 정보를 상위 개념으로 묶어(clustering) 이해할 수 있게 도와주는 것이 좋다(Bailey & Pransky, 2014).

뇌는 본능적으로 패턴을 찾는다 – 좋든 나쁘든

좋은 소식은 우리의 뇌가 이런 종류의 분류를 하도록 유전적으로 설계되어 있다는 점이다. 뇌는 본래부터 패턴을 형성하는 데 뛰어나다. 심지어 두 살짜리 아이들도 주변 환경에서 패턴을 찾아낸다. 영국의 유아교육학 교수인 줄리언 파인(Julian Pine)은 유아들이 "goed"처럼 잘못된 단어를 사용하는 "영리한 실수"가 사실은 매우 합리적이며, 아이들이 규칙동사에 '-ed'를 추가하여 과거형으로 만드는 패턴을 관찰한 것이라고 했다(2015, p. 22).

나쁜 소식은 패턴을 만들어내는 인간의 본성이 때때로 존재하지도 않는 패턴을 식별하거나, 관찰 대상에 대해 잘못된 결론을 내릴 때 우리를 곤경에 빠뜨릴 수 있다는 것이다. 연구에 따르면 사람들은 실제로는 우연에 불과한 현상에서 패턴을 보는 경우가 많다. 예를 들어, 농구 코치, 팬, 선수들은 종종 한 선수가 여러 번 연속으로 슛을 성공하는 것을 "연속적 슛 감각"의 증거로 보고, 이 감각이 계속되는 동안에는 팀 동료들이 모두 그 선수에게 공을 패스하여 슛을 할 수 있도록 해야 한다고 생각한다. 그러나 농구 경기에서 선수들의 연속적 슛 수천 개를 광범위하게 분석한 결과, 선수들의 연속적 슛 성공은 동전이 우연히 같은 면으로 떨어질 수 있는 횟수 등 무작위성 테스트에서 기대할 수 있는 수준 이상으로 확장되지 않는다는 사실이 밝혀졌다(Gilovich, Vallone, & Tversky, 1985).

따라서 학생들이 학습 내용을 이해하기 시작하면 뇌는 적극적으로 패턴을 찾고 만들려고 한다는 사실을 인식하는 것이 중요하다. 이러한 패턴 중 일부는 정확하고 도움이 되지만 일부는 그렇지 않을 수도 있기 때문이다. 학습 과정에서 학생들은 달의 모습이 변하는 것이 지구 그림자 때문이라거나, 후천적인 특성이 유전될 수 있다거나, 산소가 부족하면 혈액이 파랗게 변한다고 생각하는 등의 오개념

(misconceptions)을 형성하는 경우가 많다.

학생들이 이러한 오개념에 쉽게 빠지기 때문에 대니얼 윌링햄(Daniel Willingham)은 교사에게 "발견학습(discovery learning)을 신중하게 사용할 것"을 제안한다(2003, p. 80). 학습은 '전달'되는 것이 아니라 스스로 '발견'할 때 더 강력한 힘을 발휘한다. 하지만 윌링햄은 교사의 적절한 지도가 없으면 "학생들은 올바른 발견만큼이나 잘못된 발견도 기억하게 될 것"이라고 경고한다(p. 80). 즉, 학생들이 오개념을 형성하지 않도록 하려면 사고를 시각화하고, 학습 내용을 정확하게 이해할 수 있도록 도와야 한다.

뇌는 가끔씩 휴식이 필요하다

빅 아이디어 3 세 번째 중요한 개념은 뇌도 주기적인 휴식을 필요로 한다는 것이다. 맥가이버가 시한폭탄의 시간과 싸우는 것처럼, 작업기억은 청소년의 경우 5~20분 후에 한계에 다다른다(Sousa, 2011). 대니얼 카너먼(Daniel Kahneman)이 지적했듯이, 뇌는 게으르며 "낮은 노력 모드"로 돌아가고 싶어 한다(2011). 물론, 이 경향성에 저항할 수는 있지만, 그렇게 하는 데는 많은 노력과 의지가 필요하며 대부분의 사람은 그렇게까지 하기를 꺼린다.

이 개념은 학생들의 학습에 짧은 '마음의 휴식'을 포함시키고, 학습을 짧은 구간으로 나누어 각 구간 사이에 '생각을 정리할' 시간을 제공하는 것이 중요하다는 것을 시사한다. 간단히 말해, 뇌는 자주 '변화'를 필요로 한다. 우리는 배운 것을 더 큰 개념이나 범주로 묶기 위해 잠시 멈추거나, 잠깐 동안 다른 것에 집중하거나, 단순히 감정 상태를 변화시키는 시간이 필요하다. 뇌과학은 이러한 휴식이 꽤 자주 필요하다고 말해준다. 약 10분마다 한 번씩 말이다. 이 규칙은 거의 확고하다. 만약 이러한 휴식을 취하지 않으면, 뇌는 어차피 스스로 '쉼'을 찾아 잠시 집중력을 잃게 될 것이다.

돌이켜 보면, 고등학교와 대학교에서 수업을 할 때 이 원리를 경험한 적이 있었다. 당시에는 '청킹'(chunking, 정보를 의미 있는 묶음으로 만드는 것-옮긴이) 원리를 배우기 전이라 그 현상을 완전하게 이해하지는 못했다. 다만, 90분 수업을 할 때마다 학생들이 지루해하는 것을 보고, 그 원인을 나 자신이나 학생들에게 돌렸던 기억이 난다. 하지만 실제로는 학생들의 뇌가 과도하게 피로해져 잠시 휴식이 필요했기 때문이었다.

사실 나는 지금도 내 강연과 워크숍에서 이 원리를 적용하고 있다. 만약 이 원리를 무시하고 20분 남았다고 해서 수업을 계속 진행하면 항상 후회하게 된다. 그 결과, 청중들은 지루해하며 스마트폰을 몰래 확인하기 시작하고, 뇌에 잠시 휴식을 주기 위해 다른 방법을 찾으려 한다.

우리는 우리가 생각하는 것만 부호화한다

오래전, 토마스 하이드(Thomas Hyde)와 제임스 젠킨스(James Jenkins)는 대학생들을 대상으로 24개의 단어 목록을 듣게 하는 실험을 실시했다. 참가자들은 두 그룹으로 나뉘었는데, 한 그룹은 단어의 숨은 의미가 좋거나 나쁜지를 평가하도록 했고(예: 쓰레기는 불쾌하다), 다른 그룹은 단어의 글자 수나 'e'의 출현 횟수를 세도록 지시받았다. 결과적으로, 단어의 의미를 평가한 학생들은 단어를 평균적으로 3분의 1 더 많이 기억했으며, 글자 수에만 집중한 학생들보다 기억력에서 우위에 있었다. 목록에는 관련성이 높은 단어들(예: 의사-간호사)이 포함되어 있었지만 반드시 인접해 있지는 않았다. 그럼에도 불구하고, 의미에 주의를 기울인 학생들은 기억한 단어의 67.5%를 관련성이 높은 단어들을 그룹으로 묶어 기억한 반면, 그렇지 않은 학생들은 단 26.3%만 그룹화했다(Hyde & Jenkins, 1969).

이 실험은 우리가 정보를 기억하는 과정에서 어떻게 생각하고 해석하는지가 기억의 형성에 중요한 역할을 한다는 것을 보여준다. 무엇이든 배우기 위해서는 자신이 배우고 있는 내용의 의미— 왜, 어떻게, 그리고 어떤 연관이 있는지—에 집중해야 한다.

연결을 통한 학습

모든 학습의 핵심은 학습한 내용을 이미 알고 있는 지식과 연결하는 것이다. 따라서 사전 지식이 적을수록 학습 내용을 이해하는 데 더 많은 어려움을 겪게 된다. 예를 들어 신문을 펼쳐서 아래의 기사를 읽는다고 생각해 보자.

> 시드니에서 개최된 네 번째 테스트 첫날, 호주가 두 번째 새 공으로 공격에 실패한 가운데 체테슈와르 푸자라(Cheteshwar Pujara)의 세 번째 센추리로 인도가 4-303으로 올라섰다. 푸자라는 목요일 스텀프에서 130개의 노아웃을 기록했는데, 시리즈에서 그의 커리어 베스트 점수는 인도의 호주에서의 첫 테스트 시리즈 우승에 큰 힘을 실어주었다.
>
> (Horne, 2019)

일반적인 독자라면 당황스러울 것이다. 이게 도대체 무슨 내용일까? 읽을 수는 있는데 왜 이해가 되지 않을까? 아마도 어떤 경기의 결과에 대해 설명하고 있다고 추측할 수 있을 것이다. 왜냐고? 기사에서 공에 대해 언급하고 있기 때문이다. 글의 전체적인 개념과 의미를 왜 파악할 수 없을까? 그것은 사전 지식이 부족해서다. 다시 말해서, 지금 읽고 있는 내용을 이미 알고 있는 정보나 경험과 연결 지을 수 없기 때문이다.

도표 5.1 경제 그래프

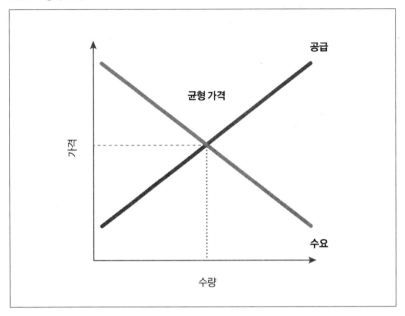

반면에 인도, 호주, 영국 또는 크리켓이 인기 스포츠인 나라 출신이라면 이 기사가 완벽하게 이해가 될 것이다. 만약 이 기사를 야구 경기의 결과를 설명하는 기사로 바꾸면 이들도 똑같이 당황스러울 수 있다. (희생 플라이? 대체 그게 뭐죠? 끔찍하게 들리네요!)

또는 경제 관련 그래프를 생각해 보자(도표 5.1 참조). 경제 원리에 대한 사전 지식이 부족하다면 두 개의 선이 서로 교차하는 것을 보고 그것이 무엇을 나타내는지 이해하지 못할 수 있다. 하지만 누군가 그래프를 설명해 주면 상황이 달라진다. 예를 들어, 가로축이 수량(아, 맞아… 얼마나 많은 물건이 있는지)이고 세로축이 가격(알겠어, 물건의 가격이 얼

154

마인지)이라고 설명해 주면, 그리고 하향 곡선은 공급이 늘어날수록 가격이 떨어지고, 상향 곡선은 수요가 늘어날수록 가격이 오르는 것을 보여주며 두 선이 만나는 점이 균형 가격이라고 설명해 주면, 그래프의 의미를 이해할 수 있다. 더 나아가, 누군가가 이 추상적인 그래프를 일상적인 경험과 연결해 준다면, 예를 들어 대형 할인 매장에서 지난 시즌 신발들이 큰 폭으로 할인되는 것을 보고 과잉 공급을 이해하게 되면(아, 그래서 네온 그린 운동화가 세일 중이구나. 공급이 수요를 초과해서구나.) 이해가 훨씬 쉬워진다.

학습 방식에 변화를 주면 뇌를 계속 몰입시킬 수 있다

학생들의 집중력이 떨어지기 시작할 때 그들을 다시 학습 상태로 되돌리는 데 도움이 되는 것은 일화, 재미있는 영상, 또는 서로 간의 대화 시간이다. 특히 이와 같은 짧은 휴식이 학생들의 감정 상태를 조절하는 데 도움이 된다면 더욱 효과적이며 이는 시나리오 작성에서 자주 사용되는 기법이기도 하다. 영화는 일반적으로 약 10분 길이의 장면(scene)들로 구성된다. 시나리오 작가 로버트 맥키(Robert McKee)에 따르면, 잘 쓰인 장면에는 항상 극적 '전환(turn)'이 있다. 즉, 감정의 흐름이 상반된 방향으로 급전환되는 것이다. 기쁨이 슬픔으로, 안락이 공포로, 절망이 희망으로, 증오가 사랑으로 바뀌는 식이다. 가령, 한 남자가 푸른 하늘 아래 휘파람을 불며 환한 표정으로 이웃에게 인사를 하는 장면이 있다. 집에 도착한 남자는 현관에 들어서자마자 서류 가방을 놓친다. 집안은 가구 하나 없이 텅 비어 있고, 그의 시선은 주방 벽에 붙어 있는 메모지에 꽂힌다. "당신을 떠날 거야, 존." 갑작스러운 전환이다. 이러한 전환이 적어도 10분 동안은 관객의 관심을 또 다시 붙들어두는 것이다.

사실, 이와 같은 감정의 롤러코스터는 뇌과학에 기반을 둔 현상이다. 우리가 보고, 배우고, 읽는 것에 지속적으로 관심을 가지려면, 뇌는 새로운 자극—주로 감정가(emotional valence)가 다른 자극—이 필요하다. 이러한 자극을 통해 우리는 배우고 있는 것에 계속 흥미를 느끼거나 새로운 방식으로 관심을 가질 수 있다. 만약, 교실에서 진지한 대화를 나누고 있었다면 좀 더 가벼운 개인적인 이야기로 전환할 수 있다.

이렇게 상상해 보자. 당신은 학습과학에 관한 책을 읽고 있다. 꽤 심도 있는 뇌과학 관련 내용을 계속 읽다 보니 뇌가 지친 듯 주의가 흐트러진다. 눈은 페이지를 따라 읽어 가고 있지만 내용은 잘 들어오지 않는다. 자동 모드로 전환된 것처럼 기계적으로 읽어 나갈 뿐 책의 내용을 제대로 소화하지 못하고 있다. 그러나 그때, 저자가 스크린 라이팅(screenwriting, 영화나 TV 프로그램의 대본을 작성하는 과정-옮긴이)에 대한 일화를 소개하며 이를 교실과 연결시킨다. 이것은 전혀 예상치 못한 내용이었고, 당신은 새로운 것을 배우게 되었다. 어쩌면 당신은 수업을 의미 있는 단위로 나누는 '청킹(chunking)'이나, 수업에 약간의 변화를 주는 것의 필요성을 이제는 조금 다르게 느끼게 되었을지도 모른다. 집중 모드로 돌아온 당신, 계속 읽을 준비가 된 것이다.

다시 집중 모드로 돌아온 것을 환영한다! 자, 이제 계속 해 볼까? 이쯤에서 방향을 좀 바꿔 이 모든 내용이 여러분의 수업에 어떤 의미가 있을지 생각해 보자.

학습 이해하기: 교실에서 활용하는 도구 모음

이러한 부호화의 원칙은 학생들이 학습 내용을 의미 있는 패턴으로 묶고 연결할 수 있도록 수업과 단원을 설계할 때 활용할 수 있는 검증된 전략을 제시한다. 이미 교실에서도 이러한 전략 중 상당수를 사용하고 있을 것이다. 하지만 학습과학 6단계 학습 모형의 다른 학습 단계와 마찬가지로, 이러한 전략이 학생들이 학습 내용을 처리하고 이해하는 데 어떻게 도움이 되는지 알면 교실에서 더욱 효과적이고 효율적으로 활용할 수 있다.

효과적인 학습을 위해 내용을 짧게 나누어 전달하기

학습을 설계할 때는 배운 내용을 정리하고 이해할 수 있도록 학습 중인 내용을 잠시 멈추고 처리할 기회를 제공하는 것이 중요하다. 즉, 서로 연결하고, 유사점과 차이점을 찾고, 다른 사람들과 함께 학습 내용에 대해 생각을 나눌 수 있어야 한다. 이때 어린 학생은 5분, 나이 든 학생은 최대 10분 정도가 적당하다. 만약 10분 이상 계속 설명하고 있다면 잠시 멈추고 학생들이 학습 내용을 소화할 시간을 주는 것이 좋다. 이 과정은 학습을 중단하는 것이 아니라 오히려 배운 내용을 더 잘 기억할 수 있도록 돕는 것이다. 이러한 생산적인 멈춤, 즉 잠시 멈추고 학습 내용을 깊이 이해할 기회를 줄 때 활용할 수 있는 전략으로는 다음과 같다.

탐구형 질문하기

교사는 수업 시간의 약 35~50%를 질문하는 데 사용하며 질문의 개수는 하루 평균 300~400개에 달한다고 한다(Leven & Long, 1981). 그러나 이러한 질문의 대부분은 낮은 수준의 회상(recall)을 요구하는 경향이 있다. 게다가 교실에서 활발한 대화를 촉진하기보다는 교사가 모든 질문을 하고 학생은 수동적으로 답변하는 게 보통이다. 잘못된 유형의 질문을 하면 교실은 소수의 학생들만 대답하고 나머지 학생들은 참여하지 않고 구경만 하는, TV 퀴즈 쇼처럼 될 수 있다. 하지만 올바른 질문은 모든 학생을 대화에 참여시킨다. 또한 교실을 학생들이 아이디어를 탐색하고 학습에 전념하며 스스로 질문하는 법을 배우는 활기찬 학습 환경으로 만들 수 있다.

실제로 수백 건의 연구를 종합한 메타 분석 결과, 질문을 올바르게 사용하면 매우 효과적인 교수법이 될 수 있다는 사실이 확인되었다 (Beesley & Apthorp, 2010; Marzano, 1998; Schroeder et al., 2007; Sencibaugh, 2007). 특히 학생들이 자신의 호기심을 바탕으로 질문을 만들어내도 록 가르쳤을 때 효과가 탁월했다(Rosenshine, Meister, & Chapman, 1996). 학습 과정에서 학생들이 배운 내용을 깊이 생각하게 하려면 좋은 질 문이 필요하다. 이러한 질문을 통해 학생들이 이전에 배운 내용을 떠 올리고, 개념 간의 연결성을 이해하며, 학습 중인 개념의 작동 원리와 이유를 파악하고, 자신이 가진 선입견이나 오개념을 살펴볼 수 있다 (Bransford, Brown, & Cocking, 2000). 이를 위해서는 '왜', '어떻게', '만약 에', '무엇을 근거로'와 같은 질문을 통해 학생들이 더 깊은 통찰을 얻 을 수 있도록 도와야 한다(Pomerance et al., 2016).

이를 효과적으로 하기 위해서는 사전에 질문을 준비하고, 학생들이 배운 내용을 깊이 생각하도록 유도하는 방법을 미리 계획해야 한다. 도표 5.2는 블룸(Bloom, 1956)의 분류법을 바탕으로 학생들이 학습 내 용을 이해하도록 돕는 다양한 질문 유형과 그 기본 형태를 제시한다.

도표 5.2 심층적인 질문 유형과 질문의 기본 형태

유형	목적	질문의 기본 형태
이해와 숙지	새로운 학습을 포함한 아이디어를 이전 학습과 연결할 수 있도록 해준다.	• ~를 자신의 말로 어떻게 설명하겠습니까? • 이것은 ~와 어떻게 유사하거나 다른가요? • ~한 이유에 대해 어떻게 설명하겠습니까?
적용 및 전이	학습한 내용을 새로운 방식으로 활용하도록 장려한다.	• 이것을 그 밖의 다른 어느 곳에 적용할 수 있을까요? • ~에서 어떤 개인적 관련성을 끌어낼 수 있나요? • ~하기 위해 어떤 접근 방식을 사용하겠습니까?
분석 및 관계	추론 및 관계 파악을 하도록 장려한다.	• ~는 …과 어떻게 비슷합니까? • ~사이의 관계는 무엇입니까? • ~을 어떻게 범주화할까요?
종합 및 생성	창의적인 관점, 문제에 대한 해결책, 예측을 제시한다.	• ~하는 데 더 좋은 방법은 무엇일까요? • ~에 대해 가능한 해결책은 무엇일까요? • 만약 ~라면 무슨 일이 일어날 것 같나요?
평가 질문	정보나 아이디어의 타당성에 대해 판단한다.	• 누군가에게 ~라고 어떻게 설득하겠습니까? • ~하는 것이 좋은/나쁜 생각이라고 보세요? • 만약 ~였다면 무엇을 했을까요?

그러나 이러한 종류의 심층 질문은 교실에서 자주 사용되지 않는다. 연구에 따르면 대부분의 교실에서 질문의 약 60%가 단순한 수준에 머무르고, 20%만이 높은 수준의 질문이며, 나머지 20%는 절차적 질문이라고 한다(Cotton, 1998). 이처럼 단순한 질문들로는 학생들이 깊이 있는 학습에 참여하기 어렵다. 차라리 소수의 질문이라도 신중하게 배치하고 깊이 있게 생각하게 만드는 질문을 하는 것이 더 좋다.

이런 질문은 계획하기는 어렵지만, 많은 질문을 만들 필요가 없기 때문에 궁극적으로는 시간을 절약하고 더 나은 학습 결과를 가져다준다.

질문 후 생각할 시간 제공하기

심층적인 질문과 관련된 두 번째 중요한 방법은 간단하다. 질문을 던진 후 몇 초 동안 기다려주고, 학생이 답을 한 후에도 잠시 멈추었다가 다음 학생을 지목하는 것이다. 메리 버드 로우(Mary Budd Rowe)는 학생과 교사 간의 대화를 녹음한 자료를 분석한 결과, 많은 교실에서 교사들이 빠른 속도로 질문을 쏟아내고, 학생들은 짧고 단순한 답변을 즉각적으로 내놓는 경우가 많다는 것을 발견했다(1986). 그러나 일부 교실에서는 교사의 질문 후 침묵이 이어졌고, 그 결과 학생들이 자신의 생각을 정리한 후에 답변을 하게 되었다. 로우는 이 질문 후 대기 시간을 측정하기 위해 스톱워치를 사용했는데, 교사가 질문 후 3초 이상 기다려줄 때, 학생들의 답변이 평소보다 3배에서 7배 길어지는 것을 발견했다.

또한 로우는 교사가 학생들의 답변을 끊지 않고 몇 초간 기다려줄 때 학생들이 증거와 논리적 근거로 자신의 답변을 뒷받침할 가능성이 더 높다는 사실을 발견했다. 흥미롭게도, 기다려주는 시간이 긴 교실에서는 학생들이 스스로 질문을 던지고, 가설을 세우며, 새로운 실험을 제안하고, 서로 풍부한 대화를 나누는 모습을 보였다. 반면, 기다려주는 시간이 짧은 교실에서는 소수의 학생들만이 교사에게 빠르게 답변하는 경향이 있었고, 이들은 마치 퀴즈 쇼 참가자처럼 교사의 질문에 '정답을 말할 준비'를 하고 있었다. 기다려주는 시간이 긴 교실에서는 훨씬 더 많은 학생들이 참여했고, 그들은 자신의 학습에 더 큰 흥미를 느끼고 몰입했다. 로우는 기다려주는 시간이 길어졌을 때, 평소 눈에 띄지 않던 학생들이 비로소 주목받게 되었다고 말했다.

협동 모둠 활용하여 학습 지원하기

협동학습(cooperative learning)을 학습 전략으로 도입하기 전에, 솔직히 말하자면 교사로서 나는 이 방법이 별로 효과적이지 않다고 생각했다. 학생 시절, 나는 협동학습이 실제로는 몇몇 학생이 모든 일을 하고 나머지 학생들은 아무것도 하지 않는 경우가 많다는 것을 경험했다(나도 그렇게 무임승차하는 학생 중 하나였다). 교사로서도 모둠 활동이 종종 엉망이 되어 시끄러운 교실이 되면서 실제로 학습이 이루어지고 있는지 의심스러운 경우가 많았다.

따라서 협동학습에 대해 의구심이나 걱정이 있는 것도 이해한다. 나처럼 이 방법이 정말 효과적인지 궁금할 수도 있다. 그러나 존 브렌스포드(John Bransford)가 『How People Learn(사람은 어떻게 학습하는가)』에서 지적했듯이 협동학습 같은 전략이 개인학습보다 더 효과적인지 묻는 것은 '잘못된' 질문이다. 이는 마치 "망치, 드라이버, 칼, 플라이어 중 어떤 도구가 가장 좋은가?"라고 묻는 것과 같다(Bransford et al., 2000, p. 22). 더 나은 질문은 협동학습 같은 전략이 '언제' 가장 효과적인가를 묻는 것이다.

사실, 협동학습을 활용하기 가장 좋은 시점은 바로 지금(4단계), 학생들이 배운 내용을 처리하고 정리하는 '학습 이해하기' 단계이다. 이는 앞서 '새로운 학습에 집중하기(3단계)'에서 교사가 가르친 내용을 학생들이 깊이 이해하는 단계이다. 인간은 본래 사회적 학습자이다. 과거에는 불을 피우는 방법을 이웃에게 물었고, 현대에는 새로운 피자 가게에 대해 친구에게 물어보는 것처럼 서로에게 배운다.

연구에 따르면, 협동학습의 주요 이점 중 하나는 학생들이 또래와 함께 '문제 해결 과정을 공유하며 차근차근 이야기함(talk through)'으로써 개별적으로 읽거나 듣는 것보다 더 깊고 풍부한 이해를 도울 수 있다는 것이다(Johnson et al., 1981). 문제를 논의하거나 해결책을 찾는 과정은 학생들이 답을 얻기 위해 사용하는 전략을 명확히 인식하고, 새로운 지식과 기술을 장기적으로 기억하는 데 도움이 된다. 달리 말하자면, 또래와의 대화는 이미 배운 내용을 처리하고 이해하는 데는 효과적이지만, 새로운 내용을 배우는 데는 효과적이지 않을 수 있다(Stevens et al., 1991).

그런데 동료 교사들과 함께 교실을 관찰하다 보면, 학생들이 목적이 불분명한 모둠 활동을 하고 있는 경우가 많다. 예를 들어, 소모둠으로 책을 함께 읽는 활동이 그렇다. 말하자면, 학생들이 새로운 학습에 집중하는 단계에서 협동학습을 하고 있는 경우를 보게 된다. 그러나 이 단계에서는 직접 교수법(direct instruction), 시범 보이기(modeling), 풀이된 예제와 풀어야 할 문제를 섞어서 연습(interleaving)하는 방법이 더 효과적이다. 다시 말해서, 교사가 협동학습과 같은 '적절한' 전략을 상황에 맞지 않는 시점에 사용하는 셈이다.

교사는 다음과 같은 질문을 스스로에게 정기적으로 던져야 한다. "왜 학생들에게 모둠 활동을 시키는가? 모둠 활동을 하는 동안 학생들이 무엇을 생각하고, 무엇에 대해 이야기하기를 원하는가? 개별 학습이나 학급 전체 대상 수업으로는 효과적이지 않은 것을 모둠으로 배우거나 할 수 있는 활동은 무엇인가?" 이러한 질문을 염두에 두고, 협동학습 모둠에서 할 만한 효과적인 '학습 이해하기' 활동을 살펴보자.

- **소크라테스식 세미나** 텍스트를 자세히 읽은 후 학생들을 원형으로 앉게 한다. 배운 내용을 깊이 생각할 수 있도록 개방적이고 사고를 자극하는 질문을 제시한다(예: "저자의 관점은 무엇인가요? 여러분의 관점은 어떤가요?"). 앞서 '시도해 보기'(p. 161 참조)에서 소개한 Pose-Pause-Pounce-Bounce 방식, 즉 '질문 제시, 잠시 멈춤(생각할 시간 제공), 질문할 학생 선택, 질문 전환(답변을 한 학생의 의견을 바탕으로 다음 질문을 던지거나 다른 학생에게 추가적인 질문하기-옮긴이)' 방식을 사용하여 모든 학생이 활발하게 토론에 참여하도록 유도하고, 주요 개념을 파악하고 논거를 분석하며 텍스트에 대한 느낌을 나누도록 한다.
- **최종 발언 규칙** 이 방법은 다양한 관점을 다루는 텍스트나 학습에 적합하다. 네 명으로 구성된 소모둠에서 각 학생은 교사가 던진 고차원적 질문에 대해 1분 동안 대답하고, 나머지 학생들은 이를 듣고 메모한다. 1분 후 다음 학생이 의견을 말하는 동안 다른 학생들은 다시 메모를 한다. 각 라운드에서 마지막 발언을 하는 학생이 '최종 발언'을 하며, 다음 라운드에서는 발언 순서를 바꿔 모든 학생이 마지막 발언을 할 기회를 가진다. 네 번의 라운드가 끝난 후 모둠은 학급 전체와

공유할 세 가지 주요 쟁점을 정리한다.

- **메모 주고받기** 생각을 자극하는 질문에 대한 짧은 응답을 작성하고 서로 응답을 주고받는 방식으로 진행되는 간단한 전략이다.
- **짝을 지어 생각 나누기** 교사가 던진 고차원적 질문에 대해 생각해 보고(글로 적을 수도 있음) 자신의 생각을 짝과 공유한다.
- **상호 교수법** 텍스트를 각자 읽은 후, 네 명으로 구성된 소모둠 안에서 요약자, 질문자, 설명자, 예측자 역할을 각각 맡는다. 자신의 역할에 따라 돌아가면서 토론을 이끌며 서로가 텍스트를 이해하도록 상호 협력한다.

유사점과 차이점 파악하기

비교와 대조는 학습 내용을 이해하는 데 매우 중요한 사고 기술이다. 이를 통해 학생들은 개념을 묶고 분류할 수 있다. 예를 들어, 소설의 주요 인물들을 성격, 동기, 강점, 약점에 따라 분류하거나, 혁명으로 이어지는 공통된 정치적, 문화적, 경제적 조건을 찾아낼 수 있다. 연구에 따르면, 유사점과 차이점을 파악하는 과정은 새로운 통찰력을 제공하고, 추론을 도와주며, 일반화를 이끌어내고, 인지 모형을 정교화한다(Holyoak, 2005). 또한, 개념 간의 차이점을 보여주는 것은 학생들이 새로운 특징을 인식하고, 개념과 가장 관련성이 높은 특징을 파악하는 데 도움이 된다(Bransford et al., 2000). 예를 들어, 학생들은 과두제와 독재가 많은 면에서 유사하지만, 전자는 소수에게 권력이 집중되고 후자는 한 사람에게 집중된다는 점에서 중요한 차이점이 있음을 발견할 수 있다.

『Classroom Instruction That Works(효과적인 교실 수업)』(Dean et al., 2012)에서는 유사점과 차이점을 광범위한 교수 전략으로 설명하며 다음과 같은 교수 및 사고 전략이 포함된다고 설명한다.

- **비교하기** 사물이나 아이디어 간의 유사성을 파악한다(예: 오리와 펭귄은 모두 물에서 사는 조류임).
- **대조하기** 사물이나 아이디어 간의 차이점을 구별한다(예: 오리는 날 수 있지만 펭귄은 날 수 없음).
- **분류하기** 공통된 특성을 기준으로 사물을 분류한다(예: 오리와 펭귄은 모두 새과에 속함).
- **비유하기** 개념에서 일반적이거나 기본적인 패턴을 파악한 다음, 처음에는 다르게 보이는 다른 주제에서 동일한 일반 패턴을 발견한다 (예: 오리는 물 위를 날고 착륙할 수 있으므로 수상 비행기와 비슷하다).
- **유추하기** 개념 쌍 간의 관계를 파악하여 'A와 B의 관계는 C와 D의 관계와 같다'를 보여준다(예: 오리와 펭귄의 관계는 수상 비행기와 수륙양용 차량의 관계와 같다).

이러한 전략은 학생들이 사전 지식을 새로운 지식에 연결하고, 유사한 아이디어 간의 차이를 분석하고, 구체적인 예에서 추상적인 개념으로(또는 그 반대로) 이동하도록 돕는다. 이를 통해 학생들이 이미 알고 있는 지식을 토대로 새로운 학습을 더 깊이 있게 처리하여 학습을 이해하도록 지원한다.

실제로 연구자들은 이러한 사고 과정이 여러 면에서 모든 학습의 핵심이라고 말한다(Bransford et al., 2000; Chen, 1999; Fuchs et al., 2006; Gentner, Loewenstein, & Thompson, 2003; Holyoak, 2005). 기본적으로 새로운 것을 배울 때 우리의 뇌는 "이것이 내가 이미 알고 있는 것과 어떻게 연관될까?"라고 묻는다. 이를 통해 우리는 배운 내용을 위한 인지 모형을 만들거나(예: 모든 새는 날개가 있다) 기존의 인지 모형에 새로운 지식을 추가한다(예: 모든 새는 날개가 있지만, 모든 새가 날지는 않는다).

두 건의 메타 분석에 따르면, 이 전략(비교, 대조, 분류, 비유, 유추 등 유사점과 차이점 파악하기 전략-옮긴이)은 교실에서 사용할 수 있는 가장 강력한 도구 중 하나로 확인되었다(Beesley & Apthorp, 2010; Marzano, 1998). 이 전략을 사용할 경우 표준화 시험 백분위 점수에서 25점 더 높은 점수를 얻는 것과 같은 효과를 보인다. 그러나 교사가 학생들을 지도할 때 이러한 과정을 안내하는 것이 중요하다. 예를 들어, 학생들의 기존 지식을 활성화하더라도 새로운 학습과 연결하는 데 도움을 주지 않으면 학습 효과는 그다지 크지 않다(Ling, Chik, & Pang, 2006; Schwartz et al., 2006).

마찬가지로, 교사의 안내나 예시 없이 학생들에게 단순히 유추를 하도록 요구하는 것은 학습에 거의 효과가 없다(BouJaoude & Tamin, 1998). 반면에, 교사의 안내에 따라 자신의 유추를 돌아보고 이에 대해 또래와 토론할 기회를 갖게 되면 학습에 상당한 효과가 있는 것으로 밝혀졌다(Baser & Geban, 2007; Chen, 1999; Mbajiorgu et al., 2006; Rule & Furletti, 2004). 이 모든 연구 결과가 시사하는 바는, 학생들이 이전 학습과 새로운 학습을 연결하고, 의미 있는 토론에 참여하도록 안내하는 것이 교사로서의 중요한 역할이라는 것이다.

학습 내용 요약하기

학습을 이해하는 데 필수적인 또 다른 인지 과정은 학습한 내용을 요약하는 것이다. 연구 결과, 학생들이 새로운 학습 내용을 요약할 때, 즉 정보를 분류, 선택, 조합, 재구성할 때 이해도가 크게 향상되는 것으로 나타났다(Boch & Piolat, 2005). 이것은 노트 필기가 강력한 전략이 될 수 있는 이유이기도 하다. 노트 필기를 할 때 학생들은 자신이 듣고 관찰한 내용을 통해 핵심 아이디어를 추려내고, 이를 논리적으로 배열하며, 중요한 점을 기록한다. 따라서 요약하기와 노트 필기를 함께 사용할 때 특히 효과적이라는 메타 분석 결과(Beesley & Apthorp, 2010)는 그리 놀랍지 않다. 요약하기와 노트 필기를 결합했을 때 학습에 미치는 효과크기(0.90)는 요약만 할 때의 효과크기(0.32)보다 훨씬 컸다.

그러나 주목할 점은, 요약하기는 교사가 학생들에게 강의나 독서에서 핵심 아이디어를 파악하고, 이를 관련된 주제나 범주로 묶어 요점으로 정리하는 방법을 직접적으로 가르쳐 줄 때 더 큰 효과를 발휘한다는 사실이다(Kobayashi, 2006). 앞서 소개한 많은 전략과 마찬가지로 요약하기도 다른 전략과 결합할 때 가장 효과적이다. 스무디에 단백질 가루를 첨가하는 것이 영양가를 높이듯 요약하기는 노트 필기, 상호 교수법, 정교화 시연(다음 장에서 논의할 내용)의 핵심 요소로 보인다. 학생들이 학습 내용을 이해하기 위해 요약하기 활동에 참여하도록 돕는 방법은 다음과 같다.

- **요약하는 방법 가르치기** 요약할 때 따를 규칙이나 단계를 알려주면 이 과정을 더 쉽게 이해할 수 있다. 구체적으로, 학생들에게 (1) 이해에 도움이 되지 않는 내용 제거하기, (2) 중복 정보 무시하기, (3) 개별 항목들을 관련된 범주로 묶어서 설명하기(예: 오리, 펭귄, 독수리를 새로 묶기), (4) 주제문을 찾거나 작성하는 방법 보여주기가 있다.
- **요약 프레임 제공하기** 연구에 따르면 정보가 어떻게 구조화되어 있는지 알면 새로운 자료를 더 잘 요약하고 기억할 수 있다(Broer, Aarnoutse, Kieviet, & van Leeuwe, 2002; Meyer et al., 2002; Meyer & Poon, 2001). 이를 위한 한 가지 방법은 도표 5.3과 같이 특정 유형의 텍스트에 대한 핵심 요소를 강조하는 '요약 프레임' 또는 질문을 제공하는 것이다.

• **학습 내용을 종합하는 글쓰기 과제에 참여시키기** "내가 무엇을 쓰는지 알고 나서야 비로소 나는 내가 무엇을 생각하는지 알게 된다."는 격언처럼 글쓰기는 새로운 학습에 대해 더 깊이 사고하도록 돕는 효과적인 도구이다.

예를 들어, 주디스 랑헤르(Judith Langer)와 아서 애플비(Arthur Applebee)는 소규모이지만 심층적인 연구를 통해 잘 설계된 글쓰기 과제가 새로운 학습의 심도 있는 처리를 지원한다는 초기 증거를 제시했다(1987). 연구자들은 6명의 학생을 대상으로 그들이 사회과학 텍스트를 읽고 복습하는 동안 노트 필기, 학습 질문, 분석적 에세이와 같은 활동에서 어떤 생각을 했는지를 파악하기 위해 씽크 얼라우드(think-aloud), 즉 사고 과정을 소리 내어 말하는 방법을 사용해 모니터링했다. 학습 질문에 답할 때 학생들은 단편적이고 낮은 수준의 재인(recognition)과 회상(recall)에 머물렀다. 노트 필기를 할 때는 더 많은 내용에 집중했지만 더 추상적이고 포괄적인 일반화된 개념으로 통합하는 데는 실패했다. 그들은 에세이를 쓸 때만 비판적 사고를 했다. 다시 말해서, 에세이를 쓰기 위해 아이디어를 종합하고, 가설을 세우고, 평가하는 이 모든 과정에서 비판적 사고를 한 것이다.

도표 5.3 요약 프레임

유형	질문	예시
이야기	• 주요 등장인물은 누구인가? • 이야기는 언제/어디서 진행되는가? • 이야기에서 어떤 갈등이 행동을 유발하는가? • 주요 인물들은 갈등에 어떻게 대응하는가? • 결과 혹은 영향은 무엇인가?	• 몬트레소 및 포르투나토 • 몬트레저의 카타콤 • 몬트레소는 포르투나토가 한 말이나 행동에 대한 복수를 원한다(무엇인지는 알 수 없음). • 포르투나토는 자신이 위험에 처해 있다는 사실을 너무 늦게 깨닫는다. • 몬트레소는 포르투나토를 생매장한다.
주제 ㅣ 제한 ㅣ 예시	• 주제: 일반적인 진술/주제는 무엇인가? • 제한: 일반적인 진술이나 주제를 제한하거나 좁히는 정보는 무엇인가? • 예시: 제한을 설명하는 예시는 무엇인가?	• 물고기 • 물고기는 등뼈가 있고 냉혈동물이며 대부분 아가미, 비늘, 지느러미를 가지고 있다. • 돌고래는 온혈동물이므로 물고기가 아니다.
정의	• 정의되는 것은 무엇인가? • 어느 범주에 속하는가? • 일반 범주의 다른 것들과 구분되는 특징은 무엇인가? • 정의되는 대상의 유형이나 종류에는 어떤 것들이 있는가?	• 과두제 • … 정부의 한 유형이다. • 소수의 지배 vs. 다수 혹은 개인의 지배, 이와 같은 대조를 나타낸다. • 크렙토크라시(kleptocracy, 약탈정치)는 종종 과두제이며, 권력자는 부패하거나 범죄자이다.
논증	• 주장: 어떤 기본적인 진술이나 주장을 하고 있는가? • 증거: 주장을 뒷받침하는 예시나 설명은 무엇인가? • 반례(反例): 주장을 제한하는 요소 또는 반박하는 증거는 무엇인가?	• 카지노는 가난한 사람들에게 불공평하고 역진세를 부과한다. • 카지노 이용자의 대부분은 소득이 낮고 도박 문제가 있다. • 카지노는 취약 계층을 포함한 많은 사람들에게 일자리와 수입을 제공한다.

문제 해결	• 무엇이 문제인가? • 가능한 해결책은 무엇인가? • 또 다른 가능한 해결책은 무엇인가? • 어떤 해결책이 성공 가능성이 가장 높은가, 그 이유는 무엇인가?	• 플라스틱 빨대는 해양 생물에 해를 끼친다. • 빨대를 금지할 수도 있다. • 친환경 빨대로 바꿀 수도 있다. • 친환경 빨대를 사용하는 것은 습관을 없애는 것보다 더 쉽기 때문이다.
대화	• 어떤 질문이 제기되었는가? • 사실이 언급되었거나 이의 제기가 있었는가? • 요청/요구가 있었는가? • 칭찬이 제공되었는가? • 대화는 어떻게 마무리 되었는가?	• 기자가 해당 제품을 사용하는 아이들에 대해 질문했다. • CEO는 해당 제품이 아이들을 타깃으로 한 것은 아니라고 말했다. • 기자는 해당 제품에 아이들이 좋아할 만한 맛이 있다고 지적하며 사과를 요청했다. • CEO는 아이들에게 미안하지만 잘못한 것은 없다고 말했다.

Source: From Classroom Instruction That Works: Research-Based Strategies for Increasing Student Achievement (2nd ed) by C. B. Dean, E. R. Hubbell, H. Pitler, & B. Stone, 2012, Alexandria, VA: ASCD. Copyright 2012 by McREL. Adapted with permission. ASCD. ⓒ 2012 McREL. 허가 받아 수정함

빅 아이디어:
학습 내용을 이해하기 위한 시간 갖기

학생들이 학습 내용을 이해하도록 돕는 가장 좋은 방법은 새로운 아이디어나 기술이 어떻게 분류되고, 비교되며, 이전 학습과 연결되는지를 보여주는 것이 아니라, 배우고 있는 내용에 대해 그들 스스로 질문을 던지도록 하는 것이다. 예를 들어, "이 아이디어들은 어떻게 연결되는가? 어떻게 다른가? 이 새로운 기술(skills)은 내가 이미 할 수 있는 것과 어떻게 같거나 다른가?" 이렇게 스스로 질문하도록 유도함으로써 호기심을 자극하면 내용 간의 연결을 만들 수 있게 된다.

물론, 일부 교사에게는 학습을 세분화하고, 학생들이 학습 내용을 이해할 수 있도록 잠시 멈추는 것이 사치처럼 느껴질 수 있다. 특히 다룰 내용이 너무 많다고 느끼거나, 관리자가 진도표를 강조하며 압박할 때는 더욱 그렇다. 만약 여러분이 이렇게 느낀다면, 잠시 멈추고 현재 상황에 대해 점검해 보고 스스로 이해하려고 노력해야 한다.

우선, 수업에 억지로 넣으려 했던 모든 내용을 다시 살펴볼 수 있다. 정말 필요한 내용인가? 깊이 있는 학습을 위해 일부 내용을 줄일 수 있는가? 마찬가지로, 자신의 속도를 점검해 볼 수도 있다. 더 효율적으로 소개하거나 시범을 보일 수 있는 주제나 기술에 너무 많은 시간을 할애하고 있지는 않은가? 우리는 종종 우리가 좋아하는 아이디어, 일화, 활동들을 사용하지만, 조금만 더 깊이 생각해 보면 이것들이 학생들의 학습에 가장 효과적이거나 효율적인 방법이 아닐 수도 있다. 어쩌면 학습의 초기 단계에서 속도를 높이는 것도 가능할 것이다. 예를 들어, 학생들의 흥미를 끌기 위해 사용하는 방법이 지나치게 복잡하거나 시간이 많이 걸리지 않도록 하고, 새로운 학습에 집중하는 단계에서 교사가 직접 가르치는 시간을 줄이고, 대신 학생들 스스로 학습 내용을 이해하는 데 더 많은 시간을 할애할 수도 있다.

만약 이와 같이 했는데도 학생들에게 학습을 잠시 멈추고 이해할 시간을 주는 것이 여전히 부담스럽다면, 이 책을 동료 교사 또는 관리자와 함께 읽을 것을 권한다. 특히 학생들이 학교에서 배운 내용의 90%를 채 한 달이 안 돼 잊어버리는 경향이 있다는 사실(Medina, 2008)에 비추어 학생들에게 학습 내용을 이해할 시간을 주는 것의 중요성에 대해 대화해 보기 바란다. 다음과 같은 질문도 의미가 있을 것이다. "더 적게 가르치되 더 깊게 가르친다면, 학생들이 실제로 더 많이 배울 수 있을까?" 동료들과 함께 커리큘럼에서 어떤 주제나 영역을 잘라낼 수 있는지 파악하여 학생들이 더 깊이 있는 학습에 참여할 수 있도록 유도하기 바란다.

요컨대, 학생들이 학습을 충분히 이해할 수 있도록 충분한 시간을 주는 것은 이해력, 기억력, 깊이 있는 학습 참여 능력에 매우 중요하며, 이를 통해 학생들은 학습한 내용을 창의적이고 체계적으로 조합하고 이해할 수 있게 된다.

06

연습 및
성찰하기

여러분 모두 어린 시절 살던 동네나 집과 같은 추억의 장소를 오랜만에 다시 방문한 경험이 있을 것이다. 익숙한 골목길로 들어서거나 집에 들어서는 순간, 잊고 있었던 오랜 기억들이 마구 떠올랐을 것이다. 이웃과 오랜 친구들의 이름, 나무에 새겨진 연인의 이름, 할머니가 만든 쿠키 냄새, 때로는 그러한 기억들과 함께 밀려드는 감정—기쁨, 슬픔, 회한—이 너무 강렬할 수 있다.

몇 년 전 25년 만에 모교 캠퍼스를 방문했을 때 위와 똑같은 경험을 했다. 대학을 졸업하고 그 지역을 떠난 이후로는 다시 가본 적이 없었는데 어느 날 큰딸이 대학 탐방에서 내 모교도 꼭 방문하고 싶다는 거였다. 기꺼이 동행하기로 했다. 그런데 캠퍼스에 들어서자마자 대학 친구들, 교수님들, 동아리 멤버들이 떠오르며 추억이 물밀 듯이 밀려

왔다. 친구들이 츄바카 소리(스타워즈 시리즈에 등장하는 캐릭터 특유의 으르렁거리는 소리-옮긴이)를 내며 교내 마스코트(실제 곰)와 열심히 대화를 시도하던 재미있는 기억도 있었고, 커다란 목련나무 아래에서 달빛을 받으며 이루어지지 않은 짝사랑을 한탄하던 슬픈 기억도 있었다.

그런데 재미있는 사실을 깨달은 것은, 당시의 즐거웠던 추억을 떠올리며(그리고 웃음을 터뜨리며!) 대학 친구들에게 문자를 보냈을 때였다. 놀랍게도, 나에게는 아주 선명하게 남아 있는 그 기억을 친구들은 전혀 떠올리지 못했다. 마찬가지로, 나 역시 친구들이 자신의 기억을 문자로 보내주면 가끔은 그 기억이 떠오르기도 했지만 전혀 생각나지 않는 경우도 많았다. 성인이 되어 마신 술이 기억을 흐리게 한 이유는 아니었다. 단지 우리는 서로 다른 기억들을 간직하고 있었을 뿐이다.

다음 두 장에서 살펴보겠지만, 뇌가 장기기억을 저장하고 나중에 불러오는 과정은 당혹스러울 정도로 일관성이 없고 이해할 수 없는 과정이다.

잊어버리고 싶지만 아무리 노력해도 지워지지 않는 기억(성가신 노래, 아직도 가슴에 남아 있는 아픈 상처, 후회스러운 말)이 있는 한편, 간직하고 싶은 기억(할아버지의 웃음소리, 집 열쇠를 놔둔 장소, 셰익스피어의 희곡 중 "질투는 푸른 눈의 괴물"이 나오는 작품 제목)은 목련꽃처럼 시들기도 한다.

어떤 기억들은 관련된 다른 기억에 의해 갑자기 떠오른다(예를 들어, 캠퍼스를 자전거로 가로질러 가던 중 다람쥐가 자전거에 부딪힌 이상한 사건을 갑자기 떠올리는 것처럼). 반면에, 아무리 노력해도 떠오르지 않는 기억도 있다(미안하지만, 철학 개론 수업에서 양말에 샌들을 신고 뒷줄에 앉아 있던 애는 기억나지 않아). 그럴 때면 그 기억들이 어떻게 사라졌는지, 아니면 애초에 기억을 저장하지 못했던 건 아닌지 궁금해진다.

그렇다면 이 모든 것이 교사인 우리에게 중요한 이유는 무엇일까? 우리는 학생들이 정보를 기억으로 전환하도록 돕는 일을 하고 있으며, 오늘 교실에서 학생들에게 가르친 내용이 내일과 먼 미래에도 기억 속에 남아 있기를 바라기 때문이다. 앞서 언급했듯이, 연구에 따르면 학생들은 학교에서 배운 것의 90%를 한 달 안에 잊어버리는 경향이 있다(Medina, 2008). 아마 여러분도 학창 시절에 한두 달 전에 배운 내용을 기말고사를 위해 다시 공부해야 했을 때 이런 현상을 경험한 적이 있을 것이다. 또 무언가를 기억에 남기려고 애써도 도무지 머릿속에 각인되지 않아 좌절감을 느껴본 적도 있을 것이다.

왜 이런 일이 발생할까? 왜 어떤 기억은 남고 어떤 기억은 사라지는 걸까? 우리는 왜 일부 기억을 저장해 놓고도 꺼내지 못하거나, 기말고사가 끝나고 나서야 겨우 기억해 낼 수 있는 걸까?

앞으로 살펴보겠지만, 새로운 학습 내용을 나중에 인출할(retrieve) 수 있도록 뇌에 저장하는 방법 중 상당수는 우리가 잘못 알고 있는 경우가 많다. 때로는 그 과정이 생각보다 간단할 수도 있고, 때로는 훨씬 더 복잡할 수도 있다. 중요한 원칙 중 하나는, 기억을 저장하는 것과 불러오는 것은 서로 다른 과정이며, 이를 위해서는 각각 다른 절차와 조건이 필요하다는 점이다. 이제 우리는 학생들이 정보를 뇌에 저장하고 나중에 이를 꺼내 쓸 수 있도록 돕는 방법을 알아볼 것이다. 구체적으로는, 새로 생긴 기억을 쓸모없는 정보로 여겨 삭제해 버리는 과도한 열정의 야간 청소부와도 같은 뇌로부터 기억을 지켜낼 확실한 방법들을 찾아볼 것이다.

기억을 심는 과학

여러분은 이제 전체 학습 과정에서 학생들이 학습에 흥미를 느끼고 몰입하게 하는 데 성공했다. 또한 학생들은 학습에 집중하며 새로운 정보를 받아들이고, 그 정보를 하나의 이해 가능한 패턴으로 묶고 통합하기 시작했다. 그러나 학습의 여정은 아직 끝나지 않았다. 이제는 학생들이 배운 내용을 기억 속에 확실히 심어 나중에 쉽게 떠올릴 수 있도록 도와줘야 한다. 새로운 학습 내용을 우리의 기억 은행에 확실히 예치하여 나중에 필요할 때 꺼낼 수 있도록 하는 방법을 자세히 살펴보기로 하자.

반복, 반복, 반복

기본적으로 새로운 학습이 우리의 장기기억에 영구적으로 자리 잡을 수 있을지 여부는, 비유하자면 뇌가 그 새로운 학습과 몇 번의 데이트를 하느냐에 달려 있다. 앞 장에서 설명했듯이, 우리는 기억을 단일 뉴런이나 뇌의 한 구석에 깔끔하게 정리해서 저장하지 않는다. 오히려 기억은 뉴런의 복잡한 네트워크를 통해 뇌 곳곳에 흩어져 저장된다. 그 기억을 다시 떠올릴 때, 우리는 그 뉴런들을 연결하는 모든 경로를 다시 활성화한다. 이 과정을 반복하면서, 뇌는 그 신경 경로 주위를 미엘린(myelin)이라 불리는 절연체로 감싸기 시작한다. 마치 전기선 주위의 절연체가 전기 신호를 더 빠르게 전달할 수 있게 해주듯, 이미엘린 코팅(myelin coating)은 우리가 그 뉴런들을 다시 활성화하는 것을 더 쉽게 만들어 준다.

이 모든 과정을 통해 기억 저장의 첫 번째 핵심 원칙에 도달한다. 즉, 반복, 반복, 반복이다. 기억은 기본적으로 이 규칙에서 벗어날 수 없다. 어떤 것을 기억하려면 머릿속으로 여러 번 반복해야 한다. 예를 들어, 새로운 기술을 80%의 숙련도에 도달하도록 익히려면 최소 24회 이상 연습해야 한다고 한다(Anderson, 1995).

앞으로 살펴보겠지만, 다른 모든 과정과 마찬가지로 이러한 반복은 양보다 질이 더 중요하다. 새로운 학습을 여러 번 반복하는 것도 필요하지만, 성공적인 교제처럼 반복은 단순히 같은 경험을 반복하는 것이 아니라 점점 더 복잡한 연결로 나아가야 한다. (저녁 식사와 영화 관람... 또 그다음에는?)

사실, 새로운 지식이나 기술을 배운 직후에 반복해서 연습하는 것은 필요하긴 하지만, 그것만으로는 장기기억이 되기에 충분치 않다.

예를 들어, 외국어로 "좋은 아침"이라고 말하고 싶다면, 낯선 사람에게 자연스럽게 말할 수 있을 때까지 여러 번 반복이 필요하다. 해외 출장을 갈 때마다 나는 기본적인 인사말, 감사 등의 몇몇 표현과 필수 어휘를 벼락치기로 암기하곤 하지만 집으로 돌아오면 기억에서 이내 사라져 버린다.

이러한 표현들이 기억에 남지 않고 금세 사라지는 것은 연습에서의 중요한 교훈을 상기시킨다. 즉, 벼락치기로 암기하는 것은 새로운 정보를 단기적으로는 잘 기억하게 하지만, 장기적으로는 그 효과가 제한적이라는 것이다. 이와 관련하여 인지과학자들은 "빨리 배우게 하는 방법은 빨리 잊게 만들 수 있다."(Roediger & Pyc, 2012, p. 244)라고 했다. 이는 장기기억에 새로운 학습을 저장하기 위한 다음 원칙으로 이어진다.

간격을 둔 반복연습으로 기억 강화하기

1장에서 소개한 헤르만 에빙하우스(Hermann Ebbinghaus)의 연구에 따르면, 학습 내용을 장기기억으로 부호화하는 가장 좋은 방법은 며칠 또는 몇 주에 걸쳐 연습을 나눠서 하는 것이다(1885). 벼락치기(cramming)는 단기적으로 무언가를 배우는 데는 효과적일지 몰라도 장기적으로 기억하는 데는 최악의 방법이라는 것이 밝혀졌다. 연구자들은 고등학생 두 그룹에게 프랑스어와 영어 어휘 쌍(예: l'avocat-lawyer) 20개를 학습하게 했다. 첫 번째 그룹은 30분 동안 한 번의 강도 높은 학습을 했고, 두 번째 그룹은 3일 동안 10분씩 세 번에 나누어 학습했다. 학습 직후 실시한 퀴즈에서는 두 그룹 모두 비슷한 성적을 보였다(Bloom & Shuell, 1981). 그러나 4일 후 실시한 재시험(추가 연습 없이)에서는 그룹 간에 차이가 컸다. 간격을 두고 연습한 그룹은 새로운 어휘를 대부분 기억한 반면, 집중적으로 연습한 그룹은 어휘의 약 1/3을 잊어버렸다.

며칠에 걸쳐 연습을 반복하면 새로운 학습 내용을 뇌에 더 깊이 부호화하는 데 도움이 된다. 이는 집중연습(massed practice)이 새로운 학습의 인출을 촉진할 수는 있지만 저장에는 도움이 되지 않기 때문이다(Bjork & Bjork, 2011). 기본적으로 한 연습 과정을 반복하는 것은 머릿속에 '알고 있다는 착각(illusion of knowing)'을 불러일으킬 뿐이다(Brown et al., 2014). 우리는 새로운 지식을 기억에 저장했다고 생각하지만, 이는 마치 낯선 장소로 가는 한 가지 경로만 아는 것과 같아서 경로에서 조금만 벗어나도 길을 잃고 혼란스러워진다. 학습도 마찬가지다.

그러나 시간 간격을 두고 반복적으로 기억을 되새기면, 처음에 기억을 부호화하는 데 사용된 신경망이 다시 활성화된다. 이로 인해 기억이 원래의 인상적인 상태로 돌아가며, 우리의 뇌는 추가적인 아이디어, 감정, 기억을 그와 연결할 수 있게 된다. 결과적으로, 더 복잡한 신경망이 형성되어 새로운 학습이 기억 속에 더 깊이 각인되고 저장된다(Medina, 2008).

예를 들어, 처음에 l'avocat-lawyer(변호사)라는 단어 쌍을 학습할 때 우리는 단어를 눈으로 보면서 동시에 발음하며 시각적인 기억을 만든다. 둘째 날에는 그 단어와 발음을 떠올리며 둘의 연결을 강화하고, 동시에 이모(Anna)가 변호사라는 사실을 떠올리며 이모와 단어를 연결할 수 있다(Anna l'avocat). 셋째 날에는 그 단어를 다시 떠올리면서 이모의 이미지와 함께 머릿속에서 단어를 보고 듣고(모든 신경 연결을 더욱 강화), 이모가 고양이를 기른다는 사실도 떠올리며 이른바 연상 기억법(mnemonics)이라는 기억 장치를 활용해 연결을 만들어낼 수 있다(Anna l'avocat loves cat). 이렇게 하면 며칠 후 퀴즈에서 '변호사'라는 프랑스어 단어를 묻는 문제가 나오면 l'avocat이 쉽게 떠오를 것이다.

이 모든 것이 중요한 이유는 새로운 기억에 더 많은 연결을 만들수록 기억을 저장하고 나중에 회상할 가능성이 높기 때문이다(Medina, 2008). 쉽게 말해, 처음에 단순하고 얕게 기억한 학습을 여러 번 되새기면, 나중에 더 잘 기억하고 떠올릴 수 있게 된다. 물론, 처음 학습할 때 해당 단어(l'avocat)와의 모든 연결을 한꺼번에 만들 수도 있지만 이는 불안정하고 쉽게 사라질 수 있다. 따라서 이러한 연결을 시간 간격을 두고 여러 층으로 쌓아가는 것이 훨씬 효과적이다.

교차연습은 어렵지만 훨씬 효과적이다

10대 시절 나는 차고(車庫) 위에 있는 녹슨 농구 골대에서 수없이 많은 시간을 농구 연습에 쏟아부었다. 차고 앞에 자유투 거리와 같은 선을 그어 놓고, 그 선에서 반복해서 같은 슛을 시도하며 자유투 성공률을 높이고 농구 팀에 합격할 가능성을 높이려 했다. 슛이 짧거나 백보드에 부딪히거나 왼쪽으로 빗나가면, 다음 슛에서 조절을 하며 같은 위치에서 계속 연습했다. 이렇게 한 자리에서 때로는 100번까지도 슛을 연습했기 때문에 성공 여부를 바로바로 확인할 수 있었고, 결과적으로 내 성공률을 분석하는 데 도움이 되었다.

그럼에도 불구하고 나는 농구 팀에 들어가지 못했다. 90파운드(40.8kg)의 왜소한 체격도 영향을 미쳤겠지만, 지금 생각해 보면 연습 방법도 문제였던 것 같다. 연구에 따르면, 내가 했던 방법은 많은 면에서 잘못된 방법이었다. 같은 위치에서 동일한 슛을 반복하기보다, 차고 주변의 다양한 위치에서 슛을 연습했더라면 근육기억(muscle memory)이 훨씬 더 빠르게 향상되었을 것이다. 이는 연구자들이 '교차연습(interleaving practice)'이라고 부르는 방식이다.

로버트 커(Robert Kerr)와 버나드 부스(Bernard Booth)는 8세와 12세 아동 64명을 대상으로, 한 그룹에게는 3피트(91.4cm) 떨어진 양동이에 콩 주머니를 던지는 연습을, 다른 그룹에게는 2피트와 4피트 떨어진 거리에서 번갈아 가며 연습하도록 했다(1978). 12주 후, 3피트 거리의 양동이에 콩 주머니를 던지는 최종 테스트에서 거리를 번갈아 가며 연습한 그룹이 다른 그룹보다 더 나은 성적을 보였다. 이는 3피트 거리가 그들이 연습했던 거리가 아님에도 불구하고 나타난 결과였다. 반면, 오로지 3피트 거리에서만 연습했던 그룹은 예상보다 낮은 성적을 기록했다.

그 이유는 무엇일까? 연구자들은 두 번째 그룹이 거리를 섞어 연습하면서 활동에 대한 더 나은 이해력과 감각을 키운 것으로 보았다. 즉, 서로 다른 두 거리에서 최적의 포물선, 속도, 손동작을 익히게 되면서 결과적으로 어떤 거리에서든 콩 주머니를 정확하게 던지는 능력이 향상된 것이다.

후속 연구에서는 이 원리가 일반적인 학습에도 적용된다는 사실이 밝혀졌다. 지식이나 기술을 익힐 때, 교차연습을 하면 초기 학습 속도가 느려지기도 하지만, 동일한 지식 혹은 기술을 반복해서 연습하는 것보다 훨씬 더 나은 성과를 거둘 수 있다(Rohrer & Pashler, 2010). 초등학교 4학년을 대상으로 한 연구에서 학생들은 밑변의 개수에 따라 프리즘의 면, 모서리, 꼭짓점, 각의 개수를 계산하는 방법을 배웠다. 그 후, 절반의 학생들은 같은 유형의 문제만 반복해서 푸는 전통적인 연습 방식에 참여했고, 나머지 절반은 다양한 유형의 문제를 섞어가며 푸는 교차연습에 참여했다.

바로 다음 날 두 그룹을 테스트했을 때는 블록연습(block practice, 같은 유형의 문제나 기술을 반복적으로 연습하는 방법-옮긴이) 그룹이 더 나은 성과를 보였고 배운 내용을 거의 100% 기억한 반면, 교차연습 그룹은 70%만 기억했다. 그러나 하루가 지나 다시 평가했을 때는 교차연습 그룹이 블록연습 그룹을 능가했으며, 전날보다 더 많은 내용을 기억했다. 교차연습 그룹은 약 80%의 학습 내용을 기억한 반면, 같은 문제만 반복했던 블록연습 그룹은 40%도 채 기억하지 못했다(Taylor & Rohrer, 2010). 가장 중요한 점은, 학생들의 오류 패턴을 분석한 결과, 교차연습 그룹의 학생들이 문제를 식별하는 데 더 정확했다. 즉, 교차연습 그룹은 문제 유형을 잘못 식별하고 다른 것으로 착각하는 '식별오류(discrimination error)'를 훨씬 덜 했다는 것이다.

요컨대, 한 번의 연습 시간 동안 다양한 기술을 섞어 연습하는 것이 우리의 뇌를 더 열심히 일하게 하고, 미세한 조정을 하며, 자신의 행동이나 연습 과정에 대해 무엇이 잘 되고 있는지, 어떤 점에서 개선이 필요한지를 깊이 생각하게 만든다는 것이다. 예를 들어, 우리는 도로 중간, 쓰레기통 뒤, 또는 이웃의 꽃밭 근처에서 슛을 할 때마다 슛의 힘과 각도를 재조정해야 한다. 마찬가지로, 서로 다른 유형의 수학 문제를 풀 때, 분수를 나누고, 소수를 곱하고, 분수를 더할 때(또는 기둥의 각도, 모서리, 면을 계산하는 방법) 어떤 계산 전략을 사용할지 신중하게 고려해야 한다. 연구자들이 '바람직한 어려움(desirable difficulties)'이라고 부르는 과정을 통해 우리는 학습을 위한 더 깊고 풍부한 신경 연결을 형성하게 되며, 이는 실제 상황에서의 성과를 높이는 데 도움이 된다. 실제로는 하루 종일 같은 유형의 문제만 만나는 경우가 드물고, 상대

팀이 언제나 같은 위치에서 슛을 하게 해주지 않기 때문이다.

일반적으로, 교차연습은 대부분의 교실이나 교과서에서 흔히 사용되지 않는 방식이다. 학생들과 교사들은 집중연습(massed practice, 연습 단계 간의 휴식 없이 짧은 시간 동안 집중적으로 연습하는 방법-옮긴이)이 효과적이라고 생각할 수 있는데, 이는 동일 유형의 문제나 과제를 집중적으로 연습함으로써 이미 숙달했다고 착각하게 만들기 때문이다. 하지만 익숙해졌을 뿐 아직 숙달할 것은 아니다. 실제로는 다양한 문제나 과제를 섞어서 연습하는 교차연습이 뇌를 더 많이 사용하게 만들기 때문에 숙달에 훨씬 효과적이다.

장소, 장소, 장소

오랜만에 모교를 다시 방문하니 떡갈나무 아래 그네, 스테인드글라스 창문 빛이 비치는 도서관 테이블, 학생회관의 아트리움이 내려다보이는 발코니의 책상 등 캠퍼스에서 내가 가장 좋아했던 공부 장소들이 떠올랐다. 공부의 지루함을 줄이기 위해, 나는 조용한 곳에서 공부하라는 일반적인 조언을 따르지 않고, 대신 캠퍼스 곳곳의 비밀스러운 공부 장소를 찾아 책을 읽곤 했다. 이렇게 다양한 장소에서 공부하는 습관은, 인지과학자들이 기억을 깊이 새기는 데 효과적이라고 입증한 방법 중 하나를 실천한 것이었다.

사실, 우리가 무언가를 배운 장소는 새로운 기억과 연결되어 나중에 그것을 회상할 수 있는 또 다른 고리가 된다. 예를 들어, 임마누엘 칸트의 '정언명령'(categorical imperative, 도덕적 행동의 기준을 제시하는 원칙으로, 모든 행동이 보편적으로 적용될 수 있어야 하고, 타인을 존중하며 그들의 권리와 존엄성을 인정해야 한다는 '무조건적이고 보편적인 도덕 법칙'-옮긴이)의 세부 사항을 떠올리려 할 때, 떡갈나무 아래에서 칸트에 대해 읽었던 기억이 떠오를 수 있으며, 이는 그 세부 사항을 우리의 기억에서 꺼내는 데 유용한 단서가 된다.

인지과학자들은 몇 년 전 이색적인 실험을 통해 장소와 기억 사이의 연관성을 밝혀냈다. 그중 하나는 피험자들이 38개의 무작위 단어 목록을 암기하고, 나중에 20피트 깊이의 수중과 육지에서 각각 기억해 내는 실험이었다(Godden & Baddeley, 1975). 연구자들은 피험자들이 단어를 배운 장소와 같은 곳에서 퀴즈를 보면 단어를 기억해 낼 가능성이 더 높고, 배운 장소와 다른 곳에서 퀴즈를 보면(예: 수중에서 배운 단어를 육지에서 퀴즈로 내는 경우) 단어를 기억해 낼 가능성이 낮다는 것을 발견했다.

비록 이런 실험 조건들이 실제 생활에서 적용될 가능성은 낮지만, 우리가 배운 것을 회상하는 데 장소에 대한 단서가 중요한 역할을 한다는 것을 알 수 있다. 따라서 시험을 준비하기에 가장 좋은 장소는 시험을 보게 될 바로 그 교실이다. 예를 들어, 한 연구에서는 대학생들이 단어 목록을 공부한 교실과 동일한 교실에서 시험을 볼 때 더 잘 기억한다는 것을 발견했다(Smith, 1982). 또한, 이와 같은 상황이 여의치 않은 학생들에게 유용할 수 있는 또 다른 사실도 발견했다. 즉, 네 곳의 서로 다른 장소에서 공부한 학생들이 한두 곳에서 반복해서 공부한 학생들보다 단어를 더 잘 기억했고, 심지어 시험을 본 장소에서 공부한 학생들과도 비슷한 수준으로 단어를 기억했다. 이는 아마도 학습에 여러 환경적 단서를 연결하면, 어느 환경에서든 그 기억을 떠올릴 수 있기 때문일 것이다.

기억하기 위해 머리 굴리기

또 다른 중요한 연습 원칙인 '인출연습(retrieval practice)'이 우연히 발견된 것은 약 한 세기 전이었다. 연구자들이 새로운 학습 내용이 얼마나 빨리 잊히는지를 확인하기 위해 참가자들에게 '이전에 학습한 내용을 얼마나 잘 기억하고 있는지' 시험(퀴즈)을 통해 측정했을 때였다(Gates, 1917). 그 발견은 여러 면에서 충격적이었다. 우선, 학생들이 배운 내용을 몇 주 만에 상당 부분 잊어버리는 경우가 많았다.

그러나 연구자들은 더 중요한 사실을 발견했다. 퀴즈를 자주 낼수록 해당 기억이 강화되어 실험 결과가 '왜곡'되고 있었던 것이다(연구자들이 원래 수행하고자 했던 실험의 목표는 '학습한 정보를 얼마나 오래 기억하는지'를 측정하는 것이었다. 하지만, 반복적인 퀴즈를 통해 참가자들이 해당 내용을 더 잘 기억하게 되었다면, 실험의 원래 목적에서 벗어나 시험의 빈도에 따른 학습 효과를 측정한 셈이기 때문에 측정의 왜곡이라 할 수 있다-옮긴이). 즉, 참가자들에게 특정 주제를 더 자주 기억해 내도록 요구할수록, 그 주제를 더 잘 기억했다는 것이다. 이렇게 해서 연구자들은 기억의 핵심 원칙(오래 기억하려면 스스로 자주 인출연습을 해야 한다)을 우연히 발견하게 되었다. 하지만 이 원칙은 여전히 수업에 보편적으로 적용되지 않고 있다.

결국, 머리를 굴려 정보를 떠올리려는 행위는 나중에 그 정보를 더 잘 기억하는 데 도움이 된다. 인지과학자들은 기억을 떠올리려는 모든 시도가 기억을 저장하는 데 사용된 신경망을 재활성화한다고 믿고 있다. 이 신경망을 다시 활성화할 때, 기억을 연결하는 뉴런은 더 많은 수초(myelin)로 감싸져 나중에 그 기억을 더 쉽게 꺼낼 수 있게 된다. 중요한 점은, 인출연습이 단순히 다시 읽기(rereading)나 복습하기(reviewing)보다 신경망을 더 강력하게 활성화한다는 것이다. 노트를 다시 읽거나 교사가 이전에 배운 내용을 상기시켜 주는 것은, 집중연습이나 블록연습처럼 '알고 있다는 착각'을 불러일으킬 뿐 실제 기억에 오래 남는 학습이 아니다(Brown et al., 2014).

오랜 시간이 지나서 다시 읽는 것이 아니라면, 같은 내용을 두세 번 연속으로 읽는 것만으로는 학습한 내용을 더 깊이 기억하는 데 큰 도움이 되지 않는다. 다시 읽기는 동일한 신경망을 재활성화할 뿐이며, 익숙함의 함정에 빠져 우리가 읽는 내용을 완전히 이해했다고 착각하게 만들 수 있다. 예를 들어, 책을 다시 읽으며 내용을 완전히 이해했다고 느끼더라도, 책을 덮고 '공유 결합(covalent bond)이 어떻게 작동하는지 다른 사람에게 설명할 수 있을까?'라고 스스로에게 물어보면,

자신이 읽은 내용을 아직 완전히 이해하지 못했음을 깨닫게 될 것이다.

인지과학자들은 이와 같이 새로운 학습 내용을 떠올리는 전략을 '인출연습(retrieval practice)'이라고 부른다. 연구에 따르면, 인출연습은 새로운 학습 내용을 기억에 오래 남게 하는 가장 효과적인 방법 중 하나이다. 이 방법은 모든 연령대에 효과적인 것으로 밝혀졌으며 유치원(Fritz et al., 2007)부터 초등학생(Karpicke et al., 2016), 중학생(McDaniel et al., 2011), 그리고 고등학생(McDermott et al., 2014)까지 모두 포함한다. 예를 들어, 한 연구에서는 학생들을 세 그룹으로 나눠 실험을 진행했다. 첫 번째 그룹은 같은 텍스트를 네 번 읽었고, 두 번째 그룹은 텍스트를 세 번 읽고 나서 한 차례 글로 기억을 인출하는 연습을 했으며, 세 번째 그룹은 텍스트를 한 번 읽고 세 차례 기억을 인출하는 연습을 했다. 결과적으로, 텍스트를 한 번 읽고 인출연습을 더 많이 한 학생들이 텍스트를 네 번 읽고 인출연습을 하지 않은 그룹보다 네 배 더 좋은 성적을 냈다(Karpicke, 2012).

중학생을 대상으로 한 과학 수업에서의 연구도 인출연습의 효과를 잘 보여준다. 이 연구에서 연구자들은 학생들을 두 그룹으로 나눴다. 한 그룹은 한 학기 동안 세 번의 복습 활동에 참여했고, 다른 그룹은 복습하지 않고 퀴즈를 풀고 피드백을 받았다. 학기 말에 두 그룹의 학생들을 테스트했을 때, 퀴즈와 피드백을 받은 그룹의 성적이 훨씬 더 우수했고, 평균 A$^-$와 C$^+$의 차이를 보였다(McDaniel et al., 2011).

학생들이 이미 많은 시험에 시달리고 있는 상황에서, 또 다른 시험을 추가하는 것이 부담스러울 수 있다. 그러나 여기서 중요한 점은, 최근에 기억한 정보를 떠올리는 과정이 학습의 핵심 전략이라는 것이다. 즉, 퀴즈를 '인출연습'으로 재구성하는 것이 핵심이다. 이 퀴즈는 정식 시험일 필요도 없고 점수를 매길 필요도 없다(사실, 점수를 매기지 않는 것이 더 좋다). 그렇지만, 학생들이 수업 시간에 정기적으로 퀴즈를 보게 될 것이라고 알고 있으면, 그들은 배우는 동안 더 집중하고 스스로 문제를 풀 가능성이 높아진다(Weinstein, Gilmore, Szpunar, & McDermott, 2014).

버그를 찾아 수정하기

새로운 학습, 특히 기술 기반 학습을 저장하고 인출하는 데 중요한 마지막 원칙은 안데르스 에릭손(Anders Ericsson)의 연구에서 나온다. 그는 피겨 스케이팅 선수에서부터 외과 의사, 컴퓨터 프로그래머에 이르기까지 다양한 분야의 엘리트 전문가들을 연구하며 평생을 보냈다. 연구를 통해 에릭손은 이 전문가들이 모두 10,000시간의 의도적인 연습(deliberate practice, 단순한 반복연습과 달리 명확한 목표하에 체계적으로 계획된 연습 방법으로, 지속적인 피드백과 개선을 포함함-옮긴이)에 참여했다는 사실을 밝혀냈다. 에릭손은 "모든 연습이 완벽을 만들지는 않는다. 특별한 종류의 연습, 즉 의도적인 연습이 필요하다. 이는 잘하지 못하

거나 아예 할 수 없는 것을 상당한 노력과 구체적인 방법으로 지속적
으로 시도하는 것이다."라고 설명했다(Ericsson, Prietula, & Cokely, 2007,
p. 3).

예를 들어, 연구자들이 캐나다에서 피겨 스케이팅 선수 24명의 연
습 습관을 비교했을 때, 국가대표 선수(엘리트 선수), 지역대회 출전을
목표로 하는 선수, 대회 출전 계획이 없는 선수 세 그룹으로 나뉘었는
데, 이들은 연습 시간의 양이 아닌 연습의 질에서 놀라운 차이가 나타
났다(Deakin & Cobley, 2003).

연구자들은 모든 선수에게 특정 연습 활동을 얼마나 즐기는지, 활
동별 노력과 집중력 수준은 어느 정도인지, 성공에 가장 중요하다고
생각하는 활동은 무엇인지 질문했다. 또한 7일간의 연습 일지를 작성
하도록 해 연습 시간을 추적했다. 이에 따르면, 모든 선수가 일주일에
거의 같은 시간을 연습에 투자한 것으로 나타났기 때문에 그 점이 차
별화 요소로는 보이지 않았다. 연구진은 두 명의 전문가에게 선수들
이 연습하는 45~60분짜리 비디오 3개를 관찰하도록 요청했다.

상황이 흥미로워지는 것은 바로 이 대목이다.

관찰자들은 세계적 수준의 실력을 가진 엘리트 선수들이 연습 시
간을 훨씬 더 효율적으로 사용한다는 것을 발견했다. 이들은 연습 시
간의 14%만을 '휴식'에 할애했으며, 휴식 시간에는 친구와 대화하거
나 링크 옆에 서 있거나 아예 얼음판을 떠나는 등의 활동이 포함되었
다. 반면, 지역대회 출전을 목표로 하는 선수들은 31%를, 대회 출전

계획이 없는 선수들은 46%를 휴식에 사용했다. 게다가, 엘리트 선수들은 연습 시간의 68%를 점프와 스핀과 같은 어려운 동작에 집중했다. 이에 비해, 지역대회 출전 예상 선수들은 59%, 대회 출전 계획이 없는 선수들은 48%만을 이러한 어려운 연습에 투자했다.

이 점을 잠시 생각해 보자. 점프와 스핀은 가장 고난도 동작에 속한다. 이 동작들을 배우는 과정은 매우 힘들고 때로는 고통스럽기도 하다. 수없이 넘어지며 얼음판에서 다시 일어나는 동작을 반복해야 한다. 그렇게 반복해서 연습하면서 동작이 근육에 기억되도록 해야 나중에는 의식하지 않고도 자연스럽게 할 수 있게 된다. 에릭손은 연구를 통해 "아마추어와 최고 선수와의 가장 중요한 차이는, 최고 선수는 연습 시간의 대부분을 자신의 약점을 개선하는 데 집중한다."라고 결론을 내렸다(Ericsson, Roring, & Nandagopal, 2007, pp. 34, 25).

요컨대, 엘리트 선수들도 처음부터 완벽하게 시작하지는 않는다. 오히려 자신이 부족한 지식, 능력, 또는 수행의 측면을 명확히 파악하고, 의도적 연습을 통해 현재 수준과 목표 수준 사이의 간극을 줄여간다. 이러한 진전이 있으려면 자신의 지식과 기술을 지속적으로 성찰하며 개선을 위해 무엇을 해야 하는지 스스로 질문해야 한다. 연구자들은 이 전략을 불일치 감소(discrepancy reduction, 목표와 현재 상태 간의 차이를 줄이기 위한 방법-옮긴이)라고 부른다. 소프트웨어 프로그래머가 의도적으로 '버그(결함)'를 찾아 수정하는 것과 비슷하다. 버그는 코드의 작은 결함이지만 이를 방치하면 프로그램 전체가 다운될 수 있다.

종합하기

여러 면에서, 엘리트 선수들이 의도적 연습에서 수행하는 많은 활동은 지금까지 우리가 효과적인 연습과 성찰에 대해 배운 내용과 밀접하게 관련되어 있다. 우선, 그들은 반복연습(일주일에 며칠씩 빙판 위에서 연습)과 분산연습(시간 간격을 두고 며칠, 몇 주, 몇 달에 걸쳐 여러 세션에서 동일한 점프, 스핀, 연결 단계를 연습)의 중요성을 잘 알고 있다. 더욱이, 연습하는 동안 다양한 동작을 시연하며(rehearse), 교차연습과 지속적인 인출연습(단기 및 장기 프로그램의 동작 루틴을 기억에 새기는 작업)을 병행한다. 무엇보다 중요한 것은, 학습에 대해 지속적으로 성찰하며 아직 숙달하지 못한 부분에 초점을 맞춘다는 것이다. 이들은 넘어졌을 때 단순히 일어나서 실패한 점프나 스핀 동작을 아무 생각 없이 반복하지 않는다. 좀 더 정확히 말하면, 잠시 멈춰서 무엇이 잘못되었는지, 다음에는 어떻게 다르게 해야 하는지, 예를 들어 왜 완전히 회전하지 못했는지, 착지할 때 왜 균형을 잃었는지 등 스스로 질문하며 성찰한다. 그러고 나서 다음 시도에서는 동작을 어떻게 다르게 할 것인지 시각화한다.

이러한 기법—반복연습, 교차연습, 인출연습, 정교화연습—을 가르치는 것이 중요하다. 이를 통해 학생들은 의도적 연습을 하고 현재의 상태를 평가하며 새로운 학습을 완전히 익힐 수 있다. 다음 소개하는 내용은 학생들이 효과적인 의도적 연습과 성찰을 통해 학습을 강화하는 데 도움이 되는 도구들이다.

연습 및 성찰하기:
교실에서 활용하는 도구 모음

지금까지의 학습 단계를 거쳐 이제 학생들은 자신이 배운 것에 대해 관심을 갖고, 학습에 전념하며, 집중하고, 이를 이해하기 위해 어느 정도 시간을 들였다. 그러나 새로운 학습이 단기기억에서 장기기억으로 전환되려면 기본적으로 반복하고(repeat), 재생하며(replay), 시연하고(rehearse), 성찰하는(reflect) 기본적인 과정이 필요하다. 학생들은 새로운 지식을 반복적으로 되새기고 새로운 기술을 연습하여 뇌에 형성된 신경 경로를 강화해야 한다.

이러한 과정은 주로 숙제를 통해 이루어진다고 생각할 수 있다. 하지만 단순히 숙제의 양을 늘리는 것은 학생들에게 큰 도움이 되지 않는다. 반면, 잘 설계된 연습 기회는 매우 유용하다. 연구에 따르면, 숙제의 효과는 작지만(효과크기 0.13), 연습의 효과는 훨씬 크다(효과크기 0.42)(Beesley & Apthorp, 2010). 즉, 숙제의 양은 학습 성공에 큰 영향을 미치지 않지만, 연습을 많이 하는 것은 학습 성공과 강한 긍정적인 연관이 있다는 것이다.

물론 모든 연습이 동일한 효과를 내는 것은 아니다. 그래서 학생들에게 연습을 부여하기 전에 다음과 같이 연습의 목적을 명확히 하는 것이 중요하다. 학생들에게 새로운 기술을 자동화(automaticity)하도록 하려는 것인가? 다양한 기술을 교차해서 연습하게 하여 새로운 지식이나 기술을 더 천천히, 그러나 더 깊이 배울 수 있도록 하려는 것인가? 기억이 희미해지기 전에 이전 학습을 새롭게 하려는 것인가? 새로운 지식과 기술을 의도적이고 성찰적인 연습을 통해 다듬으려는 것인가?

이 책에서 설명된 다른 전략들과 마찬가지로, 모든 수업에서 이 도구 모음을 모두 사용할 필요는 없다. 교사로서의 전문적인 지혜와 경험을 바탕으로 상황에 맞는 적절한 도구를 찾는 것이 중요하다.

초기 연습 단계 관찰하고 지도하기

학생들이 새로운 학습에 집중하고 이해한 후, 다음 단계로는 새로운 학습 내용을 초기 연습 과정을 통해 확고히 해야 한다. 이는 기술을 적용하거나(예: 여러 자릿수 덧셈) 새로운 학습을 반복하여 기억에 남기려는 작업(예: 스페인어 동사 'venir'의 활용형)일 수 있다. 이와 같은 초기 연습 단계에서는 학생들이 교사의 직접적인 지도나 도움을 받는 것이 효과적이다.

학생들이 새로운 절차를 처음 시도할 때 과도한 '인지적 부담(cognitive load)'을 느끼는 것은 절차의 단계를 기억하면서 동시에 그 절차를 수행해야 하기 때문이다(van Merrienboer & Sweller, 2005). 우리의 작업기억은 한 번에 제한된 양의 정보만 처리할 수 있기 때문에, 너무 많은 정보를 동시에 처리하려고 하면 혼란스럽거나 좌절감을 느끼거나 중요한 과정의 일부를 소홀히 할 수 있다. 어느 정도의 어려움은 필요하지만, 특히 학생들이 새로운 기술을 배우는 초기 단계이거나 학습에 여러 요소가 포함된 경우, 지나치게 어려운 상황은 학생들의 작업기억에 과도한 부담을 주어 학습이 일어나기 어렵게 만든다 (Chen, Castro-Alonso, Paas, & Sweller, 2018).

예를 들어, 대수 방정식(예: 2x + 5 = 13)에서 x의 값을 구하는 법을 배우는 학생은 방정식의 각 숫자, 함수, 서로의 관계 등 최대 12개의 정보(방정식의 각 숫자와 기호, 연산 과정, 양변의 조작, 문제 풀이 전략, 연산 순서 등을 합치면 12개나 된다는 의미임-옮긴이)를 한꺼번에 머릿속에 담아 두어야 한다. 따라서 이런 복잡한 새로운 과정을 배울 때는 풀이된 예제(worked examples)와 함께 풀이 과정의 각 단계를 보여주는 가이드나 참고 자료가 유용하다(Frerejean, Brand-Gruwel, & Kirschner, 2013). 예를 들어, 교차 곱셈 방법, 주제문과 이를 뒷받침하는 세부 사항으로 단락을 작성하는 방법, 또는 화학 방정식에서 균형 맞추는 방법(화학 방정식에서 반응물과 생성물의 원자 수를 동일하게 만드는 과정-옮긴이)을 보여줄 수 있다.

요약하자면, 학생들에게 새로운 과정을 가르칠 때는 풀이된 예제와 함께 그 과정을 직접 보여주고, 차근차근 몇 차례 설명해 주며, 처음 연습 단계에서 참고할 수 있는 가이드나 영상 자료를 제공하는 것이 가장 이상적이다. 그와 동시에 학생들이 연습하는 모습을 주의 깊게 관찰하는 것이 중요하다. 연구에 따르면, 학생들이 초기 연습 단계에서 너무 많은 시간을 혼자 보내면 기술을 잘못 배우거나 오개념을 형성할 수 있다(Kirschner, Sweller, & Clark, 2006).

예를 들어, 테니스 코치가 학생에게 공 바구니를 주면서 "좋아, 내가 휴게실에 가 있는 동안 이걸 다 서브하도록 해! 나중에 다시 와서 몇 개가 네트를 넘겼는지 볼게."라고 말하는 것은 상상하기 어려운 일이다. 그럼에도 불구하고 학교에서는 종종 이런 일이 벌어진다. 학생들은 숙제를 하며 교사에게 도움을 요청할 수 없는 상황에서 혼자 어려움을 겪고, 교사 또한 학생들이 무엇을 이해하지 못하는지, 어떤 실수를 저지르는지 파악하지 못한다. 새로운 기술을 습득하거나 새로운 학습 내용을 기억에 새기려고 시도하는 초기 연습 단계에서는 학생들을 관찰하는 것이 무엇보다 중요하다.

이해도 확인하기

초기 연습 단계에서 학생들의 모습을 관찰하는 것은 그들의 이해도를 점검하는 데 유용하다(예: 여러 자릿수 덧셈이나 뺄셈 문제에서 받아올림이나 받아내림을 알고 있는지, 프랑스 혁명에 관한 글을 읽을 때 '부르주아(bourgeoisie)'의 의미를 올바르게 이해하고 있는지).

물론 이러한 이해도 확인은 초기 학습 후 며칠 또는 몇 주가 아니라 몇 분 이내에 즉시 이루어져야 한다. 연구 결과에 따르면 이해도 확인과 즉각적인 피드백은 학생의 학습 속도를 두 배로 높일 수 있다(Wiliam, 2007). 다음은 이해도 확인을 최대한 활용하기 위한 방법이다.

시도해 보기: 이해도 확인을 위한 질문하기	
기억 확인(Recall)	이해 확인(Reveal)
• 분모는 어떤 숫자가 되어야 하는가? • 프레드릭 더글라스는 흑인이 원하는 것(과 원하지 않는 것)은 무엇이라고 말하는가? • 곰팡이의 특징은 무엇인가?	• 왜 그 숫자가 분모라고 생각하는가? • 더글라스는 왜 참정권이 학교 교육보다 선행될 수 있(고, 선행되어야 한)다고 말하는가? • 이끼가 곰팡이가 아닌지 어떻게 알 수 있는가?

• **자주 확인하기** 이상적으로는 학습을 의미 있는 단위로 나눈 후, 각 단위(chunk)마다 이해도를 확인하는 것이 좋다. 앞서 언급했듯이 단위는 5~10분 정도가 적합하므로, 한 시간짜리 수업에서는 최소 5회 이상 이해도를 확인하는 것이 좋다.

• **깊이 있는 질문하기** 더글러스 피셔(Douglas Fisher)와 낸시 프레이(Nancy Frey)는 교사들의 질문이 단순히 회상(recall)과 재인(recognition, 현재 접하고 있는 정보가 과거의 학습을 통해 기억 체계 속에 저장되어 있는 정보와 같은 것임을 확인하는 인지 과정-옮긴이)을 요구하는 경우가 많다고 지적한다. 다시 말해서, "선생님의 머릿속에 있는 답을 맞춰보세요."(p. 61)라는 식의 질문이 대부분이라는 것이다 (2011). 이러한 질문은 학생들이 사실을 정확히 기억하고 중요한 부분을 이해하고 있는지를 점검하는 데는 어느 정도 유용하다. 그러나 이러한 질문만으로는 학생들이 학습한 내용을 깊이 있게 이해하고

있는지 판단하기에는 부족하다. 학생들이 개념 간의 연관성을 파악하는지, '무엇'을 배우는지를 넘어서 '왜'와 '어떻게'까지도 이해하는지 확인할 수 있는 질문을 던져야 한다.

- **실수와 오해 찾아내기** 학습 과정에서 학생들이 흔히 저지르는 실수나 오해를 미리 파악하는 것도 중요하다. 예를 들어, 지구의 자전축이 '흔들려' 계절이 바뀐다고 오해하는 학생들이 있을 것으로 예상된다면, 이를 밝혀내기 위한 질문을 던져 바로잡을 수 있다.

- **말은 줄이고 경청하기** 평균적으로 교사는 수업 중 약 70~80%의 시간을 말하는 데 사용한다(Hattie, 2012). 하지만 교사가 말을 적게 할수록 학생은 더 많이 배우고, 교사는 학생이 무엇을 생각하고 배우는지에 대해 더 많이 알 수 있다. 수업을 5~10분 단위로 나누어 학생들이 정보를 처리하고 상호작용하며 생각을 나누도록 하면 이 균형을 회복하는 데 도움이 된다. 학생들의 이해도를 확인하는 간단한 방법 중 하나는 배운 내용을 다시 말해 보도록 요청하는 것이다. 즉, 이해한 내용을 학생 자신의 말로 요약하게 하는 것이다.

- **모든 학생의 참여 유도하기** 수업 시간에 몇몇 학생만 말을 하고, 대다수의 학생은 한마디도 하지 않는 경우가 많다. 예를 들어, 중학교 과학 수업의 학생 1,245명을 대상으로 한 연구에서는 단 15%의 학생만이 토론을 주도했고, 이들은 수업당 평균 16번의 상호작용을 한 반면, 나머지 학생들은 4번에 불과했다. 29%의 학생들은 수업 중 아무 말도 하지 않았다(Jones, 1990). 모든 학생의 이해도를 점검하기

위해서는 전체 학생을 대상으로 질문하기보다는 개별 학생에게 맞춤형으로 질문하는 것이 중요하다(Walsh & Sattes, 2005).

- **과제 검토를 통해 학습 공백 확인하기** 숙제, 퀴즈, 글쓰기 과제는 모두 학생의 이해도를 파악할 수 있는 귀중한 수단이다. 이를 검토, 채점, 기록할 때 오류 패턴을 찾아 학생의 이해도를 확인할 수 있다. 여러 학생이 같은 개념을 이해하지 못하거나 비슷한 실수를 반복하고 있는가? 특히 학생들에게 자신의 생각을 공유하도록 요청하는 개방형 글쓰기 과제는 이해도를 확인하고, 다시 가르쳐야 할 영역을 파악할 수 있는 좋은 방법이다(Fisher & Frey, 2011).

시도해 보기: 번호제 협력 학습

모든 학생을 학습의 처리 과정에 참여시키고 이해도를 점검하는 데 효과적인 방법 중 하나는 '번호제 협력 학습(numbered heads together, 소그룹 내 구성원 각자에게 번호를 부여하고, 무작위로 특정 번호를 선택해 각 그룹의 해당 번호 학생이 답하도록 하는 방법-옮긴이)'이라는 방식이다. 학생들은 네 명씩 그룹을 지어 각자 번호를 부여받고, 교사의 질문에 대한 답변을 함께 고민한다. 이후 교사가 번호를 선택하여 그 번호를 가진 학생들에게 대답을 요청한다. 이 방법은 학생들이 이후의 테스트에서 실패할 가능성을 거의 없애는 것으로 밝혀졌다(Maheady et al., 1991).

형성적 피드백 제공하기

　교사의 피드백이 없으면 연습 과제는 단순히 바쁜 일거리가 될 뿐, 학생의 성과를 향상시키는 데는 거의 도움이 되지 않는다. 당연해 보일지 모르지만, 학생들이 숙제를 채점하여 교사에게 전달하면 교사는 점수만 기록하고 피드백은 거의 없이 되돌려주는 교실을 어렵지 않게 볼 수 있다. 피드백이 없으면 학생은 다음에 무엇을 다르게 해야 할지, 어디에 노력을 집중해야 할지 모르기 때문에 숙제나 연습 과제가 자칫 무용지물이 될 수 있다. 따라서 연습과 피드백, 특히 학생이 자신의 진전 상황을 성찰하고 성과를 개선하는 데 도움이 되는 피드백, 즉 평가하지 않는 형성적 피드백(formative feedback)을 병행하는 것이 중요하다.

　많은 연구 결과에서 알 수 있듯이 피드백은 학습 효과를 극대화할 수 있는 가장 강력한 도구 중 하나이다. 예를 들어, 한 연구에서는 학생에게 피드백을 제공하면 피드백을 받지 않은 학생보다 성취도 테스트에서 백분위 점수가 28점이나 향상된 것을 발견했다(Beesley & Apthorp, 2010). 수백 개의 교육 관행에 대한 연구를 종합한 결과, 존 해티(John Hattie)는 학생들에게 피드백을 주는 것이 가장 강력한 방법 중 하나임을 발견하고, 학생들에게 "적정량의 피드백을 자주" 제공할 필요가 있다는 결론을 내렸다(2009, p. 238).

　하지만 모든 피드백이 좋은 피드백은 아니다. 피드백의 전반적인 효과크기는 크지만, 피드백에 대한 두 가지 중요한 메타 분석 결과, 조사 대상의 3분의 1은 피드백이 학습에 부정적인 영향을 미치는 것으로 나타났다(Shute, 2008). 이러한 점을 염두에 두고 피드백이 학생의 학습을 방해하지 않으면서 도움을 줄 수 있는 몇 가지 방법을 소개한다.

- **구체적이고 실행 가능한 피드백** 기본적으로 학생은 교사가 제공하는 피드백을 통해 무언가를 할 수 있어야 한다. 이를 위해 교사는 학생이 스스로 학습을 되돌아보고 숙달에 가까워지기 위해 취할 수 있는 구체적인 단계를 알려주어야 한다(예: "에세이에서 '수면이 중요하다'고 말하고 있는데, 이것을 독자들에게 어떻게 보여줄 수 있을까?"). 일반적으로는 연습 활동 중 또는 연습 직후에 피드백을 받으면 가장 큰 효과를 볼 수 있는데, 이때 주의할 점은 학생들이 연습하는 동안 자신의 학습에 대해 깊이 생각하게 해야 한다는 것이다. 이를 위해서는 피드백을 제공할 때 정답 제공을 삼가야 한다. 정답을 제공하면 학생들은 골똘히 생각하며 문제를 해결하거나 이전 학습을 되돌아보는 노력을 안 하게 되기 때문이다(Kulik & Kulik, 1998).
- **평가하거나 판단하지 않는 피드백** 여러 연구에 따르면 교사의 반응이 평가하는 듯하거나 판단하는 듯한 경우(예: "맞았어!", "틀렸어!"), 성적이 낮은 학생들은 창피를 당할까 두려워 교사와의 상호작용을 피하고 위축되는 경향이 있다(Kelly & Turner, 2009). 피드백은 비판적으로 들리지 않고 도움이 되는 방식으로 전달되어야 하며, 학생들이

성과를 향상시킬 수 있도록 구체적인 방법을 보여주어야 한다. 교사가 말투를 조정하는 것만으로도 학생의 학습 동기와 참여도가 크게 향상된다.

- **강압적이지 않은 피드백** 학생들은 피드백이 자신의 행동을 통제하거나 강요한다고 느끼지 않을 때 더 잘 받아들이는 경향이 있다. 에드워드 데시(Edward Deci)가 이끄는 연구팀은 긍정적인 피드백이라도 교사의 바람을 따르도록 강요하는 것처럼 들리면(예: "계속 잘해야 해") 학생의 동기를 약화시킬 수 있다는 사실을 발견했다(Deci et al., 1999). 따라서 피드백을 제공할 때는 의무감을 주는 표현(예: "... 해야 한다", "...할 필요가 있다")을 피하고, 관찰이나 제안의 형태(예: "다음번에는 ...을 시도해 보면 어때?", "그 방정식을 푸는 과정에서 어디가 잘못되었다고 생각하니?")로 전달하는 것이 좋다.

- **생각하게 하는 피드백** 학생들이 자신의 학습에 대해 생각하도록 하는 피드백을 제공해야 한다. 가장 중요한 것은 무엇을 하거나 어떻게 과정을 수정해야 하는지를 직접 알려주는 대신, 학생들이 자신의 학습을 성찰하고 잘못된 이해나 실수를 스스로 되짚어 볼 수 있도록 돕는 것이다. 예를 들어, 오류를 정정해 주거나 직접적으로 지침을 제공하기보다는 이전에 배운 내용을 되짚어 보고 적용할 수 있도록 하는 피드백이 필요하다(예: "오른쪽 열의 숫자 합이 9를 넘을 때 어떻게 해야 하는지 기억나니?", "venir는 불규칙 동사야, 그러면 어떻게 활용할지 기억하고 있니?").

교차연습 및 간격을 둔 독립연습

학생들이 학습 내용에 대해 충분히 이해하고 단계를 바르게 익힌 후에는, 기술에 대한 유창성을 기르고 새로운 학습을 장기적으로 기억에 남기기 위해 반복적인 연습이 필요하다. 이때는 일반적으로 교사의 안내가 적은 독립적인 연습을 한다. 그런데 이 시점에서 인지과학은 교사와 학생 모두에게 직관에 반하는 접근 방식을 제안하고 있다. 즉, 하나의 문제 유형만 연습하거나 동일한 지식과 기술을 반복하는 대신, 새로운 문제 유형이나 지식, 기술을 이전에 배운 것들과 함께 섞어 연습하는 것이 더 효과적이라는 것이다.

예를 들어, 학생들에게 여러 자릿수 덧셈에서 '1 올리기(받아올림)' 방법을 보여준 후, 이와 똑같은 유형의 문제만(예: 35 + 47) 20개를 풀기보다는, 받아올림이 필요 없는 간단한 문제(예: 34 + 44)도 섞어서 풀게 할 수 있다. 새로운 계산 방법을 배우더라도 '받아올림'이 필요한 여러 자릿수 덧셈 문제를 포함시켜서 섞어 연습하도록 해야 한다. 마찬가지로, 불규칙 동사 활용을 가르칠 때, 규칙 동사와 불규칙 동사를 혼합하여 연습하게 할 수 있다.

이와 같은 교차연습(interleaving) 혹은 혼합연습(mixed practice)은 시간 간격을 두고 이루어져야 한다. 학생들에게 같은 유형의 문제를 한 번의 연습 활동에서만 풀게 하고 그 이후에는 시험을 치르게 하는 것이 아니라, 새로운 자료에 대한 반복 노출과 연습을 단원 설계 및 수업 계획에 의도적으로 포함시켜야 한다. 에빙하우스(Ebbinghaus)의 연구에 따르면, 새로운 학습 내용을 20분, 1시간, 1일, 2일, 1주, 1개월 간격으로 다시 복습하는 것이 좋다.

하지만 학생들이 혼란스러워할 수 있다. 학생들은 교사가 자신들을 실험용 쥐 취급을 한다고 생각할 수도 있고, 새로운 기술을 빠르게 익히지 못하게 한다고 불평할 수도 있다. 그들의 말이 어느 정도는 맞을 수도 있다. 앞서 말했듯이, 집중연습(massed practice)은 빠른 학습을 유도하지만 빠른 망각으로 이어진다. 반면, 교차연습과 간격을 둔 연습(spaced practice)은 비록 초기에는 효율이 떨어질 수 있지만 나중에 더 큰 효과를 보장한다. 그러니 계속 밀고나가기 바란다. 학생들이 나중에 감사할 것이다.

또한 간격을 두고 인출연습을 할 기회는 다양한 형태로 제공될 수 있다. 예를 들어, 학생들이 이전 학습을 회상하도록 유도하는 간단한 연습(예: 성적에 반영하지 않는 퀴즈나 수업 질문에 대한 답변), 협동학습 활동 등이다. 이 목적은 학생들을 놀라게 하거나 걱정시키거나 처벌하려는 것이 아니라 기억을 강화하려는 것이다. 인출연습을 꼭 채점할 필요는 없다. 그러나 만약 이와 같은 인출연습, 즉 간단한 쪽지시험이나 퀴즈를 채점하지 않을 때 학생들이 이를 진지하게 받아들이지 않고 소홀히 할까 걱정된다면, 기억을 떠올리는 인출연습이 기억을 더 오래 유지하고, 정말 중요한 순간에 성적을 향상시킨다는 사실을 설명해 줘라. 궁극적으로는 학생들이 인출연습의 효과를 깨닫고 스스로

활용하도록 하는 것이다. 즉, 자기 자신에게 퀴즈를 내고, 학습한 내
용을 자신의 말로 재구성하는 습관을 기르도록 하는 것이다.

인출연습은 짧고 즉흥적으로 할 수 있다는 점도 기억하자. '시도해
보기' 코너에는 학생들에게 제공할 수 있는 인출연습 예시가 있다. 이

시도해 보기: 인출연습

인출연습은 학생들이 이전에 배운 내용을 떠올리게 하는 활동이다. 이 활동
은 복잡하거나 길 필요도 없고 채점할 필요도 없다.
다음은 몇 가지 예시이다.

- **팝 퀴즈(pop-quiz)** 읽기 과제나 집에서 연습한 후 또는 수업 중 토론 후, 학
  생들에게 핵심 개념을 자발적으로(그리고 개별적으로) 떠올리게 하여 배운
  내용을 기억하도록 유도한다.
- **과거 깜짝 퀴즈(blast-from-the-past quiz)** 이전에 냈던 퀴즈나 시험의
  일부를 다시 출제해 복습하게 한다.
- **파트너 퀴즈(partner quiz)** 학생들이 현재 학습 중인 내용과 관련하여 질
  문을 작성하고 이를 서로 주고받으며 답하게 한다.
- **브레인스토밍 퀴즈(brainstorm quiz)** 교과서를 보지 않고, 방금 배운 핵심
  내용 3~5가지를 작성하게 한다.
- **하나 주고 하나 받는 퀴즈(give-one-get-one quiz)** 수업 시간에 배운 핵
  심 내용 2가지를 각자 작성한 다음, 제한된 시간(예: 90초) 동안 서로 하나씩
  주고받으며 5~7가지 목록을 완성하도록 한다.
- **퇴실 퀴즈(exit quiz)** 수업이 끝날 때 학생들에게 간단한 퀴즈를 내고, 그들
  이 채점한 후 교실을 나갈 때 '퇴실 티켓'으로 제출하도록 한다.

러한 연습은 시간이 많이 걸리지 않으며, 수업 시작 전의 '벨 울리기 (bell-ringer, 학생들이 교실에 들어올 때 짧은 질문이나 문제를 제시함으로써 참여를 유도하는 활동-옮긴이)'와 같은 다른 활동에 통합될 수 있다. 예를 들어, 학생들이 자리에 앉을 때 이전 단원의 퀴즈를 내 얼마나 기억하고 있는지 확인할 수 있다. 정기적으로 인출연습을 하면 학생들도 점차 인출연습을 기대하고, 교사의 질문을 예상할 뿐만 아니라 그와 비슷한 질문을 스스로에게도 던지기 시작할 것이다.

효과적 연습 방법 가르치기

이런 전략들을 사용하는 학생들이 의외로 적다는 점이 놀랍다. 예를 들어, 명문 대학의 학생 177명을 대상으로 가장 자주 사용하는 공부 방법을 물어보니 83.6%가 '노트나 교과서 다시 읽기'라고 답했고, 54.8%는 이것이 주된 공부 방법이라고 답했다. 반면에, 자기 테스트 (self-testing)를 정기적으로 하는 학생은 10.7%에 불과했고, 이를 최우선 전략으로 꼽은 학생은 단 1.1%에 지나지 않았다(Karpicke, Butler, & Roediger, 2009).

이론적으로는 학생들에게 아직 숙달하지 못한 부분에 집중하라고 하는 것이 부족한 부분을 찾아서 연습하라고 말하는 것처럼 간단한 문제로 생각될 수 있다. 하지만 실제로는 많은 학생들이 자신이 어느 정도 아는지를 과대평가하고 얼마나 더 배워야 하는지를 과소평가하기 때문에, 완전한 숙달에 도달하기 전에 공부를 멈추는 경우가 많다. 그 이유 중 하나는 처음 배운 내용이 단기기억에 남아 있을 뿐인데도 이미 배웠다고 착각하기 때문이다(Nelson & Leonesio, 1988). 하지만 20분 후 혹은 하루 뒤에 그 내용을 다시 떠올리려고 하면 이미 잊어버린 경우가 많다.

게다가 학생들은 자신이 알고 있는 지식에 아무런 결함이 없다고 잘못 생각할 수 있다. 실제로 성적이 낮은 학생일수록 자신의 능력을 정확하게 평가하지 못하는 경향이 있다. 한 연구(Kruger & Dunning, 1999)에 따르면, 문법, 논리, 유머 테스트에서 하위 25%에 속한 학생들은 스스로를 상위 60%(즉, 하위 40%) 이상이라고 여겼으며, 반면에 상위 25%에 속한 학생들은 평균적으로 상위 13%에 속했음에도 불구하고 자신을 상위 25~30% 정도로 실제 이하로 평가했다. 또한 성적이 낮은 학생들은 실제 시험 성적보다 더 높을 것이라고 예측하는 경향이 있지만, 자신의 예측에 대해선 확신이 적다(Miller & Geraci, 2011). 요컨대, 학생들은 자신의 학습 수준을 정확하게 판단하지 못하기 때문에 의도적 연습(deliberate practice)에 어려움을 겪을 수 있다. 혹은 고정관점(fixed mindset)을 갖고 있어 자신이 아직 배우지 못한 것을 인정하면 바보처럼 보일까 봐 학습에 적극적으로 참여하지 못할 수도 있다.

연습 방법을 가르치는 첫 번째 단계는 학생들에게 의도적 연습의 중요성을 설명해 주는 것이지만, 그보다 더 나은 방법은 학생들 스스로 효과적인 연습이 무엇인지 생각해 보도록 유도하는 것이다. 이 과정에서 학생들이 어려움을 겪는 부분을 찾아내고, 이를 극복하기 위해 집중적으로 연습하는 것이 얼마나 중요한지 이해시킬 수 있다. 이 과정에서 '모든 결함은 개선의 기회가 되는 보물'이라는 일본의 '카이젠(kaizen, '개선'이라는 의미의 일본어-옮긴이)' 개념을 설명하며, 실수를 통해 발전할 수 있다는 생각을 학생들에게 전달할 수도 있다.

다음 단계는 이러한 '보물'(학생들이 인출연습을 통해 찾아내야 하는 약점이나 학습의 빈틈-옮긴이)을 찾아내도록 인출연습을 하는 것이다. 예를 들어, 몇 번의 간단한 반복을 통해 약점을 집중적으로 연습하는 방법을 알려주거나, 두문자어(acronym)를 활용한 기억술(예: '빨주노초파남보'로 무지개색 암기)을 사용해서 짧은 간격으로 연습하게 한 뒤, 몇 분 뒤나 한 시간 뒤, 또는 하루 뒤에 다시 학습한 내용을 복습하게 할 수 있다.

이러한 연습 전략 중 일부는 당연하게 보일 수 있다. 아마도 학습 과정의 어느 시점에서 이러한 전략에 이미 익숙해졌기 때문일 것이다. 그러나 대부분의 학생에게는 이 간단한 연습 방법조차도 여전히 낯설 것이다. 학생들에게 이렇듯 간단한 학습 '비법'을 알려주는 것만으로도 성적뿐만 아니라 자아 인식도 개선할 수 있다.

빅 아이디어:
반복학습을 통해 기억 강화하기

우리의 뇌는 학습한 내용을 잊어버리는 데 탁월한 능력을 가지고 있다. '망각 곡선(forgetting curve)'에 따르면, 우리는 배운 것의 90%를 30일 이내에 잊어버리며, 그중 대부분은 처음 몇 시간 내에 잊힌다고 한다(Medina, 2008). 이는 잘 설계된 연습 기회와 배운 내용을 되새기고 깊이 생각하는 과정이 없으면 오늘 수업에서 배운 내용의 대부분을 밤에 잠자리에 들기도 전에 잊어버릴 거라는 의미이다. 그리고 깨어 있는 동안 잊지 않았던 것들도, 잠을 자는 동안 뇌가 쓸모없다고 판단한 정보는 정리해 버리는 경향이 있다. 특히, 작업기억에 잠시 머물렀다가 다시 떠올리지 않거나 복습하지 않은 새로운 학습 내용일수록 그러하다.

하지만 좋은 소식도 있다. 최근 연구에 따르면 수면 중에 뇌는 새롭게 입력된 많은 기억을 지우지만(과학자들은 수면 중에 시냅스가 줄어드는 것을 관찰했다), 전부는 아니더라도 부분적으로 더 큰 시냅스(더 넓은 접촉 면적을 가지고 있으며, 더 많은 신경전달물질을 포함하고 있어 정보 전송에 더 큰 영향을 미치거나 더 강력한 연결을 제공하는 시냅스-옮긴이)가 가지치기(pruning, 자주 사용되지 않거나 불필요한 신경 연결을 제거하는 일-옮긴이)로부터 보호되는 것을 관찰했다(Cirelli & Tononi, 2017). 요약하자면, 우리의 뇌는 낮 동안 구축하고 강화한 신경망이 중요하다고 인식하면 이를 일종의 '저장' 대상으로 표시하는(marked) 것으로 추정된다. 그래서 밤에 잠자는 동안 쓸모없는 기억들을 제거하는 뇌의 청소 과정에서 이 새로운 기억들은 건드리지 않고 남겨두어 계속 유지되도록 한다.

수면은 대부분의 새로운 기억을 제거하고 일부만 남김으로써 낮 동안 뇌에 축적된 쓸모없는 기억들을 줄여 뇌의 신호 대 잡음 비율을 높여준다(비율이 높을수록 뇌가 중요한 정보만을 잘 기억하고 불필요한 정보는 걸러낸다는 뜻-옮긴이). 이 과정은 정보가 더 명확하고 유용하게 정리되도록 돕는다. 결과적으로, 이렇게 잘 정리된 기억은 학습에 효과적으로 활용될 수 있다. 신경과학자 줄리오 토노니(Giulio Tononi)는 수면이 "영리한 방식으로 망각하기"(Zimmer, 2017, p. 5)를 가능하게 하지만, 이는 낮 동안 새로운 학습을 충분히 반복해 뇌가 그것을 저장할 가치가 있다고 표시하는지에 달려 있다고 지적한다.

이러한 반복학습 과정에서 일부 학생들은 학습이 지루하고 흥미가 떨어진다고 느낄 수 있다. 새로운 아이디어를 발견하고 탐구하는 재미는 끝나버리고, 이제는 이미 배운 것을 반복하는 따분한 과정만 남았다고 생각할지도 모른다.

과연 그럴까? 학생들이 새로운 학습을 연습하려면 호기심을 포기해야 할까? 그렇지 않다. 단순히 배운 것을 무의미하게 반복한다면 연습은 지루할 수 있지만, 그것이 올바른 방법은 아니다. 최선의 연습은 의도적인 연습으로, 이는 학생들이 질문을 던지고(즉, 호기심을 유지하면서) 연습 중에 자신의 진전을 되돌아보는 과정을 포함한다.

예를 들어, 학생들이 기술을 익히려고 할 때, 호기심을 유지하면서 무엇이 잘 작동하는지(예: "목소리를 코에 울리게 하니까, 말하자면 비음을 내니까 높은 음을 잘 낼 수 있네!")와 무엇이 잘 안 되는지(예: "코사인 법칙은 이해한 것 같은데 문제를 자꾸 틀리네. 내가 놓치고 있는 게 뭐지?")를 성찰해야 한다. 마찬가지로, 학생들이 새로운 개념, 아이디어, 어휘를 잘 기억하지 못할 때는 학습 과정을 잠시 되돌아보고 그 개념을 기억에 남길 수 있는 다른 방법(예: 시각적 이미지, 개인적 연결, 암기법 등)을 찾는 것이 필요하다. 가장 중요한 것은 호기심을 다시 불러일으켜 그 개념을 완전히 이해했는지, 다른 사람에게 설명할 수 있는지, 그 개념의 중요성이나 다른 아이디어와의 연결성을 제대로 이해했는지를 스스로 점검하는 것이다.

이 모든 것은 이 장의 핵심 아이디어로 요약된다. 즉, 학습을 기억에 오래 남게 하려면 학생들은 새로운 정보를 학습한 직후와 그 이후에 여러 번 다시 떠올리고 되새겨야 한다. 그러나 이런 의도적인 연습과 성찰만으로는 학습이 끝나지 않는다.

매일 밤 학생들이 잠을 자는 동안, 뇌의 청소부가 돌아와 쓸모없는 정보를 정리할 것이다. 만약 학습이 너무 빨리 끝나면—예를 들어 시험에서 지식을 회상하는 것만으로 끝난다면—새로운 학습은 불완전하고 쉽게 사라질 것이다. 뇌의 청소부가 그것을 보존할 가치가 없다고 판단할 것이기 때문이다.

다음 장에서는 학생들이 학습의 마지막 단계로 나아가도록 돕는 방법을 다룰 것이다. 이 단계에서는 배운 내용을 확장하고, 응용하여 다른 아이디어, 지식 및 기술과 연결함으로써 깊고 지속적인 학습을 반영하는 복잡한 신경망을 형성하도록 할 것이다.

07

확장 및
적용하기

    2016년 12월 3일, 체스 그랜드마스터 티무르 가레예프(Timur Garayev)는 눈을 가린 채 48명의 상대와 동시에 체스를 두는 신기록에 도전하기 위해 라스베이거스로 향했다. 그는 운동용 자전거를 타며 상대가 두는 수를 듣고, 48개의 모든 기보를 머릿속에 떠올리며 대응 수를 제시했다. 23시간 동안 50마일을 달리며 1,400번의 수를 둔 후, 가레예프는 눈을 가린 채 48명의 상대와 동시에 체스를 두는 대국에서 35승 7무 6패라는 세계 신기록을 세웠다(Barden, 2017).

    언뜻 보기에는 가레예프가 초인적인 기억력을 가지고 있는 것 같지만, 인지과학자들이 여러 테스트를 실시한 결과 그에게서 딱히 놀라운 점은 발견되지 않았다. 연구자 중 한 명은 "체스 외에는 그가 뛰어난 재능을 가진 것으로 보이는 어떤 것도 발견하지 못했다."라고 말했다(Sample, 2016). 그렇다면 가레예프는 어떻게 그 모든 기보를 다 기억할 수 있었을까? 그 비결은 바로 '기억의 궁전(memory palace)'이라는 기법이었다. 그는 머릿속에 48개의 방을 만들고, 각 체스 움직임에 이름을 붙였다. 예를 들어, 그는 체스를 시작할 때 특정한 수(D4 위치로 시작하는 오프닝 수)를 '다이애나 왕세자비'로 이름 붙이고, 방 안에 다이애나 왕세자비가 있는 장면을 상상했다. 이어서 상대가 그 옆의 말을 움직여 E4 위치에 배치하면, 그 수를 '엘비스'라고 이름 붙이고, 엘비스가 다이애나와 함께 방 안에 있는 모습을 떠올렸다(Lubin, 2017).

또 하나, 아마도 더 중요한 기억 보조 수단은 모든 체스 마스터들이 사용하는 방식이었다. 연구자들은 체스 그랜드마스터(체스에서 가장 높은 수준의 자격을 의미하여 국제 체스 연맹에서 부여하는 호칭-옮긴이)가 초보자보다 체스판 위에 있는 말의 위치를 네 배 더 많이 기억할 수 있다는 사실을 발견했다(Chase & Simon, 1973). 언뜻 보면 그들이 더 나은 기억력을 가지고 있어 체스에 뛰어나다고 생각할 수 있지만, 연구자들이 체스 말을 게임과 관계없이 무작위로 배치했을 때, 이 전문가들도 초보자와 비슷하게 말의 위치를 기억하는 데 어려움을 겪었다. 즉, 그들의 기억력이 뛰어난 것이 아니라, 수많은 연습을 통해 말의 움직임에서 패턴을 읽어내는 능력을 갖추게 된 것이었다.

이 현상은 학습한 내용이 잘 기억되기 위해 마지막 단계에서 반드시 필요한 과정을 보여준다. 먼저, 이전에 배운 내용을 토대로 새로운 지식을 잘 연결하고 큰 그림을 그리며 정리해야 한다. 그다음으로는, 새로운 정보를 쉽게 기억하고 활용할 수 있도록 여러 가지 방법으로 떠올릴 수 있는 단서를 만들어야 한다.

인지과학자들은 문제를 정확히 파악하고(예: "이 상처는 감염된 것 같은데...") 이를 해결하기 위해 머릿속에서 올바른 대응책을 떠올리게 하는 것(예: "... 항생제 연고를 처방해야겠네.")을 스키마(schema) 또는 인지 모형(mental model, 특정한 시스템이나 상황을 이해하고, 예측하며, 설명하는 데 사용하는 내적인 인지 구조-옮긴이)이라고 부른다. 일상적인 용어로는 '노하우(know-how)'라고 한다. 논쟁의 여지 없이 '노하우'는 학습의 주요 목표이다. 결국, 우리의 목표는 학생들이 지식과 기술을 연결하여 주변 세계를 더 잘 이해하고, 자신과 타인을 위해 긍정적인 결과를 가져올 만한 행동을 취할 수 있도록 돕는 것이다.

이 장에서 살펴보겠지만, 인지 모형을 개발하려면 단순히 학습 내용을 시험에서 반복하는 것으로는 안 된다. 이를 넘어서 학습 내용을 비판적이고 창의적으로 사고하고, 새로운 상황에 적용하여 문제를 해결하는 등 학습을 확장하고 적용하는 것이 필요하다. 여러 가지 면에서 학습 여정의 마지막 단계는 학생들이 학습에서 의미와 목적을 찾음으로써 학습에 대한 흥미를 유지할 수 있도록 도와준다. 결국, 학습 여정의 끝은 처음으로 돌아가, 학습을 시작할 때의 관심과 동기를 되살리는 과정이기도 하다. 학습 과정의 마지막 단계는 학생들이 학습한 내용을 실생활과 연결하고, 그 의미와 목적을 이해하며, 배운 내용을 장기적으로 기억하고 활용할 수 있도록 돕는 중요한 과정이다. 이 단계를 생략하면, 학생들은 학습이 단순히 시험을 위한 것에 불과하다고 느끼고, 배운 내용을 의미 있는 방식으로 통합하거나 나중에 쉽게 떠올리지 못할 수 있다.

이 장에서는 이전에 배운 기억 저장과 인출에 대한 내용을 바탕으로, 뇌가 정보를 유용한 지식과 기술로 변환하여 필요할 때 이를 다시 꺼내 쓸 수 있도록 하는 과정을 더 깊이 탐색할 것이다. 또한 학생들에게 학습을 확장하고 적용할 기회를 제공하여 그들이 평생 활용할 수 있는 인지 모형과 인출 단서를 개발하도록 도울 것이다.

깊은 학습의 과학적 원리

이전 장에서 간단히 언급했던 아이디어, 즉 기억을 저장하고 인출하는 과정 사이에는 큰 차이가 있다는 점에 대해 잠시 생각해 보자. 대학을 졸업한 후 오랜만에 모교를 방문했을 때, 잊고 있던 수많은 기억이 한꺼번에 떠오른 적이 있다. 알고 보니 그 기억들은 항상 내 안에 있었지만, 그것들을 불러올 수 있는 단서들이 그동안 희미해졌던 것이다. 하지만 오랜만에 다시 찾은 모교에서 그 기억들과 관련된 풍경, 소리, 냄새에 노출되자마자 그 단서들이 연결 고리가 되어 오래전 기억이 떠올랐던 것이다.

기억 속에 무언가를 저장해 두었는데 어떤 유발 요인이나 단서가 없어서 꺼내지 못한 경험이 있을 것이다. 반대로, 강하게 간직하고 있던 기억이 얼마 지나지 않아 사라진 경험도 있을 것이다. 예를 들어, 얼마 전 마트에 갔을 때를 생각해 보자. 30분 정도 쇼핑하는 동안은 차를 어디에 주차했는지 정확하게 기억했을 것이다. 그러나 일주일 후 누군가 법정에서 당신에게 그날 차를 어디에 주차했는지 증언하라고 한다면 아마도 기억하지 못할 것이다.

'새로운 불용 이론(new theory of disuse, 기억의 저장 강도는 시간이 지나도 유지되지만, 인출 강도는 반복적인 인출연습에 의해 강화되며, 사용되지 않으면 약해질 수 있다는 이론-옮긴이)'에 의하면, 기억을 저장하는 데는 기억을 불러오는 것과는 다른 정신적 과정이 필요하며(Bjork & Bjork, 1992) 그 과정은 다음과 같다. 첫째, 기억을 저장하려면 일반적으로 새로운 학습을 반복해야 한다. 둘째, 기억을 효과적으로 저장하기 위해서는 그 학습을 자주 인출하는 연습이 필요하다. 셋째, 강렬한 감정(긍정적이든 부정적이든)은 기억을 강화하는 데 중요한 역할을 한다. 예를 들어, 다른 운전자가 당신의 차를 긁었다거나, 아니면 누군가 익명으로 와이퍼 밑에 100달러짜리 지폐를 두고 갔다면, 시연(rehearsal)이나 인출 연습 없이도 그날 주차했던 위치를 쉽게 기억할 수 있을 것이다. 한편, 기억을 불러오려면 기억에 이르는 여러 경로를 개발하여 뇌가 나중에 기억을 끄집어낼 수 있도록 여러 개의 연결 고리를 만들어야 한다.

이전 장에서는 주로 연습과 반복이 어떻게 기억을 강화하는지 탐색했다. 이 장에서는 동전의 다른 면, 즉 학생들이 새로운 학습에 대해 여러 가지 생각의 연결 고리를 만들어, 학습한 내용을 필요할 때 쉽게 떠올릴 수 있도록 많은 인출 단서를 개발하는 방법에 대해 탐색할 것이다.

새로 배우는 내용을 자신과 연결하기

기억을 더 잘 유지하는 간단하지만 강력한 원리를 살펴보자. 우리는 새로운 정보를 배울 때, 그것을 개인적 경험이나 일상생활과 연결하면 더 잘 기억할 수 있다(Sousa, 2011). 이 원리는 학습에도 적용된다. 연구자들은 학생들에게 단어 목록을 학습하게 하면서 '처리의 깊이(depth of processing)'라는 전략을 사용했다. 한 그룹은 단어의 발음이나 철자에 주목했고, 다른 그룹은 단어의 의미에 집중했다. 그 결과, 의미에 집중한 그룹의 학생들이 더 많은 단어를 기억했다. 또한 단어를 자신의 경험이나 성격과 연결한 학생들(예: "이 단어가 당신을 잘 묘사합니까?")도 그 단어들을 훨씬 더 정확하게 기억했다. 이 결과는 새로운 정보를 단순히 암기하는 것보다 그 정보를 자신의 삶과 연관 짓는 것이 더 강력한 학습 방법임을 시사한다(Rogers et al., 1977; Symons & Johnson, 1997).

그 후 수년간 연구자들은 다양한 학습 과제, 연령대 및 주제 영역에서 이러한 '자기 참조 효과(self-reference effect, 정보를 자신과 관련지어 생각할 때 그 정보를 더 잘 기억하게 되는 현상-옮긴이)'의 긍정적 효과를 반복적으로 발견했으며, 129개의 연구를 메타 분석한 결과 새로운 학습을 자신이나 개인적 경험에 연관시키는 것이 기억에 강력한 영향을 미친다는 결론을 내렸다(Symons & Johnson, 1997). 한 연구에서는 세 그룹의 대학생들에게 아동 발달에 관한 텍스트를 주고 서로 다른 방법으로 공부하도록 했다. 한 그룹은 텍스트를 읽으면서 스스로 자기 참조 질문(self-referencing questions)을 던졌고, 다른 그룹은 SQ4R(Survey(훑어읽기), Question(질문하기), Read(읽기), Reflect(성찰하기), Recite(암송하기), Review(복습하기)) 방법을 사용했으며, 세 번째 그룹은 자신이 선택한 학습 전략(주로 강조 표시와 다시 읽기)을 사용했다(Hartlep & Forsyth, 2000). 연구진은 학습 직후와 2주 후 두 차례에 걸쳐 학생들을 테스트했다. 읽은 내용을 자신의 개인적인 경험과 연결시킨 그룹의 학생들은 두 시험 모두에서 다른 두 그룹의 학생들보다 훨씬 우수한 성적을 보였으며, 정교한 SQ4R 방법을 사용한 그룹의 학생들보다도 더 우수한 성적을 보였다. 이 연구는, 학생들이 읽은 내용을 자신의 경험과 연결시키는 성찰 과정이 핵심 요소일 수 있음을 시사한다. 이것이 바로 자신과의 연관이 학습에 중요한 이유다.

학습한 내용을 자신이나 개인적 경험에 연결하는 것이 왜 그렇게 강력한 학습 전략이 될까? 연구자들은 새로운 학습을 개인적인 경험과 연결하면 사실상 기존 신경망과 통합되어 새로운 학습의 저장 강도가 높아지는 것으로 추정한다. 동시에 새로운 학습을 개인적인 경험과 연결했기 때문에 그 내용을 상기시키는 단서를 주변 환경에서 더 쉽게 접할 수 있어 인출 강도가 높아질 가능성도 크다.

예를 들어, '유치하게 짜증을 내는'이라는 의미의 단어 petulant를 단순히 그 정의를 머릿속에서 반복적으로 되뇌는 방식으로 학습한다고 상상해 보자. 이 단어를 기억 저장소에 저장할 적절한 장소를 찾기가 어려울 수 있다. 반면, 이 단어를 자신의 뜻대로 되지 않으면 입을 삐죽이는 친구와 연관 지으면, 이 단어를 '짜증나는 친구의 특징'이라는 기억 저장소에 쉽게 넣을 수 있을 것이다. 게다가, 이제 이 단어를 떠올릴 수 있는 단서도 생겼다. 예를 들어, 친구가 자신이 선택한 식당이 아닌 다른 곳으로 가기로 그룹이 결정할 때 시무룩해진다면, 그 단어가 떠오를 것이다.

마지막으로 언급할 점은, 자기 참조 효과는 자신에게만 초점을 맞출 필요가 없다. 다시 말해서, 학습 내용을 자신에게만 집중하는 것이 아니더라도 긍정적인 효과를 얻을 수 있다는 것이다. 새로운 정보를 저장하고 불러오는 데 있어 자신과 관련짓거나 다른 사람이나 주변 세계와 연관 지을 때도 우리는 강력한 기억 구조를 형성하게 된다. 특히, 이타적인 성향의 학생들은 학습 내용을 자신과 관련짓기보다는 주변 사람들을 돕는 것과 관련지을 때 기억이 더 잘 유지된다는 연구 결과도 있다(Symons & Johnson, 1997).

스스로에게 더 깊은 질문 던지기

새로운 학습의 인출 강도를 높이는 또 다른 학습 전략은 정교화 시연(elaborative rehearsal, 정보의 범주화, 토론하기, 요점 설명하기 등 기억하고자 하는 정보를 이미 알고 있는 정보와 연결하여 장기기억 속에 있는 정보를 적극적으로 재조직하는 학습 활동-옮긴이)이나 정교화 질문이다. 기본적으로 정교화 시연은 학생들이 학습한 내용에 대해 더 복합적인 '어떻게, 왜, 만약에 ~하면 어떻게 하나'와 같은 질문을 스스로에게 던져 학습을 정교화하도록 함으로써 인출연습을 한 단계 더 발전시킨다(McDaniel & Donnelly, 1996). 예를 들어, 학생들은 가을에 단풍이 드는 이유, 에어컨의 작동 원리, 미국이 2차 세계대전에서 연합군에 가담하지 않았다면 어떤 일이 벌어졌을지 등을 깊이 생각해 볼 수 있다.

한 연구에서는, 세 그룹의 대학생들에게 한 남자의 행동에 대해 서로 다른 문장을 제시하고 읽게 함으로써 정교화 질문의 힘을 입증했다(Pressley et al., 1987). 첫 번째 그룹은 간단한 문장(예: "배고픈 남자가 차에 탔다.")을 읽었다. 두 번째 그룹은 위와 비슷한 내용을 자세히 설명하는 문장(예: "배고픈 남자가 식당에 가려고 차에 탔다.")을 읽었다. 세 번째 그룹에게는 첫 번째 그룹과 동일한 단순 문장을 읽고 정교화 질문(예: "그 남자는 왜 그렇게 했을까?")에 답을 하도록 했다.

이와 같이 학생들에게 24개의 문장을 읽게 한 후, 남자의 행동을 기억할 수 있는지 알아보기 위해 깜짝 퀴즈(예: "배고픈 남자는 무엇을 했나요?")를 냈다. 그 결과, 정교화 질문에 답하도록 한 학생들은 남자의 행동에 대해 훨씬 더 높은 기억력을 보였으며, 단순한 문장과 자세히 설명한 문장을 읽은 그룹의 정답률이 각각 15%와 24%였던 것에 비해 평균적으로 65%의 정답률을 보였다.

인지과학자들(Dunlosky et al., 2013)은 정교화 질문이 새로운 학습을 기존 지식과, 더 나아가 기존의 인지 모형과 연결시켜 학습을 강화한다고 믿는다. 이 과정은 다음과 같이 진행된다. 가령 "따뜻한 공기는 어떻게 상승할까?"라는 질문을 받으면, '음, 따뜻한 공기는 팽창해서 밀도가 낮아지지. 마치 공기가 물보다 밀도가 낮은 것처럼. 그러니까 아마 물속에서 공기 방울이 올라가는 것과 비슷하겠지.'라고 생각을 확장할 수 있다. 이 시점에서 우리는 새로운 학습을 기존의 인지 모형(예: 팽창, 밀도, 공기 방울, 중력)과 결합하게 되고, 이러한 인지 모형에 이미 연결된 기억 단서를 활용해 새로운 학습을 더 쉽게 기억할 수 있게 된다. 이제 우리는 단순히 한두 개의 기억 단서만 있는 것이 아니라 여러 개를 갖게 되어 새로운 학습을 더 쉽게 기억하고 인출할 수 있게 된다.

다양한 연령대, 능력 수준, 내용 영역을 아우르는 연구에서 학생들이 스스로 깊이 있는 질문을 하는 것이 얼마나 효과적인지 입증되었다(Chi et. al., 1994; Schworm & Renkl, 2006; Scruggs et. al., 1994; Smith et al., 2010; Wong et al., 2002; Wood & Hewitt, 1993). 그러나 자기 참조 효과와 마찬가지로 정교화 질문은 학생들이 새로운 학습에 집중하고 학습 내용을 이미 이해했으며, 새로운 학습을 저장하고 인출할 준비가 된 경우에만 효과가 있다는 점에 유의할 필요가 있다(Woloshyn, Pressley, & Schneider, 1992). 예를 들어, 학생들에게 비행기 날개가 비행에 어떻게 도움을 주는지 설명해 보라고 해도 기압의 기본 원리를 아직 이해하지 못했다면, 정보를 더 깊이 이해하거나 오래 기억하는 것은 힘들 것이다.

자기 설명의 중요성

정교화 질문은 사실, 개념, 아이디어 같은 선언적 지식(declarative knowledge, 서술적 지식)을 기억에 잘 저장하고 회상하는 데 도움이 된다는 것이 입증되었다(Dunlosky et al., 2013). 그렇다면 기술, 절차, 과정과 같은 절차적 지식(procedural knowledge)은 어떨까? 비슷한 과정인 자기 설명(self-explanation, 학습자가 자신이 하고 있는 작업이나 문제 해결 과정을 설명하면서 스스로 이해를 돕는 전략-옮긴이)이 이러한 기술 기반(skills-based) 학습의 기억 저장에 효과적이라는 사실이 밝혀졌다. 자기 설명은 우리가 수행하는 과정의 각 단계와 그 과정에서 내리는 선택들을 소리 내어 설명하는 것을 의미한다. 예를 들어, 수학 문제를 풀 때, 학생들에게 "여기서 왜 교차 곱셈을 해야 하지?" 혹은 "직사각형의 면적을 구할 때 왜 길이와 너비를 곱해야 할까?"와 같은 질문을 던질 수 있다.

연구자 디앤 베리(Dianne Berry)는 자기 설명이라는 이 개념을 테스트하기 위해 학생들에게 잼 병과 음반 라벨을 사용한 논리 퍼즐을 풀도록 했다(1983). 첫 번째 그룹의 학생들에게는 퍼즐을 풀면서 추론 과정을 소리 내어 설명하게 하고, 두 번째 그룹에게는 퍼즐을 푼 후에 설명하게 했으며, 세 번째 그룹에게는 설명하지 않고 조용히 퍼즐을 풀도록 했다. 첫 두 번의 과제에서 세 그룹 모두 규칙을 잘 이해한 것으로 나타났으며 두 번째 시도에서는 퍼즐의 90% 이상을 정확하게 맞췄다. 그러나 실험의 세 번째 단계에서, 학생들이 이 과제의 논리 규칙을 좀 더 추상적인 카드 과제에 얼마나 잘 적용할 수 있는지를 테스트했을 때, 예상치 못한 결과가 나타났다. 자기 설명 그룹의 학생들만 카드 퍼즐에서도 이전과 마찬가지로 90% 이상을 올바르게 맞추며 구체적(잼 병과 음반 라벨) 과제에서 추상적(카드) 과제로의 학습의 전이에 성공했다. 그러나 풀이 후 설명 그룹과 설명 없이 풀이한 그룹의 학생들은 각각 68%와 27%만 올바르게 퍼즐을 맞추는 등 부진한 모습을 보였다. 잠시 생각해 보라. 기본적으로 같은 문제를 이미 풀었음에도 불구하고 풀이 과정의 논리를 소리 내어 설명하지 않은 학생들은 구체적인 과제와 추상적인 과제 간의 연관을 찾지 못했다. 즉 학습의 전이에 실패한 것이다.

왜 이런 일이 발생했을까? 이유를 확실히는 알 수 없지만, 생각을 소리 내어 말하는(think-aloud) 과정이 학생들이 자신의 학습을 되새기고(시각적 및 언어적 처리 연결), 과제에서 공통된 패턴을 발견하여 새로운 도전 과제인 카드 퍼즐로 학습을 전이하는 데 도움을 주었을 가능성이 있다(Berry, 1983). 가장 놀라운 점은, 카드 퍼즐이 잼 병과 음반 라벨 퍼즐과 기본적으로 동일하다고 학생들에게 직접 말해줬음에도(즉, "재료는 다르지만, 과제는 논리적으로 동일하다."라고 말했음에도 불구하고) 퍼즐의 풀이 과정을 소리 내어 설명하지 않은 학생들은 학습을 전이하는 데 성공하지 못했다는 것이다.

이 결과는 두 가지를 시사한다. 첫째, 무엇을 어떻게 해야 하는지를 아는 것과 그것이 왜 작동하는지, 즉 우리가 해결하려는 과제의 근본적인 원리나 논리를 이해하는 것은 별개의 문제이다. 둘째, 우리가 배우는 것의 논리나 패턴을 가장 잘 이해하는 방법은 우리가 하고 있는 일을 왜 하고 있는지 소리 내어 설명하는 것이다. 어떤 이유에서든, 이 '생각을 말로 표현하는' 과정이 '무엇', '어떻게', '언제', '왜'를 더 큰 일관된 패턴으로 연결하는 데 중요한 역할을 하는 것으로 보인다.

인지 모형 만들기

연구자들은 이와 같은 일관된 패턴을 스키마(schema) 또는 인지 모형(mental model)이라고 부른다. 연구자들은 인지 모형이 깊이 있는 학습(deep learning)의 기본 구성 요소임을 밝혀냈다. 인지 모형 없이는 주변 세계를 이해하거나 복잡한 문제를 해결하는 데 도움이 되는 방식으로 학습을 통합하는 것이 어렵거나 불가능하다.

예를 들어, 어느 토요일 아침 문득 거실 바닥의 아이들 낙서, 강아지 흔적, 수많은 발자국, 엎질러진 음료수 자국들로 더러워진 낡은 카펫을 새로 바꾸기로 결정했다고 상상해 보자. 카펫 가게에 가기 전에 먼저 얼마나 많은 카펫이 필요한지와 비용이 얼마나 될지를 계산할 것이다. 첫 번째 단계로 L자 모양의 거실 벽을 측정한다. 그다음 도표 7.1과 같이 거실의 대략적인 스케치를 그리고 각 벽의 길이를 피트 단위로 표시한다. 지역 광고에서 카펫이 제곱 야드당 약 75~100달러인 것을 확인한다. 이 시점에서 실생활과 직접 관련이 있는 수학 문제를 풀어야 하는 상황에 직면한다.

자, 이 문제를 푸는 동안 당신의 뇌에서 어떤 일이 일어나는지 살펴보자. 먼저, 당신은 다각형의 면적을 계산하는 문제라는 것을 파악하기 위해 선언적 지식을 인출해야 한다. 그런 다음, 문제를 풀기 위한 과정, 즉 '길이 × 너비 = 면적'을 인출하지만, 이것이 단순한 직사각형이 아닌 것을 알게 된다. 이제 면적을 계산하기 위한 절차적 지식을 인출하여 도형을 두 개의 작은 직사각형으로 나눈다. 이런 방식으로 선언적 지식과 절차적 지식을 오가며 제곱 야드를 제곱 피트로 변환하고 최종적으로 비용을 산출한다. 이렇게 다양한 유형의 지식을 활용하여 드디어 문제를 풀었는데, 실망스럽게도 새 카펫을 거실에 깔기 위한 비용이 카펫 패드, 설치 등 추가 비용을 포함하여 무려 3,000달러가 넘게 나왔다. 재빨리 은행 계좌를 확인한 후, 계획을 바꾸어 주말 동안 가구를 재배치하여 카펫의 얼룩을 가리기로 한다.

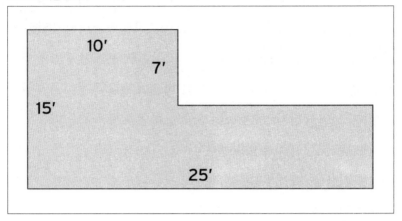

이와 같은 선언적 지식과 절차적 지식의 결합은 복잡한 문제 해결의 핵심일 뿐만 아니라, 의학(Lesgold et al., 1988), 수학(Silver, 1979), 건축(Akin, 1980), 소방(Klein, 1998) 등 다양한 분야와 작업에서 전문가와 초보자를 구분 짓는 요소이기도 하다. 초보자와 달리 전문가는 여러 개별적인 정보들을 인식 가능한 패턴으로 더 쉽게 그룹화하여 문제를 더 잘 이해하고, 절차적 지식을 종합하여 문제를 해결할 수 있다(Nokes, Schunn, & Chi, 2010).

기본적으로 전문가는 문제에 직면했을 때 ① 문제를 범주화하고, ② 문제에 대한 인지 모형을 만들고(정보 수집, 기존 경험의 활용, 문제의 구성 요소들 간의 관계 파악, 가설 수립, 모형의 적용과 수정의 과정을 의미-옮긴이), ③ 적절한 문제 해결 전략을 모색하고, ④ 해당 전략을 인출하여 적용하고, ⑤ 적용한 문제 해결 전략의 효과를 평가하고, ⑥ 해결책을 찾지 못하면 ①~④단계를 반복하고, ⑦ 해결책을 찾으면 그 해결책과 과정을 나중에 사용할 수 있도록 저장한다(Newell & Simon, 1972).

이와 대조적으로, 초보자들은 무작정 과제에 뛰어드는 경향이 있는 것으로 나타났다(Brand-Gruwel, Wopereis, & Vermetten, 2005). 예를 들면, 복잡한 과제(예: 상하기 쉬운 음식을 섭취할 때 유통기한을 따라야 할지, 우리의 감각을 믿어야 할지, 무엇이 최선인지에 대해 조사하고 400자 에세이를 작성하시오.)에 어떻게 접근하는지 추적한 연구 결과, 초보자(대학교 1학년) 그룹은 불필요한 정보를 검토하고 새로운 정보를 분류하는 데 어려움을 겪으면서도 곧바로 과제에 뛰어든 반면, 전문가(박사 과정) 그룹은 처음에 문제의 규모를 파악하고 분류하는 데 많은 시간을 할애하고, 사전 지식을 되돌아보고, 새로운 정보를 접할 때마다 평가하고 이를 바탕으로 에세이를 재구성했다. 무엇보다도 문제 해결 과정에 대한 이해도가 높아져 "이 정보가 필요한 정보인가? 질문에 대한 답을 찾고 있는가? 남은 시간이 얼마인가?"와 같은 질문을 통해 자신의 진행 상황을 지속적으로 점검했다. 즉, 전문가들은 선행 학습을 잘 이해하고 그것을 인지 모형으로 저장하였으며, 이를 새로운 상황에 전이하여 복잡한 문제를 해결하는 데 적용할 수 있었다.

인지 모형에 대해 비판적으로 생각하기

앞서 언급했듯이, 이전 학습을 인출할 때 우리는 기억을 되살려 활용할 수 있는 상태로 만들어 다른 아이디어와 경험에 연결할 수 있다. 이것은 또한 우리가 이전의 학습을 인지 모형의 형태로 불러오고(과거에 습득한 지식이나 경험을 현재의 문제 해결이나 상황 이해에 적용할 수 있는 구조로 재구성하는 것을 의미-옮긴이) 적용할 때, 우리의 인지 모형을 더욱 강력하게 만들 뿐만 아니라 문제 해결에 실패하거나 세상을 온전히 이해하지 못하는 경우 인지 모형을 수정할 기회를 갖게 된다는 것을 의미한다.

교실에서는 항상 이런 일을 겪게 된다. 과거에 효과적이었던 수업이 현재의 학생들에게는 통하지 않는다는 사실을 깨닫는 순간이 있다. 예를 들어, 학생들이『파리대왕』을 정말 좋아한다는 생각, 혹은 주식 시장 시뮬레이션 단원에 특별한 의미를 부여했던 것 등 기존의 인지 모형이 더는 유효하지 않을 수 있다. 즉, 기존의 인지 모형이 현재 상황에 적합하지 않다는 것을 인식하게 되는 것이다. 이는 전문성을 시험하는 기회가 된다. 특정한 수업이나 학생 반응에 대한 고정된 해석에 갇히지 않고, 지속적으로 인지 모형을 재검토하고 다듬는 것이 중요하다. 이러한 과정이 비판적 사고의 본질이며 학생들에게도 자신의 사고를 확장하고 발전시킬 기회를 제공한다.

이것이 시사하는 바는 학습을 확장하고 적용하는 것, 다시 말해서 학생들에게 자신의 인지 모형을 개발, 인출, 개선할 기회를 제공하는 것이 비판적 사고 능력을 기르는 가장 좋은(유일한 방법은 아닐지라도) 방법이라는 것이다. 비록 아직 명확하게 정의되지는 않았지만, 일반적으로 연구자들은 비판적 사고를 다음과 같이 정의한다. 호기심과 다양한 관점을 중시하고, 논리적 추론을 활용해 주장을 만들고 뒷받침하며, 자신의 신념을 검토하고, 이를 새롭고 모순되는 데이터에 비추어 바꿀 수 있는 개방성과, 복잡한 성향과 기술의 집합으로 간주한다 (Abrami et al., 2015; Bangert-Drowns & Bankert, 1990).

가장 중요한 것은 특정 영역이나 분야에 대한 깊은 지식이 있어야만 비판적 사고를 할 수 있다는 것이다. 즉, 어떤 것에 대해 비판적으로 사고하기 위해서는 우선 그것에 대해 충분히 알아야 한다. 인지과학자 대니얼 윌링햄(Daniel Willingham)이 지적한 것처럼, 비판적 사고는 한 분야에서 배운 것을 다른 분야로 쉽게 전이할 수 있는 일반적인 의미의 기술이 아니다. 오히려 과학적 사고는 과학 지식을 통해, 텍스트 분석은 문학을 통해, 역사적 사고는 사회학을 통해, 정량적 추론은 수학을 통해 그 원리를 배우고 적용해야 한다(2007).

궁극적으로, 새로운 내용을 배우고 그것이 실제 세계에 어떻게 적용되는지 살펴보는 과정을 통해 비판적 사고 능력을 개발할 수 있다. 이 과정에서 우리는 자신의 사고를 점검하고, 기존의 인지 모형이 부적절하거나 부정확하다고 판단되면 이를 개선할 수 있다. 예를 들어, 여러분은 이전 장에서 교차연습, 분산연습, 장소(위치) 의존적 인출에 대해 배우는 동안 자신의 연습 방식에 대한 인지 모형을 수정하는 과정에서 스스로 성장을 느꼈을 수 있다. 이는 매우 긍정적인 경험이다. 또한 자신의 생각을 언제 수정해야 하는지를 알고 이를 편안하게 받아들일 수 있는 태도가 바로 전문성의 중요한 특징이다.

메타적 접근(자신의 사고에 대해 생각하기)

깊은 학습의 마지막 원칙은 다른 모든 원칙을 종합하는 역할을 한다. 이는 여러분이 전문 교육자로 성장하면서 자신의 실천을 성찰하고, 연구자들이 '메타인지적 사고(metacognitive thinking)'라고 부르는 방식을 사용해 자신의 교수법을 성찰하는 과정에서 자연스럽게 익힌 것이다. 간단히 말해, 메타인지는 자신의 사고에 대해 생각하는 것이다. 이는 우리가 학습 중 문제를 발견했을 때 멈추고 성찰하며 방향을 수정하도록 하는 내면의 목소리이다. 이 과정은 새로운 지식과 기존 지식을 연결하고, 인지 모형을 정교화하며, 학습을 이끌어 갈 새로운 질문을 생성하는 데 도움을 준다.

메타인지적 사고를 하거나 메타인지를 발휘하는 능력, 즉 자신의 사고 과정을 인식하고 조절하는 능력은 학생들이 새로운 학습을 확장하고 적용할 때 매우 중요하다. 예컨대, 앞서 여러 번 언급한 교육서 『Classroom Instruction That Works(효과적인 교실 수업)』의 기초가 된 연구(Marzano, 1998)에서는 학습 전략이 다음 세 가지 주요 사고 과정에 미치는 영향을 분석했다. (1) 자기 시스템(self-system): 학습을 가치 있다고 여기고 성공할 수 있다고 믿는 것, (2) 인지 시스템(cognitive system):새로운 지식과 기술을 처리하는 것, (3) 메타인지 시스템(metacognitive system): 학습을 목표에 맞추어 모니터링하는 것. 연구 결과에 의하면 메타인지적 전략이, 특히 학생들이 학습 목표를 명확히 하고, 그 목표를 달성하기 위해 사용하는 전략을 되돌아보고, 그 전략이 목표 달성에 적합한지 평가하며, 필요한 경우 전략을 수정하거나 개선할 수 있도록 돕는 전략이 가장 큰 효과크기를 보였다.

　이것은 메타인지적 사고를 하는 것이 깊이 있는 학습의 핵심이라는 것을 의미한다. 무언가를 깊이 배우려면, 이해되지 않을 때 멈추고 분석할 수 있도록 안내하는 내면의 목소리가 필요하다. 학습 내용을 개인적인 경험과 연결해 주는 목소리가 필요하며, 학습을 요약하고 다른 상황에 적용할 수 있는 원칙을 도출하는 지속적인 내적 대화가 필요하다. 반대로, 메타인지적 사고를 하지 않으면 학습이 단편적이고 비연속적인 정보들로 남아, 의미와 유용성이 떨어져 금방 기억에서 사라지게 될 가능성이 크다.

확장 및 적용하기
교실에서 활용하는 도구 모음

　이제 학생들이 새로운 학습에 집중하고 그것을 이해하며 연습까지 마쳤으니, 그들이 새롭게 배운 지식과 기술을 확장하고 적용할 수 있도록 도전적인 학습 활동에 참여시킬 때가 되었다. 이 과정에서 학생들은 자신과의 연결을 통해 인지 모형을 발전시키고, 학습한 내용을 비판적으로 사고하게 된다. 그 결과, 학생들은 더 복잡하고 강력한 기억 저장 및 인출 체계를 구축하여 학습이 더욱 오래 지속되도록 만들 수 있다. 더 나아가 학생들이 메타인지적 사고를 하도록 도와주는 전략을 활용함으로써 학습의 진정한 마법이 일어나고, 학생들은 자신이 배우는 내용에 주체적으로 참여하며, 점점 더 깊이 사고하고 성찰하며 호기심을 지닌 학습자가 될 수 있다.

도전적인 학습 과제 제공하기

학생들이 학습을 확장하고 적용하도록 돕는 유용한 출발점은 자신의 '골디락스 영역(Goldilocks zone, 너무 덥지도 않고 너무 춥지도 않은 '딱 좋은' 조건-옮긴이)'에 있는 학습 과제, 즉 너무 어렵지도 쉽지도 않고 자신에게 '딱 맞는' 과제에 참여하도록 하는 것이다. 연구에 따르면 학생들은 자신이 성취할 수 있다고 믿으면서도 도전적인 학습에 참여할 때 학습 동기가 가장 높다고 한다. 이러한 점을 염두에 두고 학생들에게 '딱 맞는' 수준의 학습 과제를 제공하기 위한 몇 가지 기본 원칙을 소개한다.

- **빅 아이디어에 대해 생각하도록 유도한다** 앞서 언급했듯이, 학습 내용을 하나의 큰 개념이나 주제로 묶어서 생각할 때, 그 내용을 더 잘

기억할 수 있다. 단순히 개별 정보로 기억하기보다는 이를 큰 그림 속에서 연결해 생각할 때 학습 효과가 높아진다. 성취기준 및 교육과정 문서에는 이러한 빅 아이디어가 명시되지 않는 경우가 많으므로 학습 내용을 살펴보면서 교사가 (동료 교사와 협력하여) 직접 빅 아이디어를 도출해야 할 수도 있다. 빅 아이디어는 반복되는 주제(예: 개인의 자유 대 사회적 결속), 개념적 프레임워크 또는 모형(예: 물의 순환), 역설(예: 작은 국가가 큰 국가를 종종 이긴다), 통찰과 지혜(예: 우리의 욕망이 불행을 초래하곤 한다), 기본 원리(예: 공급과 수요가 가격을 주도한다) 등의 형태로 나타날 수 있다.

- **자신과 관련된 학습 선택권을 제공한다** 연구에 따르면 의미 있는 선택지를 제공함으로써 학생의 동기를 높일 수 있다(Patall et al., 2008). 또한 자기 참조 효과(self-reference effect, 정보를 자기 자신과 관련지어 생각할 때, 그 정보를 더 잘 기억하고 회상하는 경향-옮긴이)에서 보았듯이 학생은 학습 내용을 자신의 개인적인 관심사와 연계할 수 있을 때 더 깊이 부호화하고 인출을 쉽게 할 수 있다. 하지만 선택권이 무제한이거나 학생이 전적으로 주도해야 하는 것은 아니다(예: "좋아하는 주제 아무거나 공부해!"). 선택의 폭이 너무 넓으면 학생이 학습할 내용을 선택하는 데 너무 많은 정신적 에너지를 소비하거나 '잘못된' 선택을 할까 봐 걱정이 되어 학습 동기가 저하될 수 있다. 학습 선택이 동기 부여에 미치는 영향에 대한 수많은 연구를 조사한 연구자들은 "너무 좋은 것도 지나치면 좋지 않을 수 있다."라고 말한다(Patall et al.,

2008, p. 298). 교사가 선정한 학습 주제나 읽을 텍스트 등 몇 가지 구조화된 선택지가 더 나은 경우가 많다.

- **인지적으로 까다로운 과제에 참여시킨다** 학생들은 오로지 자신이 집중하는 것만 배운다. 학습 과제를 하면서 학생들은 교사가 원하는 학습 내용이 아닌 부수적인 활동에 정신적 에너지를 소비하는 경우가 너무 많다. 과학, 역사, 문학, 외국어에 대해 깊이 생각할 시간에 과제 작성을 위해 오리기, 붙이기, 색칠하기, 서식 꾸미기에 과도한 시간과 정신적 에너지를 쏟는 것이다. 학습 게시판을 가득 채우고 있는 학생들의 작품은 그 결과물인 경우가 많다. 따라서 학습 과제를 설계할 때는 학생들이 과제를 수행하면서 무엇을 생각하길 바라는지, 어떤 질문을 고려하길 원하는지, 어떤 아이디어를 탐구하길 원하는지, 어떤 방식으로 그들의 생각을 드러내길 원하는지 고려해야 한다.

- **독립적인 학습을 지원한다** 학습 여정의 이 마지막 단계에서는 "내가 하고, 우리가 하고, 너희가 하고, 네가 하는(I do it, We do it, You do it together, You do it alone)" 점진적 책임 이양 모형(gradual release of responsibility model, GRR)[01]에 따라 학습 과정을 학생에게 넘겨준다. 하지만 이러한 전환을 할 때, 특히 초보 학습자는 자신의 학습을 모

---

01 점진적 책임 이양 모형(gradual release of responsibility model, GRR model): 교실 수업에서 새로운 기능을 익히는 4단계 과정으로서, '교사의 시범 보이기(I do it), 교사의 도움과 지원을 받으며 학생들이 실습하기(We do it), 학생들끼리 모둠활동으로 실습하기(You do it together), 학생이 독립적으로 수행하기(You do it alone)'로 구성된다. 이는 단계적으로 자기주도적 학습자로 키우기 위한 수업 방식으로서 학습이 부진한 학생들도 따라갈 수 있어 수업의 표준 모형으로 삼을 만하다. 이를 '안내를 수반하는 실습(guided practice)'이라고도 한다(옮긴이).

니터링하고 조정하는 데 있어 숙련된 학습자와 같은 기술을 갖추지 못한 경우가 많다는 점을 기억해야 한다. 이들에게 학습을 맡겨두면 종종 비효율적으로 시간을 허비할 수 있다. 예컨대, 보고서를 근본적으로 재구성해야 하는데도 단순히 문구 다듬기에만 몰두할 수 있다. 학생이 독립적인 학습을 시작하면 체크리스트, 모범 사례, 일정표 등을 제공하고 여러 번 학습 진행 상황을 확인해야 한다.

탐구 기반 학습 지원하기

도전적인 학습 과제의 핵심은 학생들이 스스로 탐구할 수 있도록 이끄는 질문이다. 이는 학생들의 호기심을 자극하는 탐구로, 조사를 통해 새로운 학습을 적용하거나, 복잡한 시스템을 분석하거나, 배운 내용을 비판적으로 검토하거나, 이를 종합하는 창의적인 활동을 포함한다. 효과적인 교수 전략에 관한 연구, 특히 『Classroom Instruction That Works(효과적인 교실 수업)』의 개정판에 수록된 연구는 '가설 설정 및 검증' 범주하에 학생들이 학습을 확장하고 적용하는 데 참여하도록 유도하는 몇 가지 효과적인 교수 전략을 규명했다. 가설 검증은 과학적 방법의 핵심이지만, 이 전략들을 보다 넓은 의미의 탐구 기반 학습 전략으로 분류하는 것이 더 정확할 수 있다. 즉, 단순하고 명쾌한 답변으로 해결되지 않는, 학생들의 흥미를 자극하고 깊이 고민하게 만드는 도전적인 질문을 제기하며, 학생들이 이를 탐구하도록 참여시키는 것이다. 이러한 탐구 기반 전략들은 모두 학생의 학습 수준을 높이는 것과 관련이 있다.

- **문제 해결** 실생활에서 합의된 목표 달성을 방해하는 제약을 찾아내고 설명한 후, 이를 극복할 방법을 찾는 과정이다. 일반적으로 문제 해결은 공유된 목표를 파악하는 것에서 시작된다(예: 캠퍼스에 쓰레기가 너무 많다). 그리고 문제를 일으키는 조건과 문제 해결의 장애물을 설명하는 것이다(예: 사람들은 날씨가 따뜻할 때 야외에서 점심을 먹는 것을 좋아하는데, 야외에 쓰레기통이 충분하지 않다). 그 후, 학생들은 독립적이거나 협력적으로 문제의 근본적인 조건을 변화시키거나 장애를 극복하기 위한 해결책을 도출한다(예: 우리는 쓰레기 줄이기 캠페인

을 시작하고, 학교 관리자와 대화하여 야외에 더 많은 쓰레기통과 분리수거함을 두는 방안을 논의할 수 있다). 그리고 가장 효과적일 것이라고 생각되는 해결책에 대한 가설을 제시한다. 학생들은 이후 해결책을 실제로 또는 시뮬레이션을 통해 검증한다(예: 우리는 "학교를 자랑스럽게 생각하자"라는 쓰레기 줄이기 캠페인을 2주 동안 실행하고, 운동장에서 쓰레기 수를 세어 줄어드는지 확인할 것이다). 데이터를 수집하고 분석한 후, 학생들은 자신의 가설이 맞았는지, 다른 가설을 검증해야 하는지 또는 다른 해결책을 개발하고 시험해야 하는지를 설명한다(예: 학교 운동장의 쓰레기가 줄었지만 쓰레기통이 넘쳐나므로 두 가지 해결책이 모두 필요할 수 있다).

• **실험적 탐구** 학생들이 다양한 문제에 대해 과학적으로 사고하도록 도와주며, 관찰한 현상을 설명하고 이를 검증하도록 유도한다. 우선 학생들에게 여러 현상을 관찰하고 그들이 본 것을 설명하도록 한다(예: 어떤 물체는 물에 뜨고, 어떤 물체는 가라앉는다). 그다음으로, 필요에 따라 지도를 받으면서 자신이 관찰한 것에 대해 특정한 이론이나 규칙을 세운다(예: 가벼운 물체는 뜨고 무거운 물체는 가라앉는다. 물에 의해 밀려나는 물체는 뜬다). 학생들 자신의 설명을 바탕으로 새로운 상황에서 어떤 일이 일어날지 예측하기 위해 가설을 세운다(예: 부석(pumice stone)은 돌이기 때문에 가라앉을 것이다. 부석은 작은 공기주머니가 있기 때문에 뜰 것이다). 그런 다음, 가설을 검증하기 위해 실험이나 활동을 설계한다(예: 물병에 부석을 넣는다). 그 후, 실험 또는 활동의 결과를 설명한다(예: 부석이 물에 뜬다). 그리고 가설이 맞는지 확인하거나 새

로운 가설을 세우고 이를 검증하기 위해 추가 실험이 필요한지 결정한다.

- **시스템 분석** 학생들이 시스템의 여러 부분과 그 상호작용을 비판적으로 생각하게 하는 과정이다. 이 과정은 학생들이 시스템의 목적과 구성 요소, 그리고 각 부분의 역할을 설명하는 것으로 시작된다(예: 주택 시장의 경제적 요소는 공급, 수요, 금융 자본에 대한 접근으로 이루어져 있다). 이후 학생들은 이들 부분이 서로 어떻게 상호작용하는지를 설명한다(예: 수요가 증가하면 가격이 오르고, 구매자가 자본에 접근할 수 있는 경우 더욱 그렇다). 학생들이 시스템의 작동 방식을 이해한 후에는, 시스템의 한 요소를 변경했을 때 다른 요소들에 어떤 영향을 미칠지 이에 대한 가설을 세운다(예: 대출 규제가 느슨해지면 더 많은 구매자가 대출을 받을 수 있다). 마지막으로 학생들은 실험이나 시뮬레이션, 또는 과거 데이터를 통해 그 가정을 검증한다(예: 더 많은 구매자가 대출을 받으면 주택 가격이 감당할 수 없는 수준으로 올라가면서 주택 버블이 발생한다).

- **조사** 학생들이 혼란스럽거나 모순되거나 논란이 있는 문제를 파악하고 해결하도록 유도한다. 이 과정은 학생들이 개념, 역사적 사건 또는 예측 가능한 가상의 미래 시나리오를 설명하는 것으로 시작된다. 예를 들어, 학생들은 빙하기 거대 동물(메가파우나)이 사라진 이유를 알아보기 위해 조사할 수 있다. 그런 다음, 이미 알려져 있거나 합의된 사실을 확인한다(예: 지구 기온이 급격히 변동하고, 인간이 그들의 서식지로 들어가면서 마스토돈과 같은 거대 동물이 사라졌다). 사실을 정리

한 후 학생들은 상황에 대해 알려진 내용을 바탕으로 가설을 세운다 (예: 인간이 '과잉 포획'으로 거대 동물을 멸종시켰다). 학생들은 증거를 수집하고 분석하여 가설이 타당한지 판단한다(예: 고고학자들이 빙하기 인류의 야영지에서 마스토돈 뼈를 발견했다).

앞서 언급했듯이 학생들은 과학 외에도 다양한 교과 영역에서 이와 같은 탐구 활동에 참여하여 두 변수 간의 관계를 추론할 수 있다(예: 훈족이 로마 제국의 멸망을 초래했는가? 로미오와 줄리엣의 비극적인 죽음은 운명의 결과인가, 아니면 잘못된 결정의 결과인가?).

11개의 과학적 연구에 대한 메타 분석 결과(Beesley & Apthorp, 2011), 이러한 탐구 기반 학습 기회를 제공하면 학습의 개념에 대한 이해가 향상될 뿐만 아니라(Hsu, 2008; Tarhan & Acar, 2007; Tarhan, Ayar-Kayali, Urek & Acar, 2008) 새로운 상황에 지식을 전이하는 능력도 향상되는 것으로 나타났다(Marx et al, 2004; Rivet & Krajcik, 2004; Ward & Lee, 2004). 교사 주도의 강의나 순차적 활동과 비교했을 때 효과크기는 0.61이었다. 기본적으로 학생들에게 열린 질문(open-ended questions)을 던지고, 답을 제공하지는 않지만 답을 찾을 수 있는 사고 도구를 제공하면, 학생들은 자신이 배우고 있는 내용을 말로 표현하거나 글로 정리하며 깊이 생각하고, 그 배움을 새로운 상황으로 전이할 수 있게 된다.

학생의 사고 과정을 가시화하기

사고의 가시화는 자신의 생각을 명확하게 드러내는 과정으로, 이전 학습을 새로운 상황에 전이하는 데 매우 중요한 역할을 한다. 연구에 따르면, 학생들이 새로운 개념이나 정보를 학습할 때와 그 지식을 다른 맥락에 적용할 때 자신의 사고를 시각적으로 표현하도록 유도하는 것이 가장 효과적이다.

이러한 사고의 가시화는 학습한 내용을 다른 상황과 연결 짓고, 새로운 지식을 보다 깊이 이해할 수 있도록 돕는다. 예를 들어, 학생들이 특정 개념을 마인드맵으로 정리하거나 그래픽 오거나이저를 사용하여 시각적으로 나타낼 때, 그들은 이전 경험과 새로운 정보를 통합하여 문제를 해결하는 과정에서 자신이 어떤 사고를 했는지를 명확히 인식할 수 있다. 이러한 방식으로 사고를 가시화함으로써 학생들은 더 나은 문제 해결 능력을 기르고, 자신의 이해를 더욱 확장할 수 있다. 다음은 이를 실천할 수 있는 몇 가지 방법이다.

- **정교화 질문 활용하기** 학생들이 개념이나 새로운 아이디어를 처음 이해한 후에는 "그게 정확히 어떻게 작동하지? 왜 그게 사실이어야 하지? 만약 사실이 아니라면 어떻게 될까?" 같은 질문을 던져 그들이 깊고 폭넓게 사고하도록 격려해야 한다(McDaniel & Donnelly, 1996). 예를 들어, 분수를 교차 곱하는 방법이 '왜' 효과적인지, 압축된 공기

를 방출하는 것이 '정확히 어떻게' 방을 시원하게 만드는지, '만약' 한니발 장군이 코끼리와 군대를 이끌고 알프스를 무사히 넘었다면 어떻게 되었을지와 같은 질문을 던질 수 있다.

- **자기 설명 유도하기** 학생들이 새로운 절차적 지식을 배울 때, 생각을 소리 내어 말로 표현하도록(think aloud) 격려해야 한다. 예를 들어, 문장 부호를 수정할 때는 왜 복합문을 구분하는 데 쉼표가 필요한지 설명하게 하고, 복잡한 수학 문제를 풀 때는 왜 특정 계산이 맞는지 설명하게 한다(예: "증가율이나 감소율을 계산할 때 왜 원래 숫자가 분모가 되는 걸까?"). 정치 광고가 사실인지 의견인지 분석할 때도 그들의 사고 과정을 설명하게 한다(예: "낭비적 지출이라는 표현이 의견이라고 했는데, 그 이유는 뭐야?").

- **황금 질문 던지기** "왜 그렇게 생각하니?"라는 간단한 질문이 이른바 '황금 질문(golden question)'이다(Pearsall, 2018). 이 질문은 간단하지만 강력한데, 학생들이 자신의 사고 과정을 공유하게 하고, 다른 학생들도 그 사고 과정을 들으면서 자신의 생각을 반추하고 명확히 할 수 있게 도와주기 때문이다. 이 질문은 어떤 과목이나 학년에서도 사용할 수 있는 다용도 질문이기도 하다.

비판적 사고 가르치기

학생들에게 학습을 확장하고 적용할 기회를 제공하는 것은 비판적 사고 능력을 개발하는 데도 도움이 된다. 실제로, 여러 연구에 따르면 이전 학습을 반추하고 활용하는 것이 비판적 사고 능력을 개발하는 유일한 방법일 수 있다. 비판적 사고 능력을 개발하는 데 도움이 되는 두 가지 중요한 아이디어가 있다.

- **비판적으로 사고하는 방법 가르치기** 비판적 사고 접근법에 대한 메타 분석(Bangert-Drowns & Bankert, 1990)에 따르면, 비판적 사고는 저절로 발달하지 않는다. 학생들에게 문학, 과학, 역사 또는 논리적 증명을 단순히 접하게 하는 것만으로는 비판적 사고 능력을 크게 향상시킬 수 없다. 실제로 비판적으로 사고하는 방법을 가르치고 이를 연습할 기회를 제공해야 한다. 성과가 낮은 고등학교 학생들을 대상으로 한 연구(Marin & Halpern, 2010)에서는 학생들을 세 그룹으로 나누었다. 한 그룹은 비판적 사고(논쟁을 전개하는 방법, 고정관념과 경직된 인지 모형을 식별하는 방법, 의사결정의 장기적인 결과를 예측하는 방법)에 대한 명시적인 교육을 받았고, 두 번째 그룹은 비판적 사고가 수업에 통합된 심리학 입문 워크숍에 참여했고, 세 번째 통제 그룹은 일반적인 교과 과정을 따랐다. 3주 후 비판적 사고 능력에 대해 세 그룹을 재검사했을 때, 명시적 교육을 받은 그룹만 비판적 사고에서 유의미한 향상을 보였고, 나머지 두 그룹은 향상이 없었다.
- **교과 지식 내에서 비판적 사고 가르치기** 또 다른 메타 분석에서는 학생들의 비판적 사고 능력을 개발하기 위한 세 가지 필수 요소를 다음

과 같이 확인했다(Abrami et al., 2015). (1)교실 내 토론, (2)복합적인 문제 해결, (3)멘토링이다. 위 메타 분석의 한 연구는 미국 고등학교 역사 수업에서 '역사적 사고' 교수법을 분석한 사례로, 이와 같은 결과를 잘 보여준다(Pellegrino, 2007). 구체적으로 말하면, 교사의 멘토링을 통해 학생들은 특정 역사적 시기에 대한 자신의 견해를 개발하고 발표하는 독립적 탐구에 참여했으며, 여러 출처를 활용하여 자신들의 설명을 뒷받침했다. 동시에, 교실 내 토론을 통해 서로 다른 역사적 관점을 이해하도록 장려되었다. 교실 내 토론, 복합적인 문제 해결, 멘토링이라는 세 가지 요소가 모두 적용되었을 때, 학생들은 비판적 사고 능력에서 큰 성장(효과크기 1.13)을 보였다.

시도해 보기: 왜냐하면

학생들의 비판적 사고를 향상시키는 간단한 방법은 '왜냐하면'이라는 단어를 사용해 자신의 답변을 뒷받침하도록 하는 것이다(예: 나는 이것이 정답/ 최고의 해석/ 가장 그럴듯한 설명/ 가장 강력한 주장이라고 생각한다. '왜냐하면' … 이기 때문이다) (Silver & Colleagues, 2018). 이 단어는 간단하지만 매우 강력하다. 비판적 사고가 농축된 한 마디로, 학생들이 자신이 배운 것에 대해 더 깊이 생각하도록 만든다.

글쓰기를 통해 사고력 향상시키기

수많은 연구에서 글쓰기와 심층학습의 연관성을 밝혀냈다. 이는 아마도 학습한 내용을 글로 표현하는 과정에서 머릿속에 떠도는 여러 생각을 체계적으로 정리하고, 일관된 아이디어로 묶어 적합한 어휘로 표현하며, 최종적으로 그 아이디어를 서사, 논증, 혹은 세상을 설명하는 글로 조직화하기 때문일 것이다. 작가 플래너리 오코너(Flannery O'connor)는 이를 "나는 내가 쓴 글을 읽기 전까지는 내가 무슨 생각을 하는지 알 수 없기 때문에 글을 쓴다."라고 표현했다.

다음은 글쓰기가 심층학습을 돕는 강력한 도구라는 것을 보여주는 연구 결과이다. 93개의 연구에 대한 메타 분석(Graham & Hebert, 2010) 결과, 학생들을 체계적인 글쓰기 활동에 참여시키는 것이 독해력에 상당한 영향을 미치는 것으로 나타났다. 특히, 학생들에게 읽은 내용을 글로 쓰게 하는 것이 상호 교수법과 같은 다른 전략들보다 독해력에 더 큰 영향을 미치는 것으로 나타났다. 또한 글쓰기 활동은 성적이 낮은 학생들에게 특히 큰 효과를 발휘했으며, 이들이 자신의 생각을 일관성 있는 글로 정리하는 방법에 대한 직접적인 지도를 받을 때 그 효과가 더 큰 것으로 드러났다.

글쓰기는 학습 내용을 확장, 적용, 종합하는 데에도 효과적이라는 점에서 모든 교과 영역에서 활용할 수 있는 강력한 도구이다. 예를 들어, 과학 교사가 학생들에게 정기적으로 글쓰기와 노트 필기를 시키는 학교에서는 79%의 학생이 '능숙' 수준의 점수를 받은 반면, 글쓰기와 노트 필기를 거의 하지 않는 학교에서는 25%의 학생만이 '능숙' 수준의 점수를 받았다(Schmoker, 2011).

현재까지 비판적 사고와 글쓰기 사이의 연관성을 탐구한 연구는 몇 안 되지만(Quitadamo & Kurtz, 2007), 적절하게 설계된 글쓰기 과제가 비판적 사고를 촉진한다는 것을 입증한 소규모 심층 연구가 있다(Langer & Applebee, 1987). 이 연구에서는 연구자들이 생각을 소리 내어 말로 표현하는(think aloud) 훈련을 받은 6명의 학생을 대상으로 이들이 사회과학 텍스트를 읽으며 세 가지 방법(노트 필기하기, 학습 질문에 답하기, 분석적 에세이 작성하기)을 사용하는 동안 어떤 생각을 하는지를 관찰했다. 그 결과, 학생들은 학습 질문에 답할 때는 단편적이고 낮은 수준의 재인(recognition)과 회상(recall)에만 의존했다. 노트 필기를 할 때는 학습 내용이 더 체계적으로 연결되었지만, 여전히 더 큰 주제나 아이디어와 연결하지 못했다. 오직 에세이를 작성할 때만 복잡하고 비판적인 사고 과정에 참여하며, 종합, 가설 설정, 그리고 학습한 내용을 평가했다.

마지막으로, 글쓰기가 학생 성취도에 미치는 영향에 대한 연구를 메타 분석한 결과(Bangert-Drowns, Hurley, & Wilkinson, 2004), 글쓰기 과제는 반드시 많은 시간이 투입되어야 하는 것은 아니며, 중요한 것은 학생들이 자신의 생각을 글로 표현함으로써 사고를 가시화하는 과정에 참여하도록 한다는 것이다. 다음은 모든 연령대의 학생들이 다양한 교과 영역에서 학습을 확장하고 적용하는 데 효과적인 글쓰기 활동 예시이다.

- **요약 서술** "학생들이 마치 자신이 경험한 것처럼 사건이나 과정을 다시 이야기하는" 간단한 글쓰기 과제이다(Urquhart & Frazee, 2011, p. 57). 예를 들어, 학생들은 한니발이 로마로 행군한 이야기를 한니발의 입장에서 재구성할 수 있다. 이러한 요약 서술(summary narrative) 과제는 학생들의 흥미를 끌며 그들이 읽은 내용을 더 잘 이해할 수 있게 한다.

- **에세이 쓰기** 길이가 긴 에세이(예: 다섯 단락으로 구성된 에세이)는 학생들이 자신의 생각을 체계적으로 정리하고 종합하는 데 도움이 된다. 물론 에세이 과제는 성공 기준(success criteria, 학생들이 개별 수업이나 활동에서 목표에 도달했을 때 어떤 행동을 하거나, 말하거나, 글을 쓰거나, 무언가를 만들어냄으로써 자신이 배운 내용을 명확하게 증명할 수 있는 기준-옮긴이)과 명확하게 연계되어야 하며, 단순히 사실과 아이디어를 되풀이하는 것이 아니라 학습에 대해 더 깊이 생각하도록 유도해야 한다. 가령, 역사에서 특정 사건이 발생한 이유(why)나 그 과정이 어떻게(how) 작동하는지를 설명하거나, 가정(what if)에 대한 사고(예: "콜럼버스가 카리브해 대신 브라질에 상륙했다면 어땠을까?")에 참여하도록 유도하는 등의 도전적인 과제를 내야 한다.

- **두 가지 관점의 논증 에세이** 학생들은 논란의 여지가 있는 주제(예:

공격용 무기를 금지해야 하는가?)를 선정하고, 두 가지 관점을 조사하여 각각의 관점에서 두 개의 에세이를 작성한다. 두 에세이 모두 동일한 채점기준표(rubric)에 따라 평가되므로 학생들은 자신과 다른 관점을 포함하여 주제에 대해 깊이 있게 탐구하며 사고를 확장할 수 있는 학습을 하게 된다.

학습을 수행평가와 연계하기

"측정하는 것만 성취로 이끌 수 있다(What we measure is what we get.)."라는 오래된 격언은 널리 알려져 있다. 그러나 평가가 낮은 수준의 선언적 지식(예: 회상과 재인)이나 절차적 지식의 조각들(예: 특정 유형의 수학 또는 과학 문제 풀이)만을 측정하는 경우가 너무 많다. 학생들이 학습을 더 깊고 의미 있는 방식으로 확장하고 적용하기를 원한다면, 그들의 학습을 보다 강력한 방법으로 평가하여 복합적 문제를 해결하고, 선언적 및 절차적 지식을 엮어 고차원적 사고를 할 수 있는 능력을 보여주도록 유도해야 한다.

운전면허를 취득하는 과정을 잠시 생각해 보자. 일반적으로, 이 과정은 세 가지 중요한 요소를 포함한다. 기본적인 사실을 다루는 전통적인 객관식 시험, 학습과 운전 연습 기간, 실제 주행 시험이다. 객관식 시험이 다가오면, 운전자는 면허 시험에서 집중적으로 보는 운전지침서를 자세히 읽고, 정지 거리, 교통 표지의 의미, 도로 규칙을 암기한다. 그러나 이러한 '책을 통한 학습'만으로는 운전자가 안전하게 운전할 수 있는 능력을 보장하지 못한다. 따라서 기초적인 지식을 실제 상황에 적용하도록 운전자는 지인이나 운전 강사의 주의 깊은 감독 하에 주행 연습을 하며 학습을 확장하고 적용한다. 숙달되기까지는 시간, 연습, 많은 형성적 피드백이 필요하다. 이는 운전자가 실제 운전 시험에서 선언적 지식과 절차적 지식을 결합하여 안전하게 운전할 수 있음을 시험관에게 보여주는 최종 수행평가를 준비하는 데 핵심 요소이다.

수행평가는 교실에서 이와 비슷한 방식으로 작동하며 교사는 학생들이 결과물, 프레젠테이션 또는 실연(즉, 수행)을 통해 지식과 기술을 효과적으로 확장하고 적용할 수 있음을 보여주도록 요구한다(Pecheone & Kahl, 2014). 수행평가는 학생들이 학습을 확장하고, 이전 학습과 연결하고, 창의적 또는 비판적으로 생각하고, 실제 환경에 적용하도록 요구한다. 연구 결과에 따르면 수행평가는 지식과 기술을 더 잘 측정할 수 있을 뿐만 아니라 학생의 참여와 학습 동기를 높인다. 또한 교사의 참여와 협업을 높이고, 수업의 질을 개선하며(Darling-Hammond & Wood, 2008), 비판적 사고를 향상시킨다(Faxon-Mills, Hamilton, Rudnick, & Stecher, 2013).

그렇다면 교실에서는 어떤 모습일까? 결과적으로 이 책에서 설명한 학습 단계들을 따르는 학습 기회의 모습과 매우 유사하다. 여기에는 다음과 같은 단계가 포함된다.

- **1단계** 성공 기준을 숙달하는 데 꼭 필요한 선언적 및 절차적 지식을 파악하고, 도전적인 학습 목표를 달성하기 위해 노력하도록 격려한다.
- **2단계** 학습에 집중하고, 이해하고, 연습하고, 탐구할 수 있는 다양한 기회를 제공한다.
- **3단계** 인출연습(예: 성적에 반영되지 않는 퀴즈), 짧은 글쓰기 과제 및 학급 토론을 통해 학생의 이해도를 정기적으로 점검한다.
- **4단계** 단원 마무리 단계에서 학습 내용을 확장하고 적용하도록 요구하는 도전적인 프로젝트 기반 학습 과제를 제공한다.
- **5단계** 새로운 학습의 숙달을 입증할 수 있는 독립적인 학습 활동을 모든 학생에게 제공한다.
- **6단계** 평가 기준을 제공하여 학습 산출물을 학생 스스로 평가하고 그에 따라 수정할 수 있도록 한다.
- **7단계** 각 학생에게 수행평가에 대한 전체적인 평가(예: 성적 및 피드백)를 제공하고, 피드백을 바탕으로 과제를 수정할 기회를 준다.

다음 '시도해 보기' 코너에서는 이 과정이 교실에서 어떻게 진행될 수 있는지에 대한 추가 예시를 제공한다. 수행평가가 잘 이루어지면 더 깊이 있는 학습을 지원할 뿐만 아니라 학생의 참여와 동기를 이끌어낼 수 있다.

시도해 보기: 커리큘럼에 내재된 수행평가

다음은 수행평가를 수업 커리큘럼에 통합할 때 어떤 모습일지 보여주는 간단한 예이다. 전체 예시에는 교과 성취기준(standards), 성공 기준(success criteria), 평가 기준(rubrics, 루브릭, 채점기준표) 및 학생의 과제물 샘플이 포함된다.

〈열전달〉

• **활동 1** 학생들은 개별적으로 또는 소모둠으로 열전달 방법을 조사한다. 전도, 대류, 복사에 대해 배운 내용을 토론한다(학생 주도 학습).

• **활동 2** 교사는 열전달 방법에 대한 학생의 이해도를 확인한다. 이때 성적에 반영하지 않는 퀴즈, 인터뷰, 또는 학급 토론을 활용한다(형성평가 증거 수집, 피드백, 조정).

• **활동 3** 학생들은 소모둠으로 두 가지 소재의 천 중 어느 것이 겨울철 추위를 더 잘 막아주는지 알아보기 위한 실험을 설계하고 수행한다. 필요한 재료는 다음과 같다. 다른 크기의 뚜껑이 있는 커피 캔, 두 가지 종류의 천(예: 합성섬유와 양모), 재료를 고정하거나 결합하는 데 사용하는 도구, 온도계(열 프로브), 타이머, 뜨거운 물(수행 활동).

• **활동 4** 학생들은 실험 결과를 정리하여 각자 정식으로 실험 보고서를 작성한다(채점된 종합 결과물).

• **활동 5** 교사는 질문을 통해 열전달 방법이 연구 설계 및 실행에 어떤 역할을 했는지 학급 토론을 진행한다(형성평가 성찰 및 강화).

• **활동 6** 학생들은 개별적으로 가정 난방 시스템이 어떻게 작동하는지 조사하고, 이와 관련하여 열전달의 다양한 방법을 설명하는 에세이를 작성한다(채점된 종합 결과물).

빅 아이디어:
학생들이 더 풍부한 인지 모형을 개발하도록 돕기

궁극적으로, 학생들에게 학습을 확장하고 적용할 기회를 제공하면 깊은 학습의 핵심인 인지 모형을 개발하는 데 도움이 된다. 앞서 살펴본 바와 같이 이러한 인지 모형은 또 다른 중요한 인지 과정인 비판적 사고의 핵심이기도 하다. 고전적인 '닭과 달걀의 관계'처럼, 인지 모형과 비판적 사고는 불가분의 관계에 있는 것으로 보인다. 우리는 비판적 사고를 하기 위해 인지 모형이 필요하며, 비판적 사고는 다시 인지 모형을 형성하고 개선하는 데 도움을 준다.

간단히 말해서, 비판적으로 생각하려면 생각할 거리가 필요하다. 그렇다면, 잠시 시간을 내어 교육계에 떠도는 속설(myth) 한 가지에 대해 생각해 보고, 이를 바로잡아 보자. 그것은 오늘날 정보화 시대에는 학생들이 사실적 지식을 배울 필요가 없다는 것이다. 인터넷에서 검색만 하면 사실적 지식은 언제든지 찾을 수 있기 때문이다. 과연 그럴까? 모든 사실적 지식을 다 암기할 필요는 없지만 기본적인 사실과 지식은 습득해야 사고가 가능하므로 이러한 속설은 설득력이 없다.

인지과학에 따르면, 비판적 사고를 하는 사람들은 많은 양의 지식을 쌓고 이를 효과적으로 활용한다. 이 지식은 인지 모형이라는 형태로 축적되며, 새로운 정보를 접하고 문제를 해결하면서 지속적으로 다듬어지고 수정된다. 이와 관련하여 우리가 바로잡아야 할 또 다른 속설이 있다. 그것은 바로 학생들이 복잡한 도전 과제를 해결해야 할 때 가장 잘 배운다는 주장이다. 다시 말해서 학생들이 문제의 해결책을 스스로 '발견'해야 한다는 것이다. 그러나 연구에 따르면 이것은 사실이 아니다.

호주의 연구자 존 스웰러(John Sweller)는 복잡한 문제를 활용하여 깊이 있는 학습을 지원하는 것과 관련해 일련의 연구를 수행한 후 교육자들에게 중요한 시사점을 던졌다(1988). 단순히 학생들에게 복잡한 문제를 제시하는 것만으로는 문제 해결 능력을 개발하는 데 큰 도움이 되지 않으며 오히려 역효과를 낼 수도 있다는 것이다. 왜 그럴까? 학생들에게는 문제를 분류하고 해결 방법을 떠올릴 수 있는 인지 모형이 부족하기 때문이다. 즉, 아무런 도움 없이 문제를 던져주면, 학생들은 문제 해결 방법을 찾는 것과 실제로 문제를 해결하려는 시도 사이에서 엄청난 정신적 자원을 소모하게 되며, 이 상태가 이른바 '인지부하(cognitive load)'이다. 그 결과, 비록 올바른 답을 (힘들게) 찾더라도 미래에 사용할 인지 모형을 개발하지 못하게 된다. 이는 스웰러가 말한 바와 같이 "거의 관련이 없는, 심지어 서로 충돌하는 두 가지 과정"(문제를 해결하려는 노력과 동시에 해결 방법을 찾으려는 시도 사이의 갈등-옮긴이)으로 보인다.

다시 말해, 학생들은 도전적인 학습 과제와 탐구 활동에 참여하기 전에 기본적인 인지 모형을 개발해야 한다. 그 과정에서 인지 모형을 세밀하게 조정할 수는 있지만, 반드시 처음부터 새로 개발할 필요는 없다. 예를 들어, 미국 독립전쟁 이전의 경제적, 사회적, 정치적 조건을 변경했을 때 그 갈등의 결과가 어떻게 달라졌을지 깊이 생각하게 하는 시스템 분석 과제를 생각해 보자. 이 활동에 참여하려면 학생들은 대서양 무역 패턴, 정부의 철학, 종교적 신념, 다양한 식민지 그룹의 동기 등 기존의 많은 인지 모형을 갖추어야 한다. 만약 이러한 인지 모형을 개발하는 데 도움을 주지 않고 학생들을 준비 없이 이 활동에 참여시킨다면, 비효율적인 학습만 초래하고, 학생들은 좌절감을 겪게 될 것이다. 이는 왜 '발견학습(discovery learning)' 활동이 긍정과 부정이 혼재된 결과를 낳는지 설명해 준다. 예컨대, '최소한의 안내만 하는 교육'에 대한 연구 분석(Kirschner et al., 2006)에 따르면, 특히 능력이 부족한 학생들에게서 대체로 부진한 결과가 나왔다. 이러한 학생들은 대수 문제를 푸는 데 필요한 단계와 문제 풀이 과정을 보여주는 교사의 '강력하고 명확한 지도'에서 더 큰 성과를 보였다.

인지 모형과 비판적 사고를 개발하는 것은 정교하고 복잡한 과정이지만, 영재나 일부 특출난 학생들만의 특권 영역이 아니라는 점은 반복해서 강조할 필요가 있다. 모든 학생, 심지어 어린 학생들도, 비가 내리는 역학 원리에서부터 이야기 서사의 흐름, 수직선상에서 건너뛰기 셈에 이르기까지 인지 모형을 발전시킨다. 이러한 기본 개념도 일종의 인지 모형이다. 시간이 지남에 따라 학생들이 더 많은 인지 모형을 축적하고 통합하며 정교화할 수 있도록 돕는다면 전문성의 기초가 개발된다. 그 과정에서 모두가 자신의 내면 깊이 전문가가 잠재되어 있다는 사실을 발견할 것이다.

)8

앞으로
나아갈 방향

이제 드디어 학습을 위한 온전한 모형이 완성되었다. 하지만 이 모형을 엄격한 단계별 수업 공식으로 받아들이지 말고, 학습을 위한 청사진이자 교육자로서 자신의 전문성과 인지 모형을 개발하는 데 도움이 되는 발판으로 활용하기 바란다.

전문성을 구축하기 위한 '메타'적 접근법

앞서 7장에서 언급했듯이, 잘 발달된 인지 모형은 전문가와 초보자를 구별하는 주요 요소이다. 이 책의 내용을 자신의 교육 실천에 적용해감에 따라 여러분은 마치 체스 그랜드마스터처럼 체스판을 빠르게 분석하고, 그 안의 패턴을 인식하며, 다음 수를 전략적으로 고려하는 듯한 기분을 느낄 것이다. 무엇보다 중요한 것은, 이 모형을 교실에서 적용하면 자신의 교육 실천에 대해 '메타(meta)'적으로 접근할 수 있게 된다는 점이다. 즉, 단순히 자신이 '무엇'을 하고 있는지를 넘어, 그것이 학생의 학습에 '어떤' 영향을 미치는지, 그리고 '왜' 그렇게 하고 있는지를 깊이 고려하게 된다. 그럼으로써 전문가들이 하는 일, 즉 필요한 지식(선언적 지식, 무엇을 알아야 하는지-옮긴이)과 문제 해결 과정(절차적 지식, 어떻게 해결해야 하는지-옮긴이)을 연결하는 데 더 능숙해질 것이다.

예를 들어 베테랑 쿼터백과 신참 쿼터백의 차이점을 생각해 보자. 베테랑 쿼터백은 라인에 접근하면서 상대 팀 수비진의 움직임을 포착한다. 그는 수비 전략에 대해 자신이 알고 있는 지식(즉, 선언적 지식)을 바탕으로 여러 명의 수비수가 "블리츠"(blitz, 방어 팀이 공격 팀의 쿼터백을 압박하기 위해 여러 명의 수비수를 동시에 보내는 전술-옮긴이)를 시도하며 라인을 돌파하려 한다는 것을 즉시 알아챈다. 그는 곧바로 마음속 시나리오(mental scripts, 특정 상황에서 취해야 할 행동이나 전략을 미리 준비해 두는 개념으로서 절차적 지식을 포함-옮긴이)를 떠올리며 대안을 고려하고, 팀원들에게 새로운 플레이를 실행하라는 신호를 보낸다. 즉 돌진하는 수비수를 피하기 위해 사이드라인(sidelines, 경기장 양쪽 끝에 있는 경계선으로, 이 선을 넘어가면 공이 유효하지 않게 되며, 경기가 중단되고, 다음 플레이는 원래 공이 나갔던 지점에서 재개됨-옮긴이)으로 빠르게 패스하라고 소리친다. 반면 신참 쿼터백은 같은 상황을 관찰하더라도 선언적 지식이 부족해 상황을 이해하지 못하거나, 절차적 지식이 부족해 플레이를 조정하는 방법을 모를 수 있다. 그래서 그는 원래 지시받은 플레이를 그대로 실행하고, 결국 수비수들에게 라인 뒤에서 태클을 당해 공격 기회를 잃는다.

교실에는 미식축구 경기만큼이나 복잡한 요소가 많다고 할 수 있다. 그 결과, 초보 교사는 신참 쿼터백과 비슷한 실수를 저지르곤 한다. 그들은 교안(playbook, 스포츠에서 팀의 전략이나 전술을 설명하는 문서-옮긴이)을 개발하긴 하지만, 그 내용은 주로 교사로서 자신이 무엇을 할 것인지에 초점이 맞춰져 있고, 학생들이 수업 중 무엇을 하게 될지, 그리고 그들이 수업에 참여하는 동안 머릿속에서 어떤 일이 일어나야 하는지에 대해서는 신경을 덜 쓴다.

이 책에서 제시한 6단계 학습 모형을 수업에 적용하면, 단순히 수업 매뉴얼을 따르는 것이 아니라, 학습 과정의 각 단계에서 일어나기를 기대하는 변화(바라는 결과)를 중심으로 시작하게 된다. 그렇게 함으로써, 교사는 교실에서 잘 진행되고 있는 것과 그렇지 않은 것을 진단하고, 실시간으로 조정할 수 있는 더 나은 준비를 갖추게 되며, 학습을 정상 궤도로 되돌리기 위해 가끔씩 몇 가지 변화를 주는 것이 가능해진다.

스포츠 비유를 떠나, 교실에서 일어나는 일은 미식축구 경기보다 훨씬 중요하다. 교실에서의 학습은 학생들의 미래에 직접적인 영향을 미치며, 교육은 단순한 지식 전달을 넘어 학생의 전인적 발달을 목표로 한다. 또한, 교사는 학생들의 성장에 대한 책임을 지고 있으며, 이를 위해 지속적으로 전문성을 개발해야 한다. 이러한 이유로 우리는 교사로서의 전문성을 키우는 것이 매우 중요하다. 학생들이 우리의 지원을 절실히 필요로 하기 때문이다.

학습 모형을 사용하여 교수법 성찰하기

앞서 언급했듯이, 전문가와 초보자, 전문직과 단순 일자리를 구분짓는 것은 바로 전문가나 전문직 종사자가 자신의 업무에 대한 깊은 지식(인지 모형의 형태)을 활용하여 문제를 진단하고 해결한다는 점이다. 교직이라는 전문직에 종사하는 여러분은 학습 모형의 각 단계를 교육에 통합할 때 학생들에게 어떤 변화를 가져오는지 주목할 필요가 있다.

예를 들어, '학습에 관심 갖기' 단계에 보다 분명한 의도를 갖고 능숙하게 접근하면 학생들이 수업에 더 몰입하는 모습을 보게 될 것이다. 마찬가지로, '학습에 전념하기' 단계에서 학생들에게 '이것이 내게 어떤 이익을 줄까(WIIFM)'를 생각하게 하고, 성공 기준을 개발하고 내면화하도록 도와주면, 특히 성공 기준을 정기적으로 상기시킬 경우 학생들이 학습에 더 주의를 기울이고 집중력을 유지하는 모습을 관찰할 수 있다. 이러한 변화를 관찰하면서 교사로서 어떤 차이를 느끼는지 곰곰이 생각해 보면, 여러분 자신의 교수법과 인지 모형을 더욱 정교화하는 데 도움이 될 것이다.

학습 모형을 사용하여 학생 학습 진단하기

학생들의 학습 경험을 설계하고 전달할 때 학습 모형을 사용하는 또 다른 주요 이점은, 그들이 개념을 이해하거나 기술을 개발하는 데 어려움을 겪고 있을 때 학습이 어디에서 잘못되고 있는지를 더 잘 진단할 수 있다는 점이다. 예를 들어, 다음과 같은 질문을 할 수 있다.

- 학생들이 학습에 몰입하지 않았는가? 그렇다면, 그들이 학습에 흥미를 갖거나 몰입할 수 있도록 돕기 위해 자신이 했던 것(또는 더 잘할 수 있는 것)을 다시 검토할 수 있을 것이다.
- 학생들이 어떤 것은 잘 이해하고 어떤 것은 잘 이해하지 못하는 것 같은가? 그렇다면 학생들이 새로운 학습에 집중하거나 학습 내용을 이해하도록 돕기 위해 무엇을 했는지(그리고 어떻게 다르게 했는지) 고려해 볼 수 있다. 예컨대, 학습 내용을 더 시각적으로 만들거나, 새로 배운 내용을 충분히 이해하고 소화할 수 있도록 시간을 더 주고, 새로운 지식을 사전 지식과 연결하거나 더 큰 아이디어로 묶을 수 있다.
- 학생들이 새로운 기술을 적용하는 데 어려움을 겪고 있는가? 그렇다면, 학생들이 기술을 연마하기 위해 어떤 연습 기회나 피드백이 필요한지 적극 생각해 볼 필요가 있다.

• 학생들의 지식이 피상적인 수준에 머물러 있는가? 다시 말해서, 학생들이 새로운 학습 내용을 이해한 것처럼 보이지만, 이를 새로운 상황에 전이하거나 비판적 사고 기술(예: 분석, 평가, 종합, 창조)을 적용하는 데 어려움을 겪는가? 그렇다면 학습을 더 확장하고 적용할 수 있도록 돕는 방법을 적극 생각해 볼 필요가 있다.

학습 모형을 통해 전문성과 동료애 지원하기

이 책에서 소개한 학습 모형을 교실에 적용하고 그 토대인 학습과학을 탐구하는 또 다른 이점은, 이를 통해 동료와의 전문적 대화, 협력, 그리고 동료 코칭을 활성화할 수 있다는 것이다. 실제로, 모든 전문 직종에서 전문가들은 단독으로 일하는 것이 아니라, 학습을 통해 공통의 어휘와 지식을 공유하며 협력한다. 이것은 전문직의 핵심 특징이며 매우 중요하다. 예를 들어 응급실에 있는 의사는 "심장을 절개하게 메스를 주세요."라고 말하지, "이 환자의 심장에 상처를 낼 수 있도록 날카롭고 뾰족한 것을 주세요."라고 말하지 않는다. 이와 같이, 의료 전문가들은 정확한 용어와 인체에 대한 공통된 인지 모형을 사용하여 팀으로 협력하며 복잡한 문제를 해결한다.

학습 모형이 개별 학교 혹은 학교 시스템에서 전문성과 동료애를 지원할 수 있는 몇 가지 방법은 다음과 같다.

- **전문적인 대화에 참여하기** 학습 모형을 공유하는 가장 큰 장점은 동료들과 전문적인 대화를 가능하게 한다는 점이다. 의사가 의학에 대한 공통 어휘와 이해를 바탕으로 환자의 증상을 평가하는 것처럼, 학습에 대한 공통 어휘를 사용하면 학생이 학습에 어려움을 겪을 때 동료들과 전문적 대화를 할 수 있다.

- **단원과 수업을 공유하며 공동 개발하기** 마찬가지로 중요한 것은, 공통의 학습 모형을 사용하면 단원과 수업 계획을 더 쉽게 공동으로 개발하고 공유할 수 있다는 것이다. 마치 안드로이드와 애플 운영 체제가 소프트웨어 개발자들에게 공통 플랫폼을 제공해 수백만 개의 스마트폰 앱을 만들고 공유할 수 있게 하는 것처럼, 단원과 수업에 대한 공통 모형이 있으면 교사들은 수업 계획을 쉽게 공유할 수 있다. 학교나 학구의 모든 교사가 수업이 더 큰 학습 기회(확장 및 적용하기 단계)로 이어지는 방식에 대해 공통의 언어와 이해를 갖고 있으면, 수업 공유가 훨씬 더 쉬워질 것이다. 이는 학습 모형이 교수 및 학습에 일정한 틀을 제공한다는 것을 의미하지만, 교사의 창의성이나 전문성을 줄이는 것은 아니다. 오히려 학습과학과 학생의 호기심을 기반으로 한 공유된 학습 모형은 창의성과 독창성을 발휘할 수 있는 발판이 되어 교사들이 깊이 있는 학습을 위해 단원과 수업을 설계하고 공유하도록 돕는다.

- **가장 중요한 부분에 대한 동료 코칭에 참여하기** 연구에 따르면, 전문적 실천을 교실에 깊이 뿌리내리게 하는 가장 좋은 방법은 교사를

감시하거나 압박하는 것이 아니라, 동료 코칭에 모든 교사를 참여시키는 것이다. 실제로 새로운 이론의 도입, 더 나은 실천을 위한 모형, 새로운 학습을 연습할 기회가 동료 코칭을 통해 지원될 때만 교사들은 새로운 실천을 교실 수업에 적용하는 것으로 나타났다(Joyce & Showers, 2002).

그러나 동료 코칭이 효과적이고, 모호하거나 형식적인 대화로 끝나지 않으려면, 좋은 교수법이 무엇인지에 대한 공통된 이해가 필요하다. 이때 학생들에게 효과적인 학습 경험을 설계하고 제공하기 위한 공통의 어휘와 인지 모형을 제공하고, 교수 전략의 레퍼토리를 확장하고 개선하기 위한 동일한 출발점을 제공하는 학습 모형을 공유하는 것이 도움이 될 수 있다.

자주 묻는 질문

학습 모형을 교사들의 인지 과정과 교육 실천에 적용하기 시작하면 몇 가지 질문이 생길 수 있다. 이에 대비하여, 교사가 이 학습 모형을 교실 수업에 적용할 때 자주 묻는 질문과 그에 대한 몇 가지 대응책을 소개한다.

매 수업 학생들이 흥미를 느끼도록 도와줘야 하는가?

학생들이 매 수업 흥미를 느끼기를 원한다면 그럴 필요가 있다! 요컨대, 이 질문의 답은 자명하다. 그렇지만 실제로는 개별 수업보다는 더 큰 단원 차원에서 학생들의 흥미를 유발할 다양한 '유인책'을 제공해야 한다. 만약 학생들에게 단원에 흥미를 느낄 수 있는 강력한 이유를 제시했다면(예: "한때 세계의 대부분을 지배했던 로마 제국은 어떻게 몰락하고 폐허가 되었을까?"라는 미스터리 질문), 개별 수업을 소개할 때 다시 위 질문을 상기시킴으로써 학생들의 흥미를 유발할 수 있다 (예: "일부 역사학자들은 아틸라(Atilla the Hun)가 로마의 몰락을 초래했다고 주장하지요. 오늘은 이 주장에 대한 찬반 의견을 살펴보고, 아틸라가 정말로 로마 제국을 무너뜨렸는지 스스로 판단해 봅시다.")

학생들은 학습 목표에 몰입해야 하는가?

그렇다! 학생들이 학습에 몰입하기 위해서는 장기 목표(goals)와 단기 목표(objectives) 모두 필요하다. 장기적인 학습 목표(예: "나는 로마가 왜 멸망했는지 배우고, 같은 일이 서구에도 일어날 수 있는지 알고 싶다.")는 단원과 연결될 수 있으며, 단기적인 목표나 성공 기준은 개별 수업과 연결될 수 있다(예: "아틸라가 로마의 몰락을 이끌었는지에 대한 찬반 논쟁을 설명할 것이다.").

모든 수업에 '확장 및 적용' 단계가 필요한가?

모든 수업이 '확장 및 적용' 단계를 필요로 하지는 않는다. 매 수업 학생들이 학습을 확장하고 적용하는 데 도움을 줄 필요는 없지만, 단원 전체에 걸쳐 학습을 확장하고 적용할 기회를 마련하는 것은 필요하다. 이렇게 생각할 수 있다. 수업은 학생들이 단원 끝이나 진행 중에 도전적인 학습 과제나 탐구에 참여하기 위해 확장하고 적용할 수 있는 기본 지식과 기술의 기반을 제공한다. 예를 들어, 학생들은 로마의 멸망에 대한 여러 이론을 배우고, 이를 통합하여 로마의 멸망에 대한 자신의 주장을 개발하고 방어하는 최종 탐구를 할 수 있다.

학습 모형이 핵심 질문에 부합하는가?

물론이다. 단원을 관통하는 핵심 질문을 제공하거나 학생들이 스스로 질문을 개발하도록 돕는 것은 그들의 호기심을 자극하고 학습 동기를 높이는 강력한 방법이다. 예를 들어, "로마는 왜 멸망했는가? 그리고 로마의 멸망을 초래한 조건이 오늘날 서구에 존재할 수 있는가?"라는 질문은 단원의 큰 방향을 제시하고, 학생들이 역사적 사건의 원인과 맥락을 탐구하도록 유도한다.

또한, 개별 수업은 이와 관련하여 더 작고 구체적인 안내 질문을 가질 수 있다. 예를 들어, "아틸라가 로마의 몰락에 책임이 있는지에 대한 역사학자들의 주장과 반론을 배운 후, 이를 바탕으로 우리 스스로 자신의 역사적 주장을 어떻게 구성할 수 있을까?"라는 질문은 개별 수업의 목표를 명확히 하고 학습 과정을 이끄는 역할을 한다. 더욱이 이러한 질문은 학생들이 논리적 사고와 비판적 분석 능력을 기르는 데도 도움이 된다. 이와 같이 학습 모형은 학생들이 핵심 질문을 통해 학습 과정에 적극적으로 참여하도록 하며, 심화된 이해를 도울 수 있는 기반을 제공한다.

학습 모형은 순차적으로 보인다. 학습이 정말 그렇게 선형적인가?

그렇지 않다. 사실, 학습은 이 모형의 피상적 해석(예: 3단계는 항상 2단계 다음에 이어진다는 식)이 시사하는 것보다 훨씬 더 반복적이고 복잡한 과정이다. 예를 들어, 우리는 새로운 내용을 배우면서 기존에 배운 내용을 다시 복습하고, 그것을 바탕으로 더 깊이 있는 지식을 쌓아간다. 또한, 연습과 성찰을 통해 자신이 이해하지 못한 부분이나 개선이 필요한 기술을 발견할 수 있다. 이렇게 부족한 점을 깨닫고 이를 보완하려는 과정은 새로운 지식과 기술을 배우는 데 더 큰 관심을 갖게 하고 학습 의욕을 다시 불러일으킨다. 따라서 학습은 단순히 순차적으로 진행되는 것이 아니라, 여러 단계가 서로 연결되고 반복되는 복합적인 과정을 통해 이루어진다.

학습을 의도적으로 학습 모형의 '순서에 맞지 않게' 진행하는 것도 괜찮다. 가령, 과학 실험을 바로 진행하며 개념을 직접 보여주는 방식으로 학생들을 새로운 학습에 집중하게 한 뒤, 그 개념이 어떻게 작용했는지 생각하게 하여 학습에 대한 호기심과 몰입을 유도할 수 있다. 다시 말해서, 이 학습 모형의 여섯 단계는 반드시 여기 제시된 정확한 순서대로 진행될 필요는 없다. 그러나 여섯 단계 모두는 필수적이다. 실제로, 어느 한 단계라도 무시되거나 생략된다면 깊이 있는 학습이 이루어지기 어렵다.

개인적인 경험을 예로 들자면, 내가 이 문단을 작성하기 직전에 호주 시드니의 하이드파크를 거닐던 중이었다. 흥미로운 광경을 목격했는데 몇 명의 젊은이들이 스케이트보드 묘기를 연습하고 있었다. 그들의 학습 순서를 정확히 알 수는 없었지만, 이 학습 모형의 여섯 가지 단계를 모두 경험했을 것으로 짐작이 되었다. 숙달하려면 한참은 걸릴 묘기를 끈질기게 연습하는 모습(미안하지만 아직 멀었네, 친구들!)에서 그들이 틀림없이 학습에 깊이 관심을 갖고 전념하고 있음을 알 수 있었다. 그들은 또한 새로운 학습에 집중했을 시점이 있었을 것이고, 아마 다른 스케이터들이 공중에서 스케이트보드를 뒤집고 착지하는 모습을 주의 깊게 관찰하며 새로운 학습에 집중했을 것이다. 그들은 기술을 성공적으로 실행하기 위한 시도를 서로에게 설명했는데 이는 학습에 대해 이해하는 협동학습의 일종이었다. 이제 그들은 연습과 성찰하기 단계에 이르렀고, 이는 이전의 스케이트보드 타기 및 작은 점프 연습에서 얻은 지식을 확장하고 적용하는 단계로 나아가는 과정이라고 할 수 있었다. 이와 같이 그들의 학습은 정돈된 선형적인 방식이 아니라 훨씬 더 복잡하고 반복적인 방식으로 진행되었을 것이다.

학습 모형을 학생들에게 가르쳐도 되는가?

물론이다! 실제로 교사들 중에는 학습 모형의 각 단계를 나타내는 아이콘을 활용하여 학생들에게 현재 학습 과정이 어느 단계인지 보여주는 경우도 있다. 예컨대, 학생들이 학습 목표를 세울 때 '학습에 전념하기' 아이콘을 가리키며 현 단계를 알려주는 것이다. 학생들이 자신의 뇌가 어떻게 작동하는지 이해하면 스스로 자신의 학습에 대해 메타인지적으로 사고하고, 예를 들어 무언가 이해되지 않는다고 느낄 때 학습 과정을 수정할 수 있게 된다. 이 과정을 학생들과 공유함으로써 교사가 선택한 교수법에 대해 피드백을 받을 수도 있다. 예를 들면, 학생들에게 다음과 같은 질문을 할 수 있을 것이다. "협동학습 활동이 학습을 이해하는 데 도움이 되었나요?", "최종 단계인 확장 및 적용하기 활동이 새롭고 다양한 방식으로 여러분의 사고를 확장하는 데 도움이 되었나요?"

교수·학습에 호기심과 즐거움을 불어넣기

우주에 존재하는 모든 경이로움 중에서 가장 놀라운 것 중 하나는 아마도 여러분의 두개골 안에 있는 약 3파운드(1.4kg)의 회색질(gray matter) 덩어리, 즉 인간의 뇌일 것이다. 인간의 뇌는 하루에도 매 순간 방대한 양의 데이터를 걸러내고 처리하여 그것을 자신의 기존 지식과 잘 결합해 학습으로 전환할 수 있으며, 심지어 정규 학교교육을 거의 또는 전혀 받지 않고도 이를 수행할 수 있다.

나는 시드니의 하이드파크에서 스케이트보드를 타던 젊은이들을 보며 이 생각을 하게 되었다. 그들이 새로운 스케이트보드 기술을 배우기 위해 쉬지 않고 노력하는 모습은 완전히 스스로 동기 부여된 것이었다. 최소한 내가 본 바로는, 그들에게 과제를 내주거나 새로운 기술을 월요일에 성공적으로 구사할 수 있는지 시험을 치고 성적을 매기겠다고 한 교사는 없었다. 누가 시키지도 않았고 시험도 치르지 않는데도 이 젊은이들은 금요일 저녁을 기꺼이 공원에서 보내며 즐겁게 배움에 몰입하고 있었다.

본래 상태의 뇌: 탐욕스러운 학습자

인간의 뇌가 지닌 아름다움은 바로 이 점에 있다. 특히 우리가 무언가를 배우기로 마음먹었을 때, 뇌는 놀라운 학습 기계가 된다. 사실,

이 책의 핵심이 바로 그 점이다. 여기서 설명된 학습 모형은 뇌가 본래 학습하는 방식을 따르고 그것을 활용하려고 시도한다. 스스로 동기 부여된 학습 탐구를 통해 이루어지는 학습, 호기심을 추구하고, 개인적으로 의미 있고, 관련성 있는 스킬을 배우면서 몰입하여 시간 가는 줄 모르는 흐름 속에 빠져드는 그런 학습 말이다.

　하지만 현실의 교실에서는 이러한 이상적인 학습과는 거리가 먼 환경이 조성되곤 한다. 뇌를 지나치게 지루하게 만드는 무미건조한 과제 혹은 무의미한 작업을 시키거나, 연결되지 않은 정보 조각들을 넘쳐나게 주고 정작 그 내용을 처리할 충분한 시간은 주지 않는 것이다. 이는 새로운 학습 내용을 제대로 소화하지 못한 채 빠르게 잊어버리게 되는 '한꺼번에 몰아서 하는 연습(massed practice)'으로 이어지며, 결과적으로는 학습을 장기기억으로 통합하지 못하게 만든다. 요약하자면, 일반적인 교실은 학습에 부자연스러운 조건을 자주 만들어내며, 이는 우리가 알고 있는 학습 원리에 어긋나는 것이다. 인지과학자 존 메디나(John medina)는 "뇌가 잘할 수 있는 것과 정반대되는 교육 환경을 만들려면 아마도 교실과 같은 곳을 설계하게 될 것이다."(학생들이 수동적으로 정보를 받아들이고, 연결되지 않은 정보나 지나치게 많은 내용을 빠르게 소화하도록 강요받는 교실 수업 환경이 뇌의 자연스런 학습 방식과 어울리지 않는다는 점을 강조하는 말-옮긴이)라고 말한 바 있다(2008, p. 5).

호기심을 활용하는 교수법

이 책은 학생들의 타고난 학습 능력과 학습에 대한 욕구를 이끌어 낼 수 있는 학습 모형을 제공함으로써, 현재의 교육 상황을 개선하는 것을 목표로 한다. 과학이 밝혀냈듯이 학습을 촉진하는 가장 강력한 요인 중 하나는 바로 호기심이다. 앞서 언급한 것처럼, 호기심은 뇌를 학습에 최적화하고 존재의 핵심을 자극한다. 인간은 본래 호기심이 많으며, 태어날 때부터 배우도록 설계된 존재이다.

이 점을 잠시 생각해 보자. 아이들은 정규 교육을 시작하기도 전에 이미 수백 개, 어쩌면 수천 개의 단어를 배우고, 걷기, 달리기, 오르기 같은 운동 기술을 배운다. 어떻게 그게 가능할까? 호기심 덕분이다. 새로운 것을 배우고 싶어 하고, 그 과정이 즐겁기 때문이다. 관련 연구에 따르면, 지식의 공백을 메울 때, 즉 호기심을 충족시킬 때마다 뇌에서 도파민이 분비된다고 한다. 도파민은 우리가 상을 받거나, 달콤한 음식을 먹거나, 첫 키스를 할 때 분비되는 '보상 분자(reward molecule, 뇌에서 보상, 즐거움, 동기 부여와 관련된 행동을 촉진하는 도파민, 세로토닌, 옥시토신 등의 화학물질-옮긴이)'이다. 요컨대, 호기심에 의해 자극된 학습은 보람 있고, 재미있으며, 중독성이 있다.

어린아이들이 호기심에 푹 빠져 있는 모습을 본 적이 있을 것이다. 예를 들어, 상자에서 한 장의 티슈를 꺼내면 다른 티슈가 그 자리에 툭 튀어나오는 것을 발견하는 경우처럼 말이다. 이들은 주변의 모든 것에 무관심해져서, 문간에서 누군가 자기를 지켜보고 있다는 것조차 인식하지 못한 채 상자 속 티슈를 전부 꺼내 앞에 쌓아 올리는 데 몰두한다. 또한, 어린아이들이 끊임없이 질문하며 세상을 이해하려는 모습도 보았을 것이다. 그들은 왜 그런지를 연달아 질문하며 호기심의 기쁨을 경험한다. 또한, 어린아이들이 누가 시키지 않아도 무엇인가를 반복해서 연습하는 모습을 본 적이 있을 것이다. 그들은 일어나서 몇 걸음 걷고, 넘어지며, 다시 처음부터 그 과정을 반복하면서 근육기억을 발달시킨다. 곧 그들은 새로운 배움을 새로운 상황에서 시도하고, 계단을 오르거나, 뛰어다니거나, 한 발로 뛰거나, 달리거나, 애완동물을 쫓거나, 인도에서 줄넘기를 하는 등 배운 것을 확장하고 적용한다. 이 모든 과정에서 그들의 뇌는 목표를 달성하고, 지식의 공백을 메우며, 호기심을 충족시킬 때마다 도파민과 같은 화학물질을 분비하여 학습에 대한 보상을 제공한다.

학습을 더 쉽고 즐겁게 만들기

요컨대, 이 학습 모형은 뇌가 자연스럽게 학습하는 방식(how we naturally learn)을 반영하여 학생들을 위한 학습 기회를 설계하는 데 도움을 주기 위한 시도이다. 교사로서 우리의 임무는 호기심을 자극하는 새롭고 흥미롭고 중요한 아이디어와 개념을 제공하여 18세 청년에게도 18개월 어린아이에게처럼 자연스럽고 매끄럽게 학습이 진행되도록 하는 것이다. 즉, 자연스러운 학습 과정을 가속화하는 것이다. 이와 같이 학생들의 뇌가 지닌 타고난 학습 성향(brain's natural propensity for learning)을 반영한 학습 기회를 설계하면 전체 학습 과정이 더 쉽고 즐거워진다.

이 책이 교육 전문가인 여러분에게도 학습이 어떻게 일어나는지에 대한 흥미를 불러일으키고, 학습에 전념하며, 이러한 아이디어를 자신의 교육 실천에 적용할 수 있도록 영감을 주었기를 희망한다. 이 책의 각 장은 학생들이 새로운 학습에 집중하고, 새로운 아이디어를 자신의 이전 학습 및 교실 경험과 연결하여 학습을 이해할 수 있도록 설계되었다. 또, 실제 학습은 이러한 개념과 전략을 연습하고 성찰할 때만 일어날 수 있으므로, 수업에 바로 활용할 수 있는 실질적인 사례와 도구를 제공하려고 노력했다. 무엇보다도, 이 책을 토대로 학습에 대해 더 깊이 탐구하고, 여러분의 학생들에게 또 각자의 상황에서 학습이 어떻게 작동하는지에 대해 스스로 질문해 보기 바란다. 여러분 각자 호기심에 이끌리는 전문적 학습을 수행하며 이 학습 모형을 자신의 실천에 맞게 조정하고 발전시켜 가기를 기대한다.

나만의 모형 만들기

책을 마무리하면서 한 가지 짚고 넘어갈 게 있다. 이 책의 학습 모형이 연구와 학습과학에 깊이 뿌리를 두고 있지만, 하나의 모형에 불과하다는 것이다. 즉, 이 모형은 학습이라는 매우 복잡한 과정을 이해하려는 시도에서 만들어진 것일 뿐, 모든 상황에서 모든 사람에게 적용되는 학습 원리를 완벽하고 정확하게 보여주는 것이 아니다.

결국, 모형은—심지어 복잡한 과학적 모형조차도—우리가 무언가를 완전히 이해하기 전에는 그것을 설명하기 위해 만들어낸 이야기일 뿐이다. 시간이 지남에 따라 이 모형을 수업에 적용하고 성찰하면서 여러분 자신만의 학습 모형으로 다듬고 조정할 수 있을 것이다. 교육 전문가라면 마땅히 그래야 한다. 인지 모형을 개발하고 지속적으로 정교화하는 것, 이것이 바로 전문가에 이르는 과정이다.

이 책을 '따라야 할 모형'으로 즉, 좋은 교사란 무엇인지에 대한 완벽하고 절대적인 기준으로 여기지 않기를 바란다. 그보다는 이 책이 교육 전문가인 여러분의 교직 여정의 동반자가 되어, 답을 제시하는 것만큼이나 많은 새로운 질문을 던져주기를 기대한다. 이 책이 교사로서의 호기심을 자극하고, 전문적 탐구의 열정을 북돋우며, 학생의 삶을 변화시키는 이 놀라운 직업에 대해 매일 새롭게 배우고 탐구하려는 여러분 내면의 불꽃을 더욱 타오르게 하기를 희망한다.

참고문헌

Aben, B., Stapert, S., & Blokland, A. (2012). About the distinction between working memory and short-term memory. Frontiers in Psychology, 3, 301.

Abrami, P. C., Bernard, R. M., Borokhovski, E., Waddington, D. I., Wade, C. A., & Persson, T. (2015). Strategies for teaching students to think critically: A meta-analysis. Review of Educational Research, 85(2), 275–314.

Akin, O. (1980). Models of architectural knowledge. London: Pion.

Anderson, J. R. (1995). Learning and memory: An integrated approach. New York: Wiley.

Assor, A., Kaplan, H., & Roth, G. (2002). Choice is good but relevance is excellent: Autonomy affecting teacher behaviors that predicts student engagement in learning. British Journal of Educational Psychology, 72, 261–278.

Baddeley, A. D., & Hitch, G. (1974). Working memory. In G. H. Bower (Ed.), The psychology of learning and motivation: Advances in research and theory (Vol. 8, pp. 47–89). New York: Academic Press.

Baddeley, A. D., & Logie, R. H. (1999). Working memory: The multiple-component model. In A. Miyake & P. Shah (Eds.), Models of working memory: Mechanisms of active maintenance and executive control (pp. 28–61). New York: Cambridge University Press.

Bailey, F., & Pransky, K. (2014). Memory at work in the classroom: Strategies to help underachieving students. Alexandria, VA: ASCD.

Bandura, A., & Schunk, D. H. (1981). Cultivating competence, self-efficacy, and intrinsic interest through proximal self-motivation. Journal of Personality and Social Psychology, 41(3), 586.

Bangert-Drowns, R. L., & Bankert, E. (1990, April). Meta-analysis of effects of explicit instruction for critical thinking. Paper presented at the annual meeting of the American Educational Research Association, Boston.

Bangert-Drowns, R., Hurley, M., & Wilkinson, B. (2004, Spring). The effects of school-based writing to-learn interventions on academic achievement: A meta-analysis. Review of Educational Research, 74(1), 29–58.

Barden, L. (2017). Grandmaster plays 48 games at once, blindfolded while riding exercise bike. The Guardian. Retrieved from www.theguardian.com/sport/2017/feb/10/timor-gareyev-48-chess games-blindfolded-riding-exercise-bike-leonard-barden

Baser, M. (2006). Fostering conceptual change by cognitive conflict based instruction on students' understanding of heat and temperature concepts. Eurasia Journal of Mathematics, Science and Technology Education, 2(2), 96–114.

Baser, M., & Geban, Ö. (2007). Effectiveness of conceptual change instruction on understanding of heat and temperature concepts. Research in Science & Technology Education, 25(1), 115–133.

Beesley, A. D., & Apthorp, H. S. (2010). Classroom instruction that works: Research report (2nd ed.). Denver, CO: Mid-continent Research for Education and Learning.

Beeson, S. A. (1996, September). The effect of writing after reading on college nursing students' factual knowledge and synthesis of knowledge. Journal of Nursing Education, 35(6), 258 263.

Berry, D. C. (1983). Metacognitive experience and transfer of logical reasoning. Quarterly Journal of Experimental Psychology Section A, 35(1), 39–49.

Bethell, C., Newacheck, P., Hawes, E., & Halfon, N. (2014). Adverse childhood experiences:

Assessing the impact on health and school engagement and the mitigating role of resilience. Health Affairs, 33(12), 2106–2115.

Bjork, R. A., & Bjork, E. L. (1992). A new theory of disuse and an old theory of stimulus fluctuation. In A. F. Healy, S. M. Kosslyn, & R. M. Shiffrin (Eds.), From learning processes to cognitive processes: Essays in honor of William K. Estes (Vol. 2., pp. 35–67). Hillsdale, NJ: Erlbaum.

Bjork, E. L., & Bjork, R. A. (2011). Making things hard on yourself, but in a good way: Creating desirable difficulties to enhance learning. Psychology and the Real World: Essays Illustrating Fundamental Contributions to Society, 2, 59–68.

Bloom, B. S. (1956). Taxonomy of educational objectives. Vol. 1: Cognitive domain. New York: McKay.

Bloom, K. C., & Shuell, T. J. (1981). Effects of massed and distributed practice on the learning and retention of second-language vocabulary. Journal of Educational Research, 74(4), 245–248.

Boch, F., & Piolat, A. (2005). Note taking and learning: A summary of research. The WAC Journal, 16, 101–113.

Boring, E. G. (1957). A history of experimental psychology (2nd ed.). Englewood Cliffs, NJ: Prentice Hall.

BouJaoude, S., & Tamin, R. (1998, April 19–22). Analogies, summaries, and question answering in middle school life science: Effect on achievement and perceptions of instructional value. Paper presented at the annual meeting of the National Association for Research in Science Teaching, San Diego, CA (ERIC Document ED 420 503).

Brand-Gruwel, S., Wopereis, I., & Vermetten, Y. (2005). Information problem solving by experts and novices: Analysis of a complex cognitive skill. Computers in Human Behavior, 21, 487–508.

Bransford, J., Brown, A., & Cocking, R. (2000). How people learn: Brain, mind, experience, and school (Expanded ed.). Washington, DC: National Academy Press.

Bransford, J. D., & Johnson, M. K. (1972). Contextual prerequisites for understanding: Some investigations of comprehension and recall. Journal of Verbal Learning and Verbal Behavior, 11(6), 717–726.

Bremner, J. D. (2006). Traumatic stress: Effects on the brain. Dialogues in Clinical Neuroscience, 8(4), 445–461.

Bridgeland, J. M., Dilulio, J., & Morison, K. B. (2006). The silent epidemic: Perspectives of high school dropouts. Washington, DC: Civic Enterprises.

Broer, N., Aarnoutse, C., Kieviet, F., & van Leeuwe, J. (2002). The effects of instructing the structural aspects of text. Educational Studies, 28(3), 213–238.

Bronson, P., & Merryman, A. (2010, July 10). The creativity crisis. Newsweek. Retrieved from www.newsweek.com/2010/07/10/the-creativity-crisis.html

Brophy, J. (2004). Motivating students to learn (2nd ed.). Mahwah, NJ: Erlbaum.

Brown, P. C., Roediger, H. L., McDaniel, M. A. (2014). Make it stick: The science of successful learning. Cambridge, MA: Harvard University Press.

Busteed, B. (2013, January 7). The school cliff : Student engagement drops with each school year [blog post]. Gallup Organization. Retrieved from https://news.gallup.com/opinion/gallup /170525/school-cliff -student-engagement-drops-school-year.aspx

Calderon, V. J. (2017, June 8). How to keep kids excited about school [blog post]. Gallup Organization. Retrieved from https://news.gallup.com/opinion/gallup/211886/keep-kids-excited school.aspx

Cerasoli, C. P., Nicklin, J. M., & Ford, M. T. (2014). Intrinsic motivation and extrinsic incentives jointly predict performance: A 40-year meta-analysis. Psychological Bulletin, 140, 980–1008.

Chase, W. G., & Simon, H. A. (1973). Perception in chess. Cognitive Psychology, 4, 55–81.

Chen, O., Castro-Alonso, J. C., Paas, F., & Sweller, J. (2018). Undesirable difficulty effects in the learning of high-element interactivity materials. Frontiers in Psychology, 9(1483), 1–7.

Chen, Z. (1999). Schema induction in children's analogical problem solving. Journal of Educational Psychology, 91(4), 703–715.

Chi, M. T. H., de Leeuw, N., Chiu, M.-H., & LaVancher, C. (1994). Eliciting self-explanations improves understanding. Cognitive Science, 18, 439–477.

Cialdini, R. B. (2005). What's the secret device for engaging student interest? Hint: The answer is in the title. Journal of Social and Clinical Psychology, 24(1), 22–29.

Cirelli, C., & Tononi, G. (2017, May). The sleeping brain. Cerebrum. Retrieved from www.ncbi.nlm.nih.gov/pmc/articles/PMC5501041

Coleman, J. S. (1966). Equality of educational opportunity study. Washington, DC: U.S. Department of Health, Education, and Welfare.

Cornelius-White, J. (2007). Learner-centered teacher-student relationships are effective: A meta- analysis. Review of Educational Research, 77(1), 113–143.

Cotton, K. (1998). Classroom questioning. Portland, OR: Education Northwest. Retrieved from https://educationnorthwest.org/sites/default/fi les/ClassroomQuestioning.pdf

Csikszentmihalyi, M., Rathunde, K. R., & Whalen, S. (1993). Talented teenagers: A longitudinal study of their development. New York: Cambridge University Press.

Curwin, R., Mendler, A., & Mendler, B. (2018). Discipline with dignity: How to build responsibility, relationships, and respect in your classroom (4th ed.). Alexandria, VA: ASCD.

Darling-Hammond, L., & Wood, G. (2008). Assessment for the 21st century: Using performance assessments to measure student learning more effectively. Washington, DC: Forum for Education and Democracy.

Davis, A. P. (2015, August 20). I survived my terrifying hour in a sensory-deprivation tank. New York. Retrieved from www.thecut.com/2015/08/i-survived-my-terrifying-hour-in-a-fl oat-spa.html

Deakin, J. M., & Cobley, S. (2003). An examination of the practice environments in figure skating and volleyball: A search for deliberate practice. In J. Starkes & K. A. Ericsson (Eds.), Expert performance in sports: Advances in research on sport expertise (pp. 90–113). Champaign, IL: Human Kinetics.

Dean, C. B., Hubbell, E. R., Pitler, H., & Stone, B. (2012). Classroom instruction that works (2nd ed.). Alexandra, VA: ASCD.

Deci, E. L., Ryan, R. M., & Koestner, R. (1999). A meta-analytic review of experiments examining the effects of extrinsic rewards on intrinsic motivation. Psychological Bulletin, 125(6), 627–668.

Dunlosky, J., Rawson, K. A., Marsh, E. J., Nathan, M. J., & Willingham, D. T. (2013). Improving students' learning with effective learning techniques: Promising directions from cognitive and educational psychology. Psychological Science in the Public Interest, 14(1), 4–58.

Dweck, C. S. (2000). Self theories: Their role in motivation, personality, and development. New York: Taylor & Francis.

Ebbinghaus, H. (1964). Memory: A contribution to experimental psychology. New York: Dover. (Original work published 1885.)

Ekstrom, R. B., Goertz, M. E., Pollack, J. M., & Rock, D. A. (1986). Who drops out of high school and why? Findings of a national study. Teachers College Record, 87(3), 356–371.

Engel, S. (2011). Children's need to know: Curiosity in schools. Harvard Educational Review, 81(4), 625–645.

Engel, S. (2015). The hungry mind. Cambridge, MA: Harvard University Press.

Ericsson, K. A., Prietula, M. J., & Cokely, E. T. (2007). The making of an expert. Harvard Business Review, 85(7/8), 114–121.

Ericsson, K. A, Roring, R. W., & Nandagopal, K. (2007). Giftedness and evidence for reproducibly superior performance: An account based on the expert performance framework. High Ability Studies, 18(1), 3–56.

Faxon-Mills, S., Hamilton, L. S., Rudnick, M., & Stecher, B. M. (2013). New assessments, better instruction? Designing assessment systems to promote instructional improvement. Santa Monica, CA: RAND.

Finn, J. D., & Rock, D. A. (1997). Academic success among students at risk for school failure. Journal of Applied Psychology, 82(2), 221–234.

Fisher, D., & Frey, N. (2011). Checking for understanding. Principal Leader-

from http://dspace.ou.nl/bitstream/1820/5196/1/Summary-EARLI2013_Jim-myFrerejean.pdf

Fuchs, L. S., Fuchs, D., Finelli, R., Courey, S. J., Hamlett, C. L., Sones, E. M., & Hope, S. (2006). Teaching 3rd graders about real-life mathematical problem solving: A randomized controlled study. *Elementary School Journal, 106,* 293–312.

Fritz, C. O., Morris, P. E., Nolan, D., & Singleton, J. (2007). Expanding retrieval practice: An effectiveaid to preschool children's learning. *Quarterly Journal of Experimental Psychology, 60*(7), 991–1004.

Fryer, R. G. (2013). Teacher incentives and student achievement: Evidence from New York City public schools. *Journal of Labor Economics, 31*(2), 373–407.

Fyfe, E. R., McNeil, N. M., Son, J. Y., & Goldstone, R. L. (2014). Concreteness fading in mathematics and science instruction: A systematic review. *Educational Psychology Review, 26*(1), 9–25.

Gates, A. I. (1917). Recitation as a factor in memorizing. Archives of Psychology, 6 (40) 1–104.Gentner, D., Loewenstein, J., & Thompson, L. (2003). Learning and transfer: A general role for analogical encoding. *Journal of Educational Psychology, 95,* 393–408.

Gentry, J. W., Burns, A. C., Dickinson, J. R., Putrevu, S., Chu, S., Hongyan, Y., et al. (2002). Managing the curiosity gap does matter: What do we need to do about it? *Developments in Business Simulation and Experiential Learning, 29*(1), 67–73.

Gilovich, T., Vallone, R., & Tversky, A. (1985). The hot hand in basketball: On the misperception of random sequences. *Cognitive Psychology, 17*(3), 295–314.

Gingerich, K. J., Bugg., J. M., Doe, S. R., Rowland, C. A., Richards, T. L., Tomp-kins, S. A., & McDaniel, M. A. (2014). Active processing via write-to-learn assignments: Learning and retention benefits in introductory psychology. *Teaching of Psychology, 41*(4), 303–308.

Godden, D. R., & Baddeley, A. D. (1975). Context-dependent memory in two natural environments: On land and underwater. *British Journal of Psychology, 66,* 325–331.

Goleman, D. (2013). Focus: *The hidden driver of excellence*. New York: Harper.

Goodwin, B., & Hubbell, E. R. (2013). *The 12 touchstones of good teaching: A checklist for staying focused every day*. Alexandria, VA: ASCD.

Gorman, A. M. (1961). Recognition memory for nouns as a function of abstractness and frequency. *Journal of Experimental Psychology, 61,* 23–29.

Graham, S., & Hebert, M. A. (2010). *Writing to read: Evidence for how writing can improve reading*. A Carnegie Corporation Time to Act Report. Washington, DC: Alliance for Excellent Education.

Greenberg, J., Pomerance, L., & Walsh, K. (2016). *Learning about learning: What every new teacher needs to know*. Washington, DC: National Council on Teacher Quality.

Haidt, J. (2006). *The happiness hypothesis: Finding modern truth in ancient wisdom*. New York: Basic Books.

Hamre, B. K., & Pianta, R. C. (2001). Early teacher–child relationships and the trajectory of children's school outcomes through eighth grade. *Child Development, 72*(2), 625–638.

Hamre, B. K., & Pianta, R. C. (2005). Can instructional and emotional support in the first-grade classroom make a difference for children at risk of school failure? *Child Development, 76*(5), 949–967.

Hartlep K. L., & Forsyth G. A. (2000). The effect of self-reference on learning and retention. *Teaching of Psychology, 27,* 269–271.

Harvard University Department of Psychology. (n.d.). George Miller. Retrieved from https://psychology.fas.harvard.edu/people/george-miller

Hattie, J. (2009). *Visible learning: A synthesis of over 800 meta-analyses relating to achievement*. New York: Routledge.

Hattie, J. (2012). *Visible learning for teachers: Maximizing impact on learning*. New York: Routledge.

Heller, N. (2017, August 9). Getting tanked: One writer's 60 minutes in sensory deprivation. *Vogue*. Retrieved from www.vogue.com/article/sensory-deprivation-tanks-fl oat-spa

Hilbert, M., & Lopez, P. (2011). The world's technological capacity to store, communicate, and compute information. *Science, 332*(6025), 60–65.

Holyoak, K. J. (2005). Analogy. In K. J. Holyoak & R. G. Morrison (Eds.), *The Cambridge handbook of thinking and reasoning* (pp. 117–142). New York: Cambridge University Press.

Horne, B. (2019, January 2). Live blog of the fourth and final test between Australia v India. *The Daily Telegraph.* Retrieved from www.heraldsun.com.au/sport/cricket/live-blog-of-the-fourth-and-final-test-between-australia-v-india/live-coverage/a340ab75e5889b55db17f1f6e444304a

Hsu, Y.-S. (2008). Learning about seasons in a technologically enhanced environment: The impact of teacher-guided and student-centered instructional approaches on the process of students' conceptual change. *Science Education, 92*(2), 320–344.

Hyde, T. S., & Jenkins, J. J. (1969). Differential effects of incidental tasks on the organization of recall of a list of highly associated words. Journal of Experimental Psychology, 82, 472–481. Isen, A. M., Daubman, K. A., & Nowicki, G. P. (1987). Positive affect facilitates creative problem solving. *Journal of Personality and Social Psychology, 52,* 1122–1131.

Isen, A. M., Shalker, T. E., Clark, M., & Karp, L. (1978). Affect, accessibility of material in memory, and behavior: A cognitive loop? *Journal of Personality and Social Psychology, 36*(1), 1.

James, K. H., & Engelhardt, L. (2012). The effects of handwriting experience on functional brain development in pre-literate children. *Trends in Neuroscience and Education, 1*(1), 32–42.

Jason, Z. (2017, Winter). Bored out of their minds. *Harvard Ed., 156,* 18–22, 24–26.

Johnson, D. W., Maruyama, G., Johnson, R., Nelson, D., & Skon, L. (1981). Effects of cooperative, competitive, and individualistic goal structures on achievement: A meta-analysis. *Psychological Bulletin, 89*(1), 47.

Jones, M. G. (1990). Action zone theory, target students and science classroom interactions. *Journal of Research in Science Teaching, 27*(8), 651–660.

Joyce, B., & Showers, B. (2002). *Student achievement through staff development* (3rd ed.). Alexandria, VA: ASCD.

Kahneman, D. (2011). *Thinking fast and slow.* New York: Farrar, Straus & Giroux.

Karpicke, J. D. (2012). Retrieval-based learning: Active retrieval promotes meaningful learning. *Current Directions in Psychological Science, 21,* 157–163.

Karpicke, J. D., Blunt, J. R., & Smith, M. A. (2016). Retrieval-based learning: positive effects of retrieval practice in elementary school children. *Frontiers in Psychology, 7,* 350.

Karpicke, J. D., Butler, A. C., & Roediger, H. L. (2009). Metacognitive strategies in student learning: Do students practice retrieval when they study on their own? *Memory, 17*(4), 471–479.

Kelly, S., & Turner, J. (2009). Rethinking the effects of classroom activity structure on the engagement of low-achieving students. *Teachers College Record, 111*(7), 1665–1692.

Kerr, R., & Booth, B. (1978). Specific and varied practice of a motor skill. *Perceptual and Motor Skills, 46*(2), 395–401.

King, A. (1991). Improving lecture comprehension: Effects of a meta-cognitive strategy. *Applied Cognitive Psychology, 5*(4), 331–346.

Kirschner, P. A., Sweller, J., & Clark, R. E. (2006). Why minimal guidance during instruction does not work: An analysis of the failure of constructivist, discovery, problem-based, experiential, and inquiry-based teaching. *Educational Psychologist, 41*(2), 75–86.

Klein, G. (1998). *Sources of power: How people make decisions.* Cambridge, MA: MIT Press.

Kleinfeld, J. (1972). *Instructional style and the intellectual performance of Indian and Eskimo students.* Washington, DC: U.S. Department of Health, Education, and Welfare, Office of Education, National Center for Educational Research and Development.

Klem, A. M., & Connell, J. P. (2004). Relationships matter: Linking teacher support to student engagement and achievement. *Journal of School Health, 74*(7), 262–273.

Kobayashi, K. (2006). Combined effects of note-taking/reviewing on learning and the enhancement through interventions: A meta-analytic review. *Educational Psychology, 26*(3), 459–477.

Kohn, A. (1999). *Punished by rewards: The trouble with gold stars, incentive plans, A's, praise, and other bribes.* Boston: Houghton Mifflin Harcourt.

Kounin, J. S. (1970). *Discipline and group management in classrooms.* New York: Holt, Rinehart & Winston.

Kruger, J., & Dunning, D. (1999). Unskilled and unaware of it: How difficulties in recognizing one's own incompetence lead to inflated self-assessments. *Journal of Personality and Social Psychology, 77*(6), 1121–1134.

Kulik, J. A., & Kulik, C. (1998). Timing of feedback and verbal learning. *Review of Educational Research, 58*(1), 79–97.

Langer, J. A., & Applebee, A. N. (1987). *How writing shapes thinking: A study of teaching and learning.* NCTE research report no. 22. Washington, DC: National Institute of Education.

Larwin, K. H., Dawson, D., Erickson, M., & Larwin, D. A. (2012). Impact of guided notes on achievement in K–12 and special education students. *International Journal of Special Education, 27*(3), 108–119.

Lemov, D. (2010). *Teach like a champion: 49 techniques that put students on the path to college.* San Francisco: Jossey-Bass.

Lesgold, A., Rubinson, J., Feltovich, P., et al. (1988). Expertise in a complex skill: Diagnosing X-ray pictures. In M. T. H. Chi, R. Glaser, & M. J. Farr (Eds.), *The nature of expertise* (pp. 311–342). Hillsdale, NJ: Erlbaum.

Leven, T., & Long, R. (1981). *Effective instruction.* Alexandria, VA: ASCD.

Levitin, D. J. (2015, September 23). Why it's so hard to pay attention, explained by science. *Fast Company.* Retrieved from www.fastcompany.com/3051417/why-its-so-hard-to-pay- attention-explained-by-science

Ling, L. M., Chik, P., & Pang, M. F. (2006). Patterns of variation in teaching the colour of light to Primary 3 students. *Instructional Science: An International Journal of Learning and Cognition, 34*(1), 1–19.

Locke, E. A., & Latham, G. P. (2006). New directions in goal-setting theory. *Current Directions in Psychological Science, 15*(5), 265–268.

Loewenstein, G. (1994). The psychology of curiosity: A review and reinterpretation. *Psychology Bulletin, 116*(1), 75–98.

Lowry, N., & Johnson, D. W. (1981). Effects of controversy on epistemic curiosity, achievement, and attitudes. *Journal of Social Psychology, 115,* 31–43.

Lubin, G. (2017, August 6). Blindfold chess king reveals his memory tricks. *Inverse.* Retrieved from www.inverse.com/article/29863-timur-gareyev-blind-fold-chess-memory

Lyons, L. (2004, June 8). Most teens associate school with boredom, fatigue [blog post]. *Gallup Organization.* Retrieved from https://news.gallup.com/poll/11893/most-teens-associate-school-boredom-fatigue.aspx

Maheady, L., Mallette, B., Harper, G. F., & Sacca, K. (1991). Heads-together: A peer-mediated option for improving the academic achievement of heterogeneous learning groups. *Remedial and Special Education, 12*(2), 25–33.

Marin, L. M., & Halpern, D. F. (2011). Pedagogy for developing critical thinking in adolescents: Explicit instruction produces greatest gains. *Thinking Skills and Creativity, 6*(2011), 1–13.

Marx, R. W., Blumenfeld, P. C., Krajcik, J. S., Fishman, B., Soloway, E., Geier, R., et al. (2004). Inquiry-based science in the middle grades: Assessment of learning in urban systemic reform. *Journal of Research in Science Teaching, 41*(10), 1063–1080.

Marzano, R. J. (1998). *A theory-based meta-analysis of research on instruction.* Aurora, CO: Midcontinent Research for Education and Learning.

Marzano, R. J., Pickering, D. J., & Pollock, J. E. (2001). *Classroom instruction that works: Researchbased strategies for increasing student achievement.* Alexandria, VA: ASCD.

Maslow, A. (1954). *Motivation and personality.* New York: Harper.

Mason, L. H., Snyder, K. H., Sukhram, D. P., & Kedem, Y. (2006). TWA + PLANS strategies for expository reading and writing: Effects for nine 4th-grade students. *Exceptional Children, 73*(1), 69–89.

Mastin, L. (n.d.). Memory encoding. Retrieved from www.human-memory.net/processes_encoding. Html

Mayer, R. E. (2011). *Applying the science of learning.* Boston: Pearson/Allyn & Bacon.

Mbajiorgu, N. M., Ezechi, N. G., & Idoko, E. C. (2007). Addressing nonscientific presuppositions in genetics using a conceptual change strategy. *Science Education, 91*(3), 419–438.

McDaniel, M. A., Agarwal, P. K., Huelser, B. J., McDermott, K. B., & Roediger, H. L. (2011). Test enhanced learning in a middle school science classroom: The effects of quiz frequency and placement. *Journal of Educational Psychology, 103,* 399–414.

McDaniel, M. A., & Donnelly, C. M. (1996). Learning with analogy and elaborative interrogation. *Journal of Educational Psychology, 88,* 508–519.

McDermott, K. B., Agarwal, P. K., D'Antonio, L., Roediger, H. L., & McDaniel, M. A. (2014). Both multiple-choice and short-answer quizzes enhance later exam performance in middle and high school classes. *Journal of Experimental Psychology: Applied, 20*(1), 3.

McGill, R. M. (2011). Pose, pause, pounce, bounce! [blog post]. *@TeacherToolkit.* Retrieved from www.teachertoolkit.co.uk/2011/11/04/pose-pause-bounce-pounce

McKee, R. (1997). *Story: Substance, structure, style and the principles of screenwriting.* New York: HarperCollins.

McRobbie, L. R. (2017, February 8). Total recall: The people who never forget. *The*

Guardian. Retrieved from www.theguardian.com/science/2017/feb/08/total-recall-the-people-who-never-forget

McTighe, J., & Wiggins, G. (2013). *Essential questions: Opening doors to student understanding*. Alexandria, VA: ASCD.

Medina, J. (2008). *Brain rules: 12 principles for surviving and thriving at work, home, and school*. Seattle, WA: Pear Press.

Meyer, B. J. F., Middlemiss, W., Theodorou, E., Brezinski, K. L., McDougall, J., & Bartlett, B. J. (2002). Effects of structure strategy instruction delivered to 5th-grade children using the internet with and without the aid of older adult tutors. *Journal of Educational Psychology, 94*(3), 486–519.

Meyer, B. J. F., & Poon, L. W. (2001). Effects of structure strategy training and signaling on recall of text. *Journal of Educational Psychology, 93,* 141–159.

Miller, G. A. (1956). The magical number seven, plus or minus two: Some limits on our capacity for processing information. *Psychological Review, 63*(2), 81.

Miller, T. M., & Geraci, L. (2011, January 24). Unskilled but aware: Reinterpreting overconfidence in low-performing students. *Journal of Experimental Psychology: Learning, Memory, and Cognition, 37*(2), 502–506.

Miranda, A., Villaescusa, M., & Vidal-Abarca, E. (1997). Is attribution retraining necessary? Use of self-regulation procedures for enhancing the reading comprehension strategies of children with learning disabilities. *Journal of Learning Disabilities, 30*(5), 503–512.

Moreno, R., & Mayer, R. E. (2000). A coherence effect in multimedia learning: The case for minimizing irrelevant sounds in the design of multimedia instructional messages. *Journal of Educational Psychology, 92*(1), 117.

Mueller, P. A., & Oppenheimer, D. M. (2014 , May 22). The pen is mightier than the keyboard: Advantages of longhand over laptop note taking. *Psychological Science*.

National Institute of Child Health and Human Development. (2000). *Report of the National Reading Panel: Teaching children to read: An evidence-based assessment of the scientific research literature on reading and its implications for reading instruction*. Washington, DC: Author. Retrieved from www.nichd.nih.gov/publications/nrp/smallbook.htm

Nelson, T. O., & Leonesio, R. J. (1988). Allocation of self-paced study time and the "labor-in-vain effect." *Journal of Experimental Psychology, 14*(4), 676–686.

Newell, A., & Simon, H. A. (1972). *Human problem solving.* Englewood Cliff s, NJ: Prentice Hall.

Nokes, T. J., Schunn, C. D., & Chi, M. T. (2010). Problem solving and human expertise. *International Encyclopedia of Education* (Vol. 5, pp. 265–272). New York: Elsevier Science.

Paivio, A. (1971). *Imagery and verbal processes.* New York: Holt, Rinehart & Winston.

Parker, E. S., Cahill, L., & McGaugh, J. L. (2006). A case of unusual autobiographical remembering. *Neurocase, 12*(1), 35–49.

Pashler, H., Rohrer, D., Cepeda, N. J., & Carpenter, S. K. (2007). Enhancing learning and retarding forgetting: Choices and consequences. *Psychonomic Bulletin and Review, 14,* 187–193.

Patall, E., Cooper, H., & Robinson, J. C. (2008). The effects of choice on intrinsic motivation and related outcomes: A meta-analysis of research findings. *Psychological Bulletin, 134*(2), 270–300.

Pate, M. L., & Miller, G. (2011). Effects of regulatory self-questioning on secondary-level students' problem-solving performance. *Journal of Agricultural Education, 52*(1), 72–84.

Pearsall, G. (2018). *Fast and effective assessment.* Alexandria, VA: ASCD.

Pecheone, R., & Kahl, S. (2014). Where are we now: Lessons learned and emerging directions. In L. Darling-Hammond & F. Adamson (Eds.), *Beyond the bubble test: How performance assessments support 21st century learning* (pp. 53–91). San Francisco: Jossey-Bass.

Pellegrino, A. M. (2007). *The manifestation of critical thinking and metacognition in secondary American history students through the implementation of lesson plans and activities consistent with historical thinking skills.* Unpublished doctoral dissertation, Florida State University.

Piaget, J. (1972). Intellectual evolution from adolescence to adulthood. *Human Development, 15*(1), 1–12.

Pine, J. (2015, November 16–29). My mistake. *Nursery World,* 21–24.

Pink, D. H. (2011). *Drive: The surprising truth about what motivates us.* New York: Riverhead Books.

Pressley, M., McDaniel, M. A., Turnure, J. E., Wood, E., & Ahmad, M. (1987). Generation and precision of elaboration: Effects on intentional and incidental learning. *Journal of Experimental Psychology: Learning, Memory, and Cognition, 13,* 291–300.

Queensland Brain Institute. (n.d.). How are memories formed? Retrieved from https://qbi.uq.edu.au/brain-basics/memory/how-are-memories-formed

Quitadamo, I. J., & Kurtz, M. J. (2007). Learning to improve: Using writing to increase critical thinking performance in general education biology. *CBE—Life Sciences Education, 6*(2), 140–154.

Reber, P. (2010, May 1). What is the memory capacity of the human brain? *Scientific American.* Retrieved from www.scientifi camerican.com/article/what-is-the-memory-capacity

Renkl, A. (2005). The worked-out examples principle in multimedia learning. In R. E. Mayer (Ed.), *The Cambridge handbook of multimedia learning.* Cambridge: Cambridge University Press.

Renkl, A., Atkinson, R. K., & Große, C. S. (2004). How fading worked solution steps works: A cognitive load perspective. Instructional Science, 32(1–2), 59–82.

Richards, B. A., & Frankland, P. W. (2017). The persistence and transience of memory. *Neuron, 94*(6), 1071–1084.

Richardson, M., Abraham, C., & Bond, R. (2012). Psychological correlates of university students' academic performance: A systematic review and meta-analysis. *Psychological Bulletin, 138*(2), 353–387.

Rivet, A. E., & Krajcik, J. S. (2004). Achieving standards in urban systemic reform:

An example of a 6th grade project-based science curriculum. *Journal of Research in Science Teaching, 41*(7), 669–692.

Roediger, H. L., & Pyc, M. A. (2012). Inexpensive techniques to improve education: Applying cognitive psychology to enhance educational practice. *Journal of Applied Research in Memory and Cognition, 1*(4), 242–248.

Rogers, T. B., Kuiper, N. A., & Kirker, W. S. (1977). Self-reference and the encoding of personal information. *Journal of Personality and Social Psychology, 35,* 677–688.

Rohrer, D., & Pashler, H. (2010). Recent research on human learning challenges conventional instructional strategies. *Educational Researcher, 39*(5), 406–412.

Rosenshine, B., Meister, C., & Chapman, S. (1996). Teaching students to generate questions: A review of the intervention studies. *Review of Educational Research, 66,* 181–221.

Rowe, M. B. (1986). Wait time: slowing down may be a way of speeding up! *Journal of Teacher Education, 37*(1), 43–50.

Rule, A. C., & Furletti, C. (2004). Using form and function analogy object boxes to teach human body systems. *School Science and Mathematics, 104*(4), 155–169.

Sample, I. (2016, November 16). Inside the brain of the man who would be "Blindfold King" of chess. *The Guardian.* Retrieved from www.theguardian.com/science/2016/nov/03/inside-the-brain-of-the-man-who-would-be-blindfold-king-of-chess-timur-gareyev

Schmoker, M. (2011). *Focus: Elevating the essentials to radically improve student learning.* Alexandria, VA: ASCD.

Schroeder, C. M., Scott, T. P., Tolson, H., Huang, T.-Y., & Lee, Y.-H. (2007). A meta-analysis of national research: Effects of teaching strategies on student achievement in science in the United States. *Journal of Research in Science Teaching, 44*(10), 1436–1460.

Schwart z, N., Stroud, M., Hong, N., Lee, T., Scott, B., & McGee, S. (2006). Summoning prior knowledge: The influence of metaphorical priming on learning in a hypermedia environment. *Journal of Educational Computing Research, 35*(1),

1–30.

Schworm, S., & Renkl, A. (2006). Computer-supported example-based learning: When instructional explanations reduce self-explanations. *Computers & Education, 46*(4), 426–445.

Scruggs, T. E., Mastropieri, M. A., & Sullivan, G. S. (1994). Promoting relational thinking: Elaborative interrogation for students with mild disabilities. *Exceptional Children, 60,* 450–457.

Seligman, M. E. (1990). *Learned optimism: The skills to conquer life's obstacles, large and small.* New York: Random House.

Sencibaugh, J. M. (2007). Meta-analysis of reading comprehension for students with learning disabilities: Strategies and implications. *Reading Improvement, 44*(1), 6–22.

Shute, V. J. (2008). Focus on formative feedback. *Review of Educational Research, 78*(1), 153–189.

Silver, E. A. (1979). Student perceptions of relatedness among verbal problems. *Journal of Research in Mathematics Education, 10,* 195–210.

Silver, H. F., Abla, C., Boutz, A. L., & Perini, M. J. (2018). *Tools for classroom instruction that works.* Franklin Lakes, NJ: Thoughtful Education Press.

Smith, L. K. C., & Fowler, S. A. (1984). Positive peer pressure: The effects of peer monitoring on children's disruptive behavior. *Journal of Applied Behavior Analysis, 17*(2), 213–227.

Smith, B. L., Holliday, W. G., & Austin, H. W. (2010). Students' comprehension of science textbooks using a question-based reading strategy. *Journal of Research in Science Teaching, 47,* 363–379.

Smith, S. M. (1982). Enhancement of recall using multiple environmental contexts during learning. *Memory & Cognition, 10,* 405–412.

Sousa, D. A. (2011). *How the brain learns* (4th ed.). Thousand Oaks, CA: Corwin.

Stevens, R. J., Slavin, R. E., & Farnish, A. M. (1991). The effects of cooperative learning and direct instruction in reading comprehension strategies on main idea identification. *Journal of Educational Psychology, 83*(1), 8.

Streeck-Fischer, A., & van der Kolk, B. A. (2000). Down will come baby, cradle and all: Diagnostic and therapeutic implications of chronic trauma on child development. *Australian and New Zealand Journal of Psychiatry, 34*(6), 903–918.

Suchan, B. (2018, November 15). Why don't we forget how to ride a bike? *Scientific American.* Retrieved from www.scientifi camerican.com/article/why-dont-we-forget-how-to-ride-a-bike

Sweller, J. (1988). Cognitive load during problem solving: Effects on learning. *Cognitive Science, 12,* 257–285.

Sweller, J., & Cooper, G. A. (1985). The use of worked examples as a substitute for problem solving in learning algebra. *Cognition and Instruction, 2,* 59–89.

Symons, C. S., & Johnson, B. T. (1997). The self-reference effect in memory: A meta-analysis. *Psychological Bulletin, 121*(3), 371–394.

Tarhan, L., & Acar, B. (2007). Problem-based learning in an 11th grade chemistry class: "Factors affecting cell potential." *Research in Science and Technology Education, 25*(3), 351–369.

Tarhan, L., Ayar-Kayali, H., Urek, R. O., & Acar, B. (2008). Problem-based learning in a 9th grade chemistry class: "Intermolecular forces." *Research in Science Education, 38*(3), 285–300.

Taylor, K., & Rohrer, D. (2010). The effects of interleaved practice. *Applied Cognitive Psychology, 24,* 837–848.

Twenge, J. M., Zhang, L., & Im, C. (2004). It's beyond my control: A cross-temporal meta-analysis of increasing externality in locus of control, 1960–2002. *Personality and Social Psychology Review, 8*(3) 308–319.

Um, E. R., Plass, J. L., Hayward, E. O., & Homer, B. D. (2012). Emotional design in multimedia learning. *Journal of Educational Psychology, 104*(2), 485–498.

University of New South Wales. (2012, November 28). Four is the "magic" number. *ScienceDaily.* Retrieved June 20, 2019, from www.sciencedaily.com/releases/2012/11/121128093930.htm

Urquhart, V., & Frazee, D. (2012). *Teaching reading in the content areas: If not me, then who?* (3rd ed.). Alexandria, VA: ASCD.

van Merrienboer, J. J. G., & Sweller, J. (2005). Cognitive load theory and complex learning: Recent developments and future directions. *Educational Psychology Review, 17*(2), 147–177.

Walsh, J. A., & Sattes, B. D. (2005). *Quality questioning: Research-based practices to engage every learner.* Thousand Oaks, CA: Corwin.

Wammes, J. D., Meade, M. E., & Fernandes, M. A. (2016). The drawing effect: Evidence for reliable and robust memory benefits in free recall. *Quarterly Journal of Experimental Psychology, 69*(9), 1752.

Wanzek, J., Wexler, J., Vaughn, S., & Ciullo, S. (2010). Reading interventions for struggling readers in the upper elementary grades: A synthesis of 20 years of research. *Reading and Writing, 23*(8), 889–812.

Ward, J. D., & Lee, C. L. (2004). Teaching strategies for FCS: Student achievement in problem-based learning versus lecture-based instruction. *Journal of Family and Consumer Sciences, 96*(1), 73–76.

Weinstein, Y., Gilmore, A. W., Szpunar, K. K., & McDermott, K. B. (2014). The role of test expectancy in the build-up of proactive interference in long-term memory. *Journal of Experimental Psychology: Learning, Memory, and Cognition, 40*(4), 1039–1048.

Weinstein, Y., Madan, C. R., & Sumeracki, M. A. (2018). Teaching the science of learning. *Cognitive Research: Principles and Implications, 3*(2), 1–17.

Wiliam, D. (2007). Content then process: Teacher learning communities in the service of formative assessment. In D. B. Reeves (Ed.), *Ahead of the curve: The power of assessment to transform teaching and learning* (pp. 183–204). Bloomington, IN: Solution Tree.

Willingham, D. (2003). Students remember . . . what they think about. *American Educator, 27*(2), 37–41.

Willingham, D. (2007). Critical thinking: Why is it so hard to teach? *American Educator,* 8–19.

Woloshyn, V., Paivio, A., & Pressley, M. (1994). Use of elaborative interrogation to help students acquire information consistent with prior knowledge and information inconsistent with prior knowledge. *Journal of Educational Psychology, 86*(1), 79–89.

Woloshyn, V. E., Pressley, M., & Schneider, W. (1992). Elaborative-interrogation and priorknowledge effects on learning of facts. *Journal of Educational Psychology, 84*(1), 115–124.

Wong, R. M. F., Lawson, M. J., & Keeves, J. (2002). The effects of self-explanation training on students' problem solving in high-school mathematics. *Learning and Instruction, 12,* 233–262.

Wood, E., & Hewitt, K. L. (1993). Assessing the impact of elaborative strategy instruction relative to spontaneous strategy use in high achievers. *Exceptionality, 4,* 65–79.

Young, C. (2015, December 1). Don't forget, the science of memory is key to helping students learn. *The Guardian.* Retrieved from www.theguardian.com/teacher-network/2015/dec/01/dont-forget-science-memory-key-students-learn

Zhu, X., & Simon, H. A. (1987). Learning mathematics from examples and by doing. *Cognition and Instruction, 4,* 137–166.

Zimmer, C. (2017, February 2). The purpose of sleep? To forget, scientists say. *New York Times,* p. D5. Retrieved from www.nytimes.com/2017/02/02/science/sleep-memory-brain-forgetting.html

수업에 바로 쓸 수 있는
학습과학 6단계
학습 모형

2024년 12월 16일 | 초판 1쇄 인쇄
2024년 12월 19일 | 초판 1쇄 발행

지은이 브라이언 굿윈, 토니아 깁슨, 크리스틴 룰로
옮긴이 이찬승

펴낸이 이찬승
펴낸곳 교육을바꾸는사람들

편집·마케팅 고명희, 서강현, 장현주
제작 류제양
디자인 김진디자인

출판등록 2012년 04월 10일 | 제313-2012-114호
주소 서울시 마포구 양화로 7길 76 평화빌딩 3층
전화 02-320-3600
팩스 02-320-3611

홈페이지 http://21erick.org
이메일 gyobasa@21erick.org
유튜브 youtube.com/user/gyobasa
포스트 post.naver.com/gyobasa_edu
트위터 twitter.com/GyobasaNPO
인스타그램 instagram.com/gyobasa

ISBN 978-89-97724-39-0